増補版

[誰でも書ける]

学校公用文実例百科

ワードデータCD-ROM付き
(*Word2001*以降対応)

学校文書研究会編

公人の友社

　　　　　　　は　じ　め　に

　一年間に、学校が収受する文書、また発送する文書は膨大な数にのぼる。
　また、その種類も多種・多様である。学校で発生した事故報告のように法規に定められた文書から、学校長の転出入の挨拶文のように、一見私的とも思われる文書まで複雑・多岐にわたる。
　これらの文書は学校長の名と責任で、作成・発送されるが、作成の起案者には教頭・事務職員・担当する分掌の教員があたっている。学校の教育活動は日々とどまることなく、多忙を極めている。
　だからといって、原稿作成に時間を費やして報告書が遅れたり、催しの案内が直前に発送されたりしたのではその責を果たしたとは言えない。
　文書の内容の正確さは当然のこととして、「迅速さ」が要請されるだけに作成者の負担はたいへん大きなものとなる。
　そこで「必要に応じてひな型を見ながら文書を作成できたら、ずいぶん能率もあがるのではないか」という願いから前回の「学校公用文実例集」を編集した。
　今回、これを改訂し、さまざまな資料や、教務・進路・事務関係の用式類を新たに加えて編集した。しかし、なにぶん力不足のため、読者各位の期待に充分応えられるものとなったかどうか心配である。
　本書に取り上げられたものは、「模範」文例ではなく、学校で実際に使用されている実例である。活用にあたっては、参考文例として、学校の実情に則し、正確さ、分かり易さに加えて、個性的な文書を作成して頂ければ幸いである。

　　　　　　　　　　　　　　　　　　　　　　　学校文書研究会

CD-ROMをお使いになる前に

- CD-ROMには、本書の全405文例中から、特に日常的に使われる頻度の高い137文例を選んでデータファイルの形式で入れてあります。
- 「目次」の文例名の頭に **CD** の表記があるものがそれです。
- データファイルは10個の章別フォルダに分類・収納してあります。
- データファイルには、それぞれに頁番号が付してあります。
- 文例の標準サイズはA4（1枚）です。ただし、文字数が多くてA4に納まらない文例は、B4サイズにしてあります。

CD-ROMに収録のファイルを編集する時は
　必要なデータファイルを任意の場所にコピーしてお使い下さい。

〔おことわり〕
　Microsoft、Windows、Windowsロゴ、Word、Wordロゴ、Officeロゴは米国Microsoft Corporationおよびその他の国における登録商標または商標です。
　CD-ROMに収録されたプログラムおよびデータを運用した結果について、編著者および弊社は一切責任を負いません。これらの運用は、利用者個人の責任において行ってください。

も　く　じ

序　公用文の作り方 2~5

1．書式など
2．公文書作成の一般的基準
3．起案上の留意点
4．公文書の基本的な形式

1　挨拶関係

- **CD** 就任の挨拶状　①（校長） 8
- **CD** 　〃　　　　　②（校長） 9
- **CD** 　〃　　　　　③（校長） 10
- **CD** 　〃　　　　　④（教頭） 11
- **CD** 　〃　　　　　⑤（教諭） 12
- **CD** 離任の挨拶状　①（校長） 13
- **CD** 　〃　　　　　②（教頭） 14
- **CD** 離任式出席の礼状 15
- **CD** 退職の挨拶状　①（校長） 16
- **CD** 　〃　　　　　②（校長） 17
- **CD** 　〃　　　　　③（校長） 18
- 　　　〃　　　　　④（教頭） 19
- **CD** 　〃　　　　　⑤（教諭） 20
- **CD** 　〃　　　　　⑥（幼稚園） 21
- **CD** 教職員の派遣依頼　① 22
- **CD** 　　　〃　　　　　② 23
- **CD** 勇退記念の会ご案内 .... 26~24
- **CD** 送別会のお礼状　① 27
- **CD** 　　〃　　　　　② 28
- **CD** 送別会参加者への礼状 29
- **CD** 臨時担当のお知らせ 30
- **CD** 同窓会総会と入会案内 .... 32~31

2 慶弔関係

- 訃　報　①（職員の親） 34
- 〃　　　②（児童・生徒） 35
- 〃　　　③（児童・生徒の親） 36
- 祝　電　①（結婚式１） 37
- 〃　　　②（結婚式２） 38
- 弔　電 39
- その他の電文　① 40
- 〃　　　　　　② 41
- 〃　　　　　　③ 42

3 行事関係

1．儀式的行事

- 入学式案内　①（来賓向） 46
- 〃　　　　　②（父母向） 47
- 〃　　　　　③（父母向） 48
- 卒業式案内　①（来賓向） 49
- 〃　　　　　②（父母向） 50
- 〃　　　　　③（父母向） 51
- 卒業式の礼状　① 52
- 卒業式、入学式の礼状　② 53
- 謝恩会のご案内 54
- 卒業を祝う会のお知らせ　①（父母向） 55
- 〃　　　　　　　　　　　②（先生向） 57
- 一日入学のお知らせ 58
- 開校記念式典のご案内 59
- 開校記念式典のお礼状 60
- 開校10周年記念式典祝賀会ご案内 61
- 創立〇周年のご案内 62
- 創立〇周年記念式典のご案内　① 63
- 〃　　　　　　　　　　　　　② .... 65~64
- 創立20周年記念式典・文化祭開催のご案内 66
- 創立30周年記念式典のお礼 67

30周年記念誌の送付 68
　　　風船のご返事に対するお礼 69

2．学芸的行事
　　　学芸会のご案内　① 70
　　　　　〃　　　　　② 71
　　　学芸会参観のお礼 72
　　　文化祭開催のご案内 73
　　　火器取扱の連絡 74
　　　展覧会のご案内 75
　　　展覧会・授業参観のお知らせ 76
　　　作品展覧会のお知らせ 77
　　　音楽発表会について　① 79
　　　　　〃　　　　　　② 80
　　　音楽鑑賞のお知らせ 82
　　　演劇鑑賞教室のお知らせ 85
　　　「演劇教室」の費用徴収について 86
　　　美術鑑賞のお知らせ 87
　　　映画鑑賞のお知らせ 88
　　　七夕集会のお知らせ 89
　　　書き初め展のお知らせ 90
　　　星の観察会のお知らせ 91
　　　学習発表会のお知らせ 92
　　　学習合宿のお知らせ 93
　　　大道具作成表 96

3．体育的行事
　　　運動会のご案内　① 97
　　　　　〃　　　　　② 98
　　　秋季運動会のご案内 99
　　　創立20周年記念運動会のご案内 101
　　　秋季大運動会ご参観のお願い 103
　　　運動会延期のお知らせ 104
　　　運動会来校のお礼状　① 105
　　　　　〃　　　　　　② 106

　　　　体育祭の開催について 107
CD 運動会用器具借用願い 108
CD 借用書 109
　　　　運動会用消耗品要望書 110
CD 運動会用器具借用お礼 111
CD プール開きのお知らせ 112
CD 水泳指導のお知らせ 113
　　　　プール指導延期のお知らせ 115
　　　　水泳着販売のお知らせ 116
　　　　水泳記録会のお知らせ 118
CD 夏休み水泳教室について 119
　　　　夏季プール連絡員募集について 120
　　　　マラソン大会の交通整理のお願い 122
　　　　スキー教室のお知らせ　① 123
　　　　　　〃　　　　　　② 124

4．遠足・旅行的行事

　　　　遠足のお知らせ　① 127
　　　　　〃　　　　　② 128
　　　　グループ遠足のお知らせ 130
　　　　社会科見学のお知らせ 132
　　　　地学野外実習のお知らせ　① 133
　　　　　〃　　　　　　　② 135
　　　　理科自然観察会のお知らせ 138
CD 移動教室のお知らせ 140
CD 修学旅行のお知らせ　① 142
CD 　〃　　　　　　② 146
　　　　修学旅行実施要項 147
　　　　修学旅行の連絡 150
　　　　実踏計画書 151
　　　　実踏報告書 152
CD 林間学校のお知らせ 154
CD 林間学校会計報告 156
CD ○○臨海学校開設のお知らせ .... 159〜158
CD 臨海学園のお知らせ 160

工場見学のお願い 162
　　　施設見学のお知らせ 164

5．父母関係
　　　保護者会開催のお知らせ　① 167
　　　保護者会のお知らせ　② 168
　　　新入生父母会のお知らせ　① 170
　　　　　　〃　　　　　　　　②　... 172
　　　グループ父母会のお知らせ 173
　　　学級父母会のお知らせ 175
　　　懇談会のお知らせ 176
　　　クラス懇談会のお知らせ 177
　CD　授業参観のお知らせ　① 178
　CD　　　　〃　　　　②（二学期）... 179
　CD　　　　〃　　　　③（三学期）... 180
　CD　三者面談のお知らせ 181
　　　父親参観日のお知らせ 182
　CD　日曜参観のお知らせ 183
　　　ゲーム大会のご案内 187
　　　親子ゲーム大会のお知らせ 188
　　　親子スポーツ大会のお知らせ 189
　　　テーブルマナー講習会のお知らせ 190
　　　シンポジウムのお知らせ 192

6．進路関係
　CD　小・中連絡会のご案内 194
　　　中・高連絡会のお願い 195
　　　進路指導保護者会のご案内 196
　　　高校説明会への出席依頼 198
　　　学校見学の依頼 199
　CD　学校説明会のお知らせ 201
　　　進路説明会のお知らせ 203
　　　合格者を囲む会 205
　CD　高校入学者選抜実施要綱 207
　　　志望校指定届　（繰上げ）.. 208

|　　　　〃　　　（第2志望） 210
|　学力検査、受験者の心得 212
|　入学確約書 216
|　入学関係書類の提出について 217
|　グループ第2志望入学候補者通知書 218
|　補欠募集要項　① 219
|　　　　〃　　　② 221
|　留学について 223
|　入学推薦書 229
|　入社推薦書 230

4　クラブ関係

- **CD** クラブ活動加入のお知らせ 232
- **CD** クラブ発表会のお知らせ 233
- **CD** クラブ合宿 235
- **CD** クラブ活動の終了時間 237
-     会場借用願い 238
-     試合の応援についてのお知らせ 239
-     クラブ活動再開について 240
-     賞状①② 241
-     支出命令書 242

5　生徒指導関係

- **CD** 学校のきまり 244
- **CD** 夏休みの過ごし方　① 245
- **CD** 　　　〃　　　② 248
- **CD** 冬休みの過ごし方　① 251
- **CD** 　　　〃　　　② 253
- **CD** 冬期休業中の生活指導についての通知 255
- **CD** 春休みの過ごし方 257
-     衣がえのお知らせ 259
-     地域活動への呼びかけ 260
-     遅刻対策についての依頼 262

　　　　遅刻のお知らせ 263
　　　　校外活動許可願 264
　　　　校外活動報告書 265
　CD　事故防止 266
　CD　交通安全についてのお願い 267
　CD　スクールゾーンの申請 269
　　　　痴漢防止のお願い 270
　　　　誘拐防止のお願い 271
　　　　家出児童の捜索協力 273
　CD　行方不明事故についての報告 275
　CD　学校事故の報告 277
　CD　防災訓練について 279
　CD　総合防災訓練 280
　　　　施設使用願 282
　　　　旅行届 284
　　　　アルバイト届 285
　　　　施設・設備等破損届 286
　　　　盗難発生報告書 287
　　　　自転車事故補償保険の加入について 288

6　保健関係

　CD　保健からのお知らせ　① 292
　CD　　　〃　　　　　　② 296
　CD　健康診断のお知らせ　① 299
　CD　　　〃　　　　　　② 300
　　　　健康診断について③（生徒向） 302
　CD　健康診断の結果報告 304
　CD　結核検診について 305
　CD　レントゲン撮影について 307
　CD　胸部レントゲン撮影二次検査のお知らせ 308
　CD　検診の予備日のお知らせ 309
　CD　ツ反応・ＢＣＧについてのおたずね 310
　CD　ツ反応検査についてのお知らせ 311
　CD　ツベルクリンの接種のお知らせ 312

- *CD* 水泳指導前における内科検診 313
- *CD* 心臓検査のお知らせ 315
- *CD* 尿、蟯虫検査のお知らせ 316
- *CD* 駆虫および再検査についてのお知らせ 317
-   血液型検査のお知らせ 318
- *CD* 貧血検査実施のお知らせ 319
-   健康の記録の配布について 320
-   姿勢検査結果のお知らせ 321
- *CD* 風疹のお知らせ 323
-   日本脳炎予防接種追加のお知らせ 324
-   ジフテリア予防接種のお知らせ 325
-   インフルエンザ予防接種のお知らせ 326
-   〃　　　　　　（学校でできなかった場合） 327
- *CD* 学級閉鎖のお知らせ 328
- *CD* 事故発生のお知らせ 329
- *CD* 事故発生（交通事故）報告 330
-   学校保健予算要望書 332
-   災害給付金のお知らせ 334

7　教務関係

- *CD* 短縮授業のお知らせ 336
- *CD* 始業時刻変更のお知らせ 338
-   下校便変更のお知らせ 339
-   下校時間の臨時変更について 340
-   授業計画変更のお知らせ 341
- *CD* 卒業までの日程と連絡 342
- *CD* 休業日のお知らせ 344
- *CD* 台風の連絡 345
- *CD* アンケートの依頼 346
-   調査の依頼 347
- *CD* 転入学関係書類の送付について 348
- *CD* 退転学届 349
-   副申請 351
-   生徒の転学について（照会） 352

　　　　　〃　　　（回答） 353
　CD 書類受領書 354
　　　成績証明書 355
　　　　　〃　　　（英文） 356
　　　職員会議録 358
　　　運営委員会議録 359
　　　職員朝会の記録 360
　　　教育課程について 361
　　　学校行事一覧表 365
　　　教育実習申請書 367

8 給食関係

　CD 給食費のお知らせ 370
　CD 給食費改定のお知らせ 372
　CD 給食費（据置）のお知らせ 373
　CD 給食誅しのお知らせ 376
　CD 給食試食会のご案内 377
　CD 給食費についての調査のお願い 379
　CD 給食費納入のお願い 381
　CD 給食費納入の督促 382
　CD 給食費決算報告 383
　CD 給食費の精算について 386

9 研修関係

　CD 研究発表会ご案内 390
　　　研究会及び見学会ご案内 392
　CD 講師派遣依頼　① 394
　CD 　　　〃　　　② 395
　CD 校内研究会の講師依頼について 396
　　　定例研修会通知 397
　　　研究会の日程変更 398
　CD 研修会への出張方お願い 399
　CD 研究会の案内　① 400

CD	〃　　　　②	402
CD	研究大会開催要綱	405
	研究会案内の配布依頼	408
CD	研究会への職員派遣依頼	410
	研究紀要送付の通知	411
	研究紀要受領のお礼	412
	研究会の共催についての依頼	413
CD	学校訪問についての依頼	414
CD	学校訪問の礼状	415
CD	管外研修出張について（依頼）	416
CD	管外研修願	418
CD	管外研修報告	420
CD	管外研修要項	422
CD	実技研修会	423
CD	研修実施計画について	425
CD	研修報告書	426
	研修簿	427

10　ＰＴＡ関係

CD	ＰＴＡ総会のお知らせ　①	430
CD	〃　　　　　　　②	432
CD	ＰＴＡ役員会開催通知　①	433
CD	〃　　　　　　　②	434
	ＰＴＡ役員会出欠席通知	436
CD	運営委員会開催通知	437
	理事会開催通知	438
	理事会・評議員会開催について	439
CD	ＰＴＡ新旧役員懇親会のお知らせ	442
CD	ＰＴＡ歓送迎会の案内	444
CD	ＰＴＡ親睦のお知らせ	445
	地区別懇談・親睦会のお知らせ	447
CD	懇談会のお知らせ	448
CD	講演会のお知らせ	449
CD	講師派遣依頼	450

目次　xi

- CD スポーツ活動のお知らせ 451
- 展覧会への出品依頼 453
- テレビ放映のお知らせ 455
- ＰＴＡ料理講習会 456
- ＰＴＡバザー出品の依頼 458
- バザー出品お礼 460
- 親子懇談会 461
- CD 体育祭のお知らせ 463
- ＰＴＡ活動計画書（届） 464
- 〃報告書 466
- CD 交通安全のお願い 467
- CD 夏休みの子供の交通事故防止 468
- CD 事故防止のお知らせ 469
- 転出入者へのお知らせ 470
- 調査の依頼 471
- CD 役員選挙のお知らせ 473
- 立候補届 475
- 会計決算報告 478

11 事務関係

- 教材費納入についてのお願い 480
- 諸費納入手続についてのお願い 481
- 銀行振替のお願い 485
- 納入方法の変更について 488
- 諸費納入の督促 491
- 入金のお願い・返金のお知らせ 492
- 教材費追加支出について 493
- 教材費の精算について 494
- 集金のお知らせ 495
- 給付金支給のお知らせ 496
- 工事への協力依頼 497
- 移動教室のお知らせ 499
- 修学旅行の決算報告 501
- 催物会計報告 503

特別予算申請	505
予算増額申請	507
就学援助のお知らせ	509
施設設備の申請	513
修繕工事申請	515
通学路の整備についての依頼	516
物品寄贈の礼状	517
請願書	518
陳情書	519
委任状	520
照会文	521
回答文	522
報告文	523
証明文	524
復命書	525
答　申　①	526
〃　　②（中間報告）	527
申請	528
私事旅行願	529
転任者関係書類送付書	530
住居手当等不支給証明書	531
育児休業証明書	532
扶養手当不支給証明書	533
消耗品注文書	534
備品購入要望書	535
消耗品購入要望書	536
教室備品点検表	537
備品台帳	538
旅行届	539
身分証明書再発行願	541
住所変更届	542
改姓届	544
通学区間変更届	545
本籍変更届	546
保護者変更届	547

授業料納入（入金）のお願い 548
　　授業料等の未納について（督促） 550
　　授業料・諸費延納願 552
　　授業料等納入連絡表及び納入確約書 553
　　授業料未納者一覧兼督促状発送簿 555
　　長期滞納者の督促確認 556
　　授業料減免申請について 557
　　授業料免除決定通知書 559
　　授業料減免申請書一覧表 560
　　授業料減免申請（更新）について 561
　　施設使用許可申請書 563
　　休日、クラブ指導伝票 566
　　証明書発行台帳 567
　　指定店に関する覚書き 568
　　供給価格について 570

12　しおり・規約

　CD　入学の手引（小学校） 572
　　　入学のしおり（中学校） 576
　　　〃（高校） 592
　　　学校運営内規 611
　　　校内選挙規程 618
　　　成績評価内規 621
　CD　施設・設備利用の申し合わせ 625
　　　親睦会則 629
　　　ＰＴＡ規約 631
　　　ＰＴＡ慶弔規定 636
　　　生徒会規約 638
　　　生徒会選挙規約 648
　　　同窓会則 652

巻 末 資 料

1. 東京都公文規程施行細目……………………………… 656
    1　総則的事項
    2　公文の種類
    3　公文の文体、用語等
    4　使用漢字の範囲等
    5　公文の形式

2. 時候の言葉……………………………………………… 674

序 公文書の作り方

〈公文書の作り方〉

1、書式など
ア　書式
　書式は、原則として横書きとする。ただし、法令の規定によって縦書きとされているもの、公報に登載するものは、縦書きとする（公文規程において、横書き、縦書きを使いわけるので参照のこと）。
イ　書体
　文字の書体は、楷書とする。すなわち、だれにもよくわかる文字である必要がある。
ウ　文体
　文体は、原則として「である体」である口語文を用いる。
エ　用字
　文字は、漢字及びひら仮名を用いるのが原則である。ただし、特別の必要があるときは、かた仮名は外国文字を用いてもよい。その他、数字、符号を適宜用いる。

2、公文書作成の一般的基準
① 努めて平易な言葉、無理のない言い回しを用いる。
② 誤解の生ずるおそれのない言葉、ゆきとどいた言い回しを用いる。
③ できるだけ簡潔な言い回しを用いる。
　更に具体的には、次の基準による。
① 文書の種類により、一定の形式に従うこと（後述の「公文書作成の具体例」を参照）。
② 文体は、無理のない口語体を用いること。
　口語体には、大別して、「である体」と「ます体」の区別があり、両者とも、一般的に使用されている。原則としては「である体」を用い、願、届、申請、照会、報告等の文書、書簡文形式を用いる文書においては、「ます体」を用いることとされている。
③ 用字、用語は、一般に用いられている平易なものを用いること。

むずかしい文字や言葉は、一般の人々には読むことが困難であったり、意味がわかりにくかったりする場合があるので、一般に通じにくい文字や言葉を避けて、だれにでもよくわかる文字や言葉を用いるようにする。
④　文章の構成、表現は、明確に、要領よく、簡潔にすること。
　　そのためには、次の点に留意する。
　㈠　文章は、なるべく区切って短かくし、接続詞や接続助詞を用いて、論理的につなげる。
　㈡　文の飾り、あいまいな言葉、まわりくどい表現はできるだけやめて、簡潔な表現とする。
　㈢　内容に応じ、なるべく箇条書きの方法を取り入れ、一読して理解しやすい文章とする。

3、起案上の留意点
①　発信者が誰であるかを考えて、それに応じた内容とする。
②　相手方が充分理解できるように、表現はわかりやすく、簡潔にする。
③　件名は、目的、内容が一見してわかるように、要領よく簡潔にし、件名の末尾に、申請、照会、回答等の性質による種類をかっこ書きする。
④　あて先は、職名と氏名をずらして書く、保護者あての場合は、「保護者殿」か「父母のみなさまへ」としてもよい。

4、公文書の基本的な形式

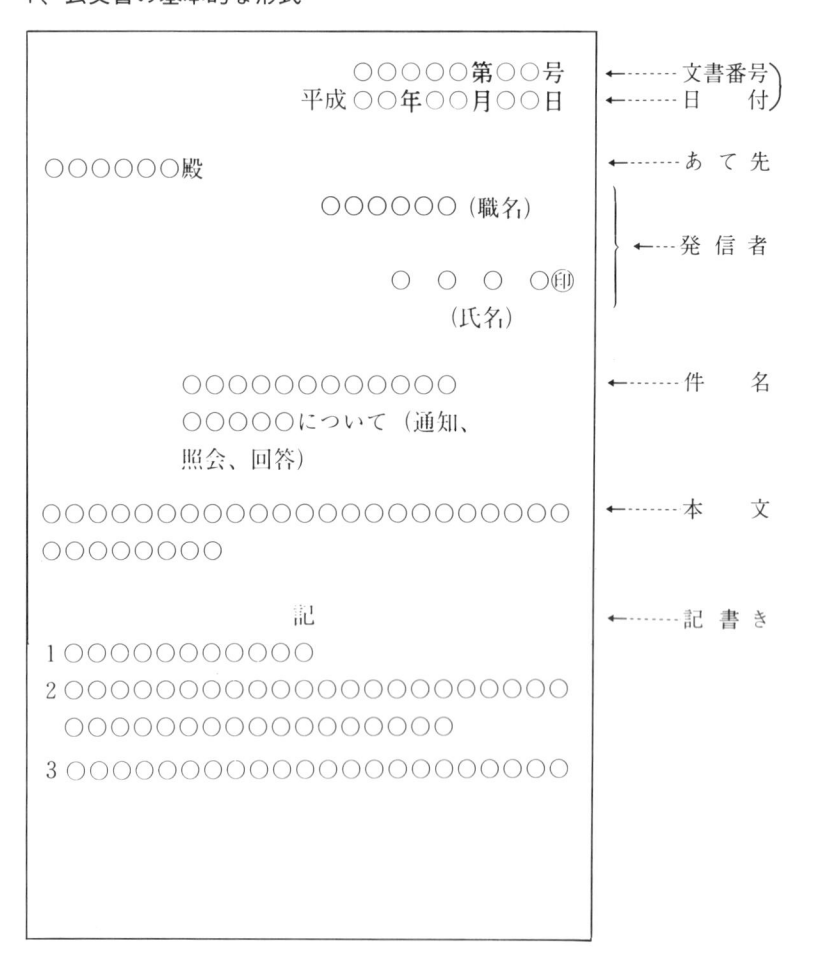

```
                    ○○○○○第○○号    ←------ 文書番号
                    平成○○年○○月○○日  ←------ 日　付

○○○○○○殿                         ←------ あて先

            ○○○○○○（職名）
                                    ←--- 発信者
                ○　○　○　○㊞
                    （氏名）

        ○○○○○○○○○○          ←------ 件　名
        ○○○○○について（通知、
        照会、回答）

○○○○○○○○○○○○○○○○○○○○○○  ←------ 本　文
○○○○○○○

            記                      ←------ 記書き
1○○○○○○○○○○○
2○○○○○○○○○○○○○○○○○
  ○○○○○○○○
3○○○○○○○○○○○○○○○○○○
```

・文書番号及び発信年月日は、それぞれ1行にして、右上に終字をそろえて記載する。
・枝番号は、番号の次に書く。

・あて先は、おおむね2字目から書き出す。

・発信者名は、公印が最終字にかかるように、公印の部分の余白を残して記載する。
・あて先、発信者名は、職名だけを用い、氏名を省略することができる。
・職名と氏名の両方を記載する場合は、職と氏名を2行に分けて記載する。

・おおむね、4字目から書き出し、2行以上にわたるときは、各行の初字をそろえて、件名全体が中央におさまるようにする。
・件名の末尾には、（　　）書きで「通知」、「照会」、「回答」、「申請」、「依頼」、「依命通達」等のその文書の性質を示す文字を記載する。

・件名の下に最初の一字をあけて書き始める。段落の次の書き出しも同様とする。
・内容が煩雑な場合は、本文に趣旨だけを記載し、「記書き」に具体的、細目的内容を記載する。

・「記」という文字はに中央からやや左に記載する。
・内容が簡単な場合は、「記書き」を省略してもよい。

※　通知文に受取先の便を考え、担当部局、電話番号、担当者等を表示する場合は、通知文の末尾の右よりの位置に記載する。

① 挨拶関係

● 就任の挨拶状 ①

謹啓　陽春の候　ますますご健勝のこととお慶び申し上げます。

　私こと

去る四月一日付をもちまして東京都〇〇区立〇〇小学校長に補せられ、着任いたしました。歴史と伝統のある本校で、学識経験豊かな前校長〇〇〇先生の業績を受け継ぐことは、私にとって大役でございますが、精一杯努力して、本校の発展のため尽す所存でございます。何とぞよろしく御指導御支援を賜りますようお願い申し上げます。

なお〇〇〇在任中は、公私にわたり一方ならぬお世話になり、まことにありがとうございました。衷心より御礼申し上げます。

まずは略儀ながら書中をもってご挨拶申し上げます。

敬具

平成〇〇〇年四月

東京都〇〇区立〇〇小学校長
〇〇〇〇

留意点　一言でも添え書きすることが望ましい。

●就任の挨拶状 ②

謹啓　春暖の候いよいよご清栄のこととお慶び申し上げます。

　さて、私こと

四月一日付をもちまして東京都立〇〇高等学校長に補せられました。東京都立〇〇高等学校在任中は格別のご指導ご厚情を賜り厚く御礼申し上げます。もとより微力ではございますが、前校長〇〇〇〇先生はじめ歴代校長先生のすぐれた業績を受け継ぎ学校発展のため専心努力をいたす所存でございます。

何とぞ一層のご指導ご鞭撻を賜りますようお願い申し上げます。

まずは略儀ながら書中をもちまして着任のご挨拶を申し上げます。

敬具

平成〇〇〇年四月

東京都立〇〇高等学校長

〇〇〇

留意点　前任者の氏名は特に入れる必要はないが、学校として（公費）発送する場合は、住所（特に自宅）は入れないのが普通である。

●就任の挨拶状 ③

校庭の桜の花も、こどもたちの進級や入学を祝うかのように咲きそろい、新しい木の芽もみずみずしく目にうつり、春の気配が濃くなってまいりました。

父母の皆様には、おすこやかにお過ごしのこととお慶び申しあげます。

このたび私は、○○前校長の後任として○月○日着任いたしました。

本校は、私にとりましては教師として初めて赴任し、スタートした意義深い学校です。又○○年にわたり若さにものをいわせて、がむしゃらに教育に取り組んだ思い出の多い学校でもあります。これを機会に、初心にかえり、心を新たにして、○○校長先生ならびに園長先生を中心に積み上げてこられた本校の伝統と校風を受けつぎ、たいせつにしながら、教育の道を追究していく覚悟です。

今日という現在が、価値のある過去となって積み重ねられるよう一日一日をたいせつにしながら、いっしょうけんめいにがんばりますので、ご協力のほどをよろしくお願い申しあげ、ご挨拶といたします。

平成○○年○月

　　　　　○○区立○○○○小学校長
　　　　　　　　　　　○　○　○
　　　　　○○区立○○○○幼稚園長
　　　　　　　　　　　○　○　○

留意点　就任校に特別な関係や因縁がある場合（以前に勤務したことがあったり、前任者と一緒に勤務したことがあった、など）これらを本文中に入れてもよい。

● 就任の挨拶状 ④

謹啓　新緑の候、いよいよご清栄のこととお慶び申し上げます。
このたび、〇月〇日付をもちまして、〇〇市立〇〇小学校教頭として転任いたしました。
〇〇市立〇〇小学校及び〇〇市立〇〇小学校在勤中は、公私にわたり、ひとかたならぬご指導ご厚情を賜りまして誠に有難うございました。
教頭職は身に余る重責でありますが、諸先生方、地域の方々のご指導、ご支援を糧としまして誠心誠意尽くす覚悟でございます。
今後ともご指導ご鞭撻を賜りますよう、伏してお願い申し上げます。
まずは、右お礼かたがたご挨拶申し上げます。

平成〇〇〇年〇月

敬具

〒○○○－○○○○
○○○○○○○○○
○○○○○○○○○
電話○○○○○○○○

留意点　勤務先住所を入れてもよい。余白部分に添え書きをすると一層親しみがわくものである。

● 就 任 の 挨 拶 状 ⑤

謹啓　陽春の候　皆様にはご健勝のこととお慶び申し上げます。　さて、私こと〇月〇日付けをもちまして〇〇〇小学校教諭に補され、指導部管理課の指導主事に充てられ、〇〇教育研究所相談部〇〇分室勤務を命ぜられました。〇〇〇小、〇〇〇〇小、〇〇〇小と〇〇年間、皆様方には一方ならぬご指導、ご援助を頂きまして感謝の言葉もございません、厚く御礼を申し上げます。

適正な教育活動を推進するには、各教師がカウンセリング・マインドを身につけることが必要であると確信して、諸先輩が築かれた東京の教育のために微力ではございますが努力していく覚悟でございます。

今後とも皆様の一層のご指導とご鞭撻を賜りますようお願い申し上げ、先ずは書面にてお礼かたがたご挨拶申し上げます。

平成〇〇〇年〇月

敬具

勤務先　〒〇〇〇〇〇〇〇〇〇〇〇〇〇〇〇〇〇〇電話〇〇〇〇〇〇〇〇〇

自宅　〒〇〇〇〇〇〇〇〇〇〇〇〇〇〇〇電話〇〇〇〇〇〇〇〇〇

留意点　形式にとらわれず、現在の仕事の内容や課題について書かれてもよい。

●離任の挨拶状①

謹啓

燦々たる陽光に万物新生の喜びを伝える春の到来となりました。皆様にはますますご清栄のこととお慶び申しあげます。

このたび○月○日付をもちまして○○○小学校長に転補を命ぜられました。私こと○○○○小学校、同幼稚園長同幼稚園在任四年の間、皆様には公私共に一方ならぬお世話になり誠にありがとうございました。もとより浅学非才の私がどうにか大過なくつとめさせていただきましたのも皆様の深いご理解とあたたかいご協力のおかげによるものと深く感謝申しあげております。

今後、新任校におきましても経営に専心努力をもって教育の充実発展のため微力を尽くす所存でございます。何とぞ相変りませず今まで同様にご指導ご交誼を賜りますようひとえにお願い申しあげます。

おわりに皆様のご健勝とご隆昌を祈念し転任のご挨拶といたします。

平成○○○年○月

○○○立○○○○小学校長 ○○○
○○○立○○○○幼稚園長 ○○○

敬具

留意点 在任中に心に残ったことを書き加えてもよい。

●離任の挨拶状 ②

前略 桜の花の季節となりました。みなさまお変わりございませんか。すでに新聞などでご承知と思いますが、私事○月○日付をもちまして○○○○小学校の教頭を命ぜられすでに勤務に着いております。

お子さんを受け持って一年でA小を去らねばならずたいへん心残りです。

つい先日まで、○年生を受け持つ希望をいろいろ出しいろいろ学級作りを考えていました。卒業式には、次年度の式の様子に思いをはせていましたのに……。思い返せば、旧○年○組の子どもたちは勉強意欲が旺盛で問題行動の子が皆無、自主的で積極的で……。つくづく良い子の集まりだったと思います。

新担任は○○先生だと伺っています。指導力のある先生ですし、○年の頃ご指導いただいたこともあるようです。早く○○先生に慣れ、○年の学級のよいふん囲気をさらに良くして立派な○年生になってほしいと思っています。

市内の学校に勤めていますので、何かとA小へも出掛けていき、お子さんを励まします。

みなさまのご健康とご多幸をお祈りいたします。

平成○○○年○月○日

旧○年○組父母各位

○○
○○

留意点 教え子の父母宛の挨拶状では、子どもにも一言添え書きをしたいものです。後任者については、特別な間柄の場合以外特に書く必要はない。

●離任式出席の礼状

（礼状－その１－）

　　　　　　　　　　　　　　　　　　　　　　平成○○年○月○日

○○立○○○学校長
　　　○　○　○　○　殿

　　　　　　　　　　　　　　　　　○○立○○○学校長
　　　　　　　　　　　　　　　　　　　　○　○　○　○

　新学期を迎え校務ご多忙のことと存じます。
　さて，先日貴校○○○○教諭の離任式に際しましては，校務多忙のところ特段のご配慮をいただきありがとうございました。おかげさまにて本校教職員・児童とのお別れ会を無事終えることができました。ここに書面をもって厚くお礼申しあげます。

（礼状－その２－）

　　　　　　　　　　　　　　　　　　　　　　昭和○○年○月○日

○　○　○　○　教諭殿

　　　　　　　　　　　　　　　　　○○立○○○学校長
　　　　　　　　　　　　　　　　　　　　○　○　○　○

　陽春の候，先生にはますますご清栄のこととおよろこび申しあげます。
　さて，先日の離任式には，ご多忙のところご出席いただいて誠にありがとうございました。先生の本校に残された業績，離任式でのお話などわれわれ本校の教職員・児童一同，肝にめいじて，今後引き続いて行く覚悟でございます。
　これからも，本校教育発展のためご協力をいただきたいと存じます。最後に，先生のご健勝とご多幸をお祈りしてお礼にかえさせていただきます。
　　　　　　　　　　　　　　　　　　　　　　　　　　　　敬具

留意点　　礼状に添えて，子どものお別れの作文・式の写真などを送ると喜ばれる。

●退職の挨拶状 ①

謹啓　陽春の候ますますご清祥のこととお慶び申し上げます。

　さて、私ことこのたび、三月三十一日付をもって、東京都〇〇〇学校長を最後に、〇〇〇年にわたる公立学校の教職に別れを告げました。在職中は公私にわたり、一方ならぬご指導とご厚情を賜わり、誠にありがたく、心から御礼申し上げます。

幸い後任には人格識見ともすぐれた〇〇〇〇先生を、お迎えすることができ、〇〇〇〇学校の今後の発展のために喜ばしい限りに存じます。

何とぞ私同様にご援助を賜りますよう、お願い申し上げます。

まずは、略儀ながら、書中をもって、御礼かたがたごあいさつといたします。

敬具

平成〇〇〇年四月

〒〇東京都〇〇区〇〇〇丁目〇番〇〇号
電話〇三—〇〇〇〇—〇〇〇〇

留意点　後任者が親しい間柄の場合は、氏名を入れてもさしつかえない。

●退職の挨拶状 ②

謹啓　漸く春らしくなりましたが、皆様には、ますますご健勝のこととお慶び申し上げます。　私こと

去る三月三十一日付をもって東京都〇〇〇〇学校長を退任し、〇〇〇年間にわたる公立学校の生活に終止符をうつことになりました。

思い起こしますと、昭和〇〇〇年〇月を振り出しに〇立〇〇高校、〇立〇〇高校、〇立〇〇高校と歴任いたしましたが、その間に皆様方から公私にわたり一方ならぬご指導ご支援を賜り、まことに御礼の申し上げようもありません。

幸い後任として、年来敬愛する前〇〇学校長〇〇〇〇先生をお迎えすることになり、〇〇高校発展のため、まことに喜ばしく存じます。何とぞ私にもましてご支援を賜りますよう、お願い申し上げます。

まずは略儀ながら書中をもって退任のごあいさつと致します。

敬具

平成〇〇〇年〇月

〇
〇
〇
〇

留意点　氏名だけで、住所等一切省略することもある。

●退職の挨拶状 ③

拝啓　陽春の候皆々様にはご健勝のこととお慶び申し上げます。

さて、私ことこの〇月〇〇日付をもって〇〇〇〇〇立〇〇〇〇〇小学校長兼同幼稚園長を最後に無事退職いたしました。

思えば、〇〇〇〇〇〇小学校を振り出しに〇〇〇〇〇〇小、〇〇〇〇〇小、〇〇〇〇〇小、〇〇〇〇〇一小、同幼、〇〇〇〇一小、同幼と〇〇〇年間の在任中は、公私にわたってご支援とご指導をいただき、心から御礼申し上げます。

これからは、今まで受けた皆様方からの温いお心に感謝しながら尚一層の精進を続けたいと思っております。今後ともよろしくご交誼のほどをお願いいたします。末筆ながら皆様のご健康とご繁栄をお祈りし、ご挨拶といたします。

敬具

平成〇〇〇年〇月

〒〇〇〇〇〇〇〇
〇〇〇〇〇〇〇
電話〇〇〇〇〇〇〇

留意点　前任者の氏名は特に入れる必要はない。勤務先、自宅住所を入れてもよい。

● 退職の挨拶状 ④

拝啓　陽春の候を迎え、益々御健勝のこととお慶び申し上げます。

　さて、私こと

去る○月○○○日付をもちまして、○○○○○市立○○○○○小学校教頭を最後に、○○年○ケ月にわたる教職を退きました。

昭和○○年○月○○○小学校に勤務してより、○○区、○○市で四校にわたり長い教職生活を全うできましたことは、ひとえに皆様方の温い御支援御指導のたまものと、心から厚く御礼申し上げます。

教職生活に入った当初、私は学徒出陣として内地部隊に従軍し、復員後は第二の人生と心得て歩んで参りました。これからは第三の人生をよりよく生かし、少しでも社会に貢献できるよう、心がけて参りたいと存じておりますので、どうか、これまでと同様の御教示を賜わりますことをお願い申し上げます。

本当に有難うございました。

皆様方の御健勝をお祈り申し上げて、お礼かたがた退任の御挨拶といたします。

敬具

平成○○○年○月

〒○○○○○○○○○○
　○○○○○○○○○○
　○○○○○○○○

留意点　勤務した学校名を省略することもあるが、それぞれの在職した学校の関係者に出すこともあるので、多くなければ全部あげた方がよい。

● 退職の挨拶状 ⑤

謹啓　陽春の候
益々御健勝のこととお慶び申しあげます。
此の度、私は○○○○小学校教諭を最後に教職を退きました。
昭和十八年○○○小に赴任以来、○○中、○○○小、○○○小と○○年間一途に教育の道を邁進してまいりましたがここに教職を全うすることができました。これもひとえに皆様方の温いご指導、ご支援のたまものと、心から厚くお礼申しあげます。
これからは、私にとって第二の人生であり、ささやかなことに生きがいを感じ、世の中のお役に立つことを喜びとしながら歩んでまいります。今後共、変わらぬご指導をお願い申しあげます。
末筆ながら皆様方のご健康とご発展をお祈りしてごあいさつといたします。

敬　具

平成○○○年○月

〒○○○○○○○
　○○○○○○○
　○○○○○○○
電話○○○○
　　○○○○

| 留意点 | 第2の人生の計画について書いてもよい。 |

●退職の挨拶状⑥

陽春の候　いよいよご健勝のこととお慶び申し上げます。

　私こと

○月末日をもって○○市立○○○幼稚園を退任いたしました。思えば、昭和○○○○○○幼稚園創立以来、園の基礎づくりに大切な○年間を大過なく終ることができ、しかも充実した毎日であったことは幸せでした。これはひとえに、皆様方の公私にわたるあたたかいご指導・ご支援の賜と厚くお礼申し上げます。

どうぞ、今後とも変らぬご指導とご交誼をお願い申し上げます。皆様のご多幸をお祈り申し上げ、お礼のご挨拶とさせていただきます。

平成○○○年○月

　　　　　〒○○○○○○○
　　　　　○○○○○○○
　　　　　○○○○○○
　　　　　○○○○○○
　　　　　電話○○○○○○

留意点　定年以前に退職した場合は、「結婚」等の理由を書いてもよい。

● 職 員 の 派 遣 依 頼 ①

平成○年○月○日

東京都○○○○学校長殿

東京都○○○○学校長
○　○　○　○

職員の派遣について（依頼）

　このことについて　貴校主事○○○○殿の離任式を下記のとおり予定いたしましたのでご繁忙の折柄、誠に恐縮ですがご派遣下さるようお願いいたします。

記

1　日時　平成○年○月○日
　　　　　午○○時○分

2　場所　東京都○○○○学校

留意点　当人にも派遣依頼を出したことを知らせる。

● 教職員派遣依頼 ②

平成〇年〇月〇日

東京都〇〇〇〇学校
　　　校長〇〇〇〇殿

東京都〇〇〇〇学校
　　　校長〇　〇　〇　〇

教職員派遣依頼について

　陽春の候、先生にはますますご健勝のことと存じます。
　さて、学年始めのところ大変恐縮ですが、貴校教諭〇〇〇〇殿の離任式を下記により実施したいと存じますので、同氏をご派遣くださいますようお願い申し上げます。

　　　　　　記

　1　日時　平成〇年〇月〇日（〇）
　　　　　　午〇〇時〇分

　2　場所　本校体育館

留意点　前もって当人の都合を確かめる心遣いがほしい。

記

一、日　時　平成○○○年○月○日（○）　午後○時～○時○○分
二、会　場　○○市民センター会議室（○○駅徒歩○分）
三、会　費　○○○○円（記念品代を含む）

・ご出席の有無を○月○日（○）までにお知らせください。
・尚、ご参加いただける方は○○○○円をご送金ください。
　またご欠席の方でも記念品代として○○○○円をご送金いただければ幸いです。
・○○市内で学校に勤務の方々は、各校の教頭先生まで申込書を添えてお届けください。

届け先　東京都○○市○町○丁目○○番○号　○○小学校内　○○○○○○　宛

………キ………リ………ト………リ………セ………ン………

ご勇退記念の会　申込書

○○○○先生
○○○○先生
○○○○先生

（　）ご出席　（会費○○○○円同封）
（　）ご欠席
（　）欠席ですが記念品代○○○○円送ります。

氏　名
勤務先
住　所

○　　○先生
・○○○国民学校　　○年
・○立○第○小学校　　○年
・○立○第○小学校　　○年
・○立○第○小（教頭）　　○年

その間
○○○小学校教頭会幹事
○○○公立小・中学校教頭会庶務部長
他の要職を勤められました。

お三方のご勇退と新しい出発を機に、先生方の皆様と心をこめて記念の会を催したく存じます。公私共にご多用のことと存じますが、ぜひご出席賜りたくご案内申しあげます。

昭和○○○年○月○日

発　起　人
○○市立○○○○小学校長
○○市立○○中学校長
○○市立○○小学校長　　○○○
　　　　　　　　　　　○○○
　　　　　　　　　　　○○○

○先生
○先生　ご勇退記念の会
○先生

発　起　人　代　表
○○市立○○小学校教頭　○○○
○○市立○○小学校教頭　○○○
○○市立○○○○小学校教頭　○○○

● 勇退記念の会ご案内

新緑の候、諸先生方には益々ご健勝のこととお慶び申しあげます。
さて、このたび○○○先生には○○○○小学校を、○○○先生には○○○○小学校での要職を最後に、それぞれご勇退されました。お三方の先生には、○○市の教育発展はもち論、全都的にも多くのご尽力とご功績を残され、後進のよき師でもありました。ここに諸先生の略歴をご紹介申しあげます。

○○○先生　ご勇退記念の会ご案内
○○○先生
○○○先生

○○○先生
・○○○国民学校
・○○○小学校
・○○○小学校
　○○○年
　○○○年
　○○○年
その間
○市校長会・会長
○○○公立小・中学校校長会・会長
他の要職を勤められました。

○○○先生
・○○○国民学校
・○○○中学校
・○○○小学校
　○○○年
　○○○年
　○○○年
その間
○市校長会・副会長
○○○立小・中学校校長会・副会長
他の要職を勤められました。

留意点　何人かを同時にあつかう場合の記念品代については、案内を受けた者が、全員について知っている訳ではないので、個別にあつかう方がよい。

● 送別会のお礼状 ①

謹啓

〇〇〇候益々御清祥のこととお慶び申し上げます。

さて私儀去る三月三十一日をもちまして退職いたしましたが、盛大な送別会を催していただき、その上、心のこもった記念品を賜りまして身に余る光栄と心から厚くお礼申し上げます。

昭和〇〇〇年以来三十〇年間、東京都〇〇〇〇〇〇〇〇としての日々は、ひとつひとつ珠玉の如く忘れ難い思い出として、私の心の中に生きつづけることと思います。

この間にいただきました御指導、御厚情に改めまして深く感謝申し上げますとともに今後とも相変わりませぬ御支誼をお願い申し上げます。

貴台様の一層の御健勝と御発展を祈念申し上げまして略儀ながら書中をもって御挨拶並びにお礼といたします。

敬具

平成〇〇〇年〇月

〇〇〇〇

追伸　四月一日より〇〇〇〇〇〇〇〇に勤務しております。

留意点　次の勤務先がない場合は、現在の状況を本文中に添え書きをする。

●送別会のお礼状 ②

謹啓　初秋の候　ますますご清栄のこととお喜び申し上げます。

さて、過日は○○○会館にて、心温まる送別会を開催していただき、ご多忙の中を多くの方々のご出席を賜り誠に有り難うございました。また、諸先生よりご丁重なおことば、さらに記念品まで頂戴いたしまして、何とも申し訳なく、心からお礼申し上げます。今後は、長い間に皆様からお寄せいただいたご厚情、ご支援にこたえるべく、新しい仕事に一層努力して参る所存でございます。何卒ご指導ご鞭撻を賜りますようお願い申し上げます。

皆様のご健勝をお祈り申し上げお礼のご挨拶といたします。

敬具

平成○○○年九月

〒○
東京都○○区○○○○-○○-○
○○○
電話（○○○）○○○○

留意点　参加者の場合、次の勤務先（又は悠々自適など）などは判っているのでよいが、参加しなかった方々には、勤務先などについて添え書きをする。

● 送別会参加者への礼状（当日会場で）

本日の「〇〇〇〇先生を囲む会」の催しにつきましては、皆様より深いご理解とご協力を得ましたことに、担当者一同大変有難く思っている次第でございます。
お陰様で無事滞りなく終了させていただきましたが、途中手違いや不行届きな点が多々ありましたことをお詫びするとともに、ご指導・ご協力賜りましたことに対して、深く感謝いたします。
重ねて厚く御礼申し上げますと共に皆様の今後のご発展をお祈り申し上げます。

平成〇〇〇年〇月〇日

各位

〇〇〇〇先生を囲む会発起人一同
事務局担当

留意点　礼状でなく、口頭で伝えることでもよい。

● 臨時担任のお知らせ

お知らせ

○月を迎え、一段と秋の深まりを感じます。皆々様には、お変わりないこと、存じます。学校は、まさに運動会の練習のまっ盛りで、元気のよい声が聞こえ、活気に満ちております。

さて、お子さんの担任○○○○先生は、○○林間学校の引率途中で腰を痛め通院していました。しかし経過がおもわしくなく入院して検査を受けた結果、「腰部椎間板ヘルニア」との診断でいましばらくお休みされます。

教科指導・生活指導の上で担任の不在が長期になりますと心配事が多くなります。そこで、先生の全快をお待ちしながら、先週より○○○教頭を○年○組の臨時担任としてお子さんの指導に当るようお願いしました。

ご承知いただき、何か相談事、連絡等がありましたらよろしくお願いいたします。

平成○○○年○月○日

○年○組
保護者各位

○○市立○○○○小学校長　○○○○

留意点　担任の欠勤の理由を簡潔に、また保護者に無用の心配を与えないように記す。

記

設立総会のご案内

日時　〇月〇日（〇）　午後〇〇時〇分

会場　〇〇〇〇〇

会費　〇〇円（親睦会費及びOB会通信費を含む）

議題
一、設立経過報告
二、その他

以上

● 同窓会総会と入会案内

○○○○学校OB会
入会のお誘いと設立総会のご案内

初秋の候、皆様にはご健勝にてお過ごしのこととお慶び申し上げます。

さて、早いもので卒業生も○○期生が卒業し、そろそろ母校がなつかしく思われる昨今でございます。

卒業当初より有志の間にOB会設立を望む声もあり、去る○月○○日○○先生をはじめ諸先生方にご足労いただき、ご相談した結果、「気楽な楽しい親睦会」をつくりましょうとの賛同を得て、皆様の承認を得るばかりとなりました。

名称及びその他設立に関する必要事項は、総会にて皆様のご意見をお伺いした上で決定致したく、また、どうかこの趣旨をお汲みとり下さいまして入会いただけますよう、入会のお誘いと設立総会のご案内をお送り申し上げる次第でございます。

なお、入会意志の有無を、同封の返信用はがきでお送りください。また、設立総会を、左記の通り開催いたしますので、この総会の出欠も合わせて、○月○日までにご返送いただけるようお願い申し上げます。

平成○○○年○月○日

○○○○学校OB会世話人
発起人
○○○○
○○○○
○○○○

留意点　卒業年度別に発起人を網羅することが望ましい。

② 慶弔関係

●訃報①（職員の親）

　本校○○○○教諭のご尊父○○○○殿（○○○歳）には、○○（病）によりかねて入院加療中のところ、薬石効なく○月○日午○○時○分逝去されました。
　ここに謹んで哀悼の意を表し、お知らせいたします。
　　平成○○年○月○日
　　　　　　　　　　　　○○○立○○○学校長
　　　　　　　　　　　　　　　○　○　○　○
市内小中学校長殿
同職員一同　殿
　　　　　　　　　　記
1、通　夜　○月○日（○）　○時○分から○時○分まで
2、告別式　○月○日（○）　○時○分から○時○分まで
3、喪　主　○○○○様
4、場　所　自宅（通夜、告別式とも）
　　　　　　　　住所
　　　　　　　　電話番号
　　　　　　　　交通機関等

　　　（案内図）

留意点　　喪主は、職員と姓が違う場合もあるので調べて書く。
　　　　　　案内図は、目印なども記入しわかり易いように。

●訃報②(児童・生徒)

訃　報

悲しいお知らせをいたさなければなりません。
○年○組　○○　○○さんには、再生不良性貧血症という難病にとりつかれ、長いこと闘かってきました。しかし昨日遂に力尽き天国に召されました。ご冥福をお祈りし、謹んで哀悼の意を表します。
また、看病に明け暮れしたご両親のお悲しみはいかばかりかとお察し申し上げます。お見舞い、献血など多くの方々のご心配をいただきました。そのみなさんにはどんなにか勇気づけられたことでしょう。ありがとうございました。
右ご報告いたします。
通夜、告別式は左記により行なわれます。

平成○○○年○月○○日

○○市立○○○○小学校長　○○○○
同　　PTA会長　　　　　○○○○

保護者各位

～～～～記～～～～

○通　夜　○月○○日（月）　午後○時～○時
○告別式　○月○○日（火）　午前○○時○○分～○時○分
○会　場　○○○○集会所

留意点　児童、生徒の訃報ほど悲しいお知らせはない。
病名、事故などについては、ご家族の心情を察し、記載に当っては十分留意する必要がある。

● 訃報③（児童・生徒の親）

　1年1組〇〇〇〇君の御母堂〇〇〇様（〇〇歳）には、かねてから入院加療中のところ薬石効なく、〇月〇日午〇〇時〇分御逝去なされました。
　ここに深く哀悼の意を表すとともに、下記によりお知らせいたします。
　平成〇〇年〇月〇日
　　　　　　　　　　　　〇〇〇立〇〇〇学校1年1組学級代表委員
　　　　　　　　　　　　　　　　　　〇　〇　〇　〇
　　　　　　　　　　　　　　　　　　〇　〇　〇　〇
　1年1組　保護者殿
　　　　　　　　　　　　記
　1、お通夜　　〇月〇日（〇）午〇〇時〇分～〇時〇分
　2、告別式　　〇月〇日（〇）午〇〇時〇分～〇時〇分
　3、場　所　　自宅（通夜、告別式とも）
　　　　　　　　住所
　　　　　　　　電話番号
　　　　　　　　交通機関

　　（案内図）

留意点　　学校長と連名でもよい。

●祝電①（結婚式１）

○ゴ結婚オメデトウゴザイマス、末長ク幸多カレト祈リマス

○華燭ノ盛典ヲ祝シ、心ヨリオ二人ノゴ多幸トゴ両家ノ発展ヲオ祈リシマス

○メデタク三三九度ノ盃ヲカワサレ、心ヨリオ祝イ申シ上ゲマス

○恋ガ芽生エ、愛ノ花ガ咲キ、見事実ヲ結ンデ結婚、オメデトウ」次ハ若葉ヲ育テル番」二人トモ、ガンバッテネ

○一タス一ハ二ダガ、今日ノ１タス１ハ無限ノ可能性ヲ秘メタ愛情トイウ数字ガ答デス」結婚オメデトウ、ゴ多幸ヲ祈リマス

○美シイ妻ヲ迎エ、パンダノヨウニ目尻ヲドゲテイル君ノ顔ガ目ニ浮カビマス」永遠ノ愛ヲ尽クセ

○女性ノ美シサハ、愛情ニヨッテ磨カレルモノ」□□君、結婚ヲ機ニ更ニ深イ愛ヲ、毎夜奥様ニ捧ゲヨ

○□□サンノカワイイ花嫁姿、目ニ浮カビマス、落チ着イタラ遊ビニ来テ下サイ、ゴ主人ノ上手ナ操縦法、オ教エシマス

○学生時代カラ育テタ恋ガ、見事実ヲ結ビ、オメデトウ」毎朝メザメレバ、横ニ彼ノイル幸セヲ、存分カミシメテネ

●祝電②（結婚式2）

○家庭ノ赤字ニモ負ケズ、夫婦喧嘩ニモ負ケズ、夫ノ浮気ニモ負ケズ、妻ノ座ヲ確保シテ下サイ

○ラグビー精神デ、彼女ニ体当リ、見事ハートヲ射止メゴールイン、オメデトウ」次ハ二世ヅクリダ、絶ユマズ励メ

○君デモイイトイウ奇特ナ女性現ワレ、本当ニオメデトウ」長続キノ秘訣ハ、サービスアルノミ」炊事、洗濯、掃除、ナンデモイトワズ精ヲ出セ
○素適ナ彼ト並ンデノ結婚式、素晴シイデショウ、オメデトウ」デモモウ一度ナンテ考エナイヨウニ

○□□君、本当ニオメデトウ」不肖ノ教エ子ノ行ク末、案ジテイマシタガ、見事ベターハーフ射止メラレ肩ノ荷オリマシタ仲ヨクネ

○□□君、オメデトウ、当分夜更シガ続クデショウ」デモ、明日ノ出勤ニ遅レナイヨウ、ゴ注意ヲ
○ウブナ□□君、結婚デキテヨカッタネ、オメデトウ」夜ガ心配ダロウガ、スベテオ稼サンノリードニ従エ

○□□サン、飼イ主ガ見ツカリ、オメデトウ」目ノ前デハ、イツモ尾ヲ振ルコト、忘レナイヨウニ

留意点　祝辞と並んで重要な役割を果たすのが祝電です。形式的な言葉を並べただけの文より、心からの祝電や新婚生活へのアドバイスを含んだ簡潔明瞭な祝電がよいでしょう。
　祝電は結婚の記念に保存されるので、名文でなくとも、宴会場で読まれる電文に知恵をしぼりましょう。

●弔　　電

○ゴ尊女様のゴ逝去ヲ悼ミ、謹シンデオ悔ミ申シ上ゲマス

○ゴ母堂様ノゴ永眠ノ報ヲ承リ、心ヨリゴ冥福、オ祈リ申シ上ゲマス

○ゴ主人様、看病ノカイナクゴ永眠ノ由、謹ンデゴ冥福ヲオ祈リイタシマス

○ゴ入院ノカイナク、オ父様ゴ永眠ノ由、心カラゴ冥福オ祈リイタシマス」遺サレタオ母様ノタメニモ、心ヲ強ク持タレマスヨウ、念ジテオリマス

○ゴ主人様、突然ノゴ逝去、謹ンデオ悔ミ申シ上ゲマス」１日モ早ク立チ直ラレマスヨウ、オ祈リイタシマス

○共ニ手ヲ携エアッテキタ、奥様ノゴ他界」ゴ冥福トトモニ、オ子様ノタメニモ、強ク生キテ下サイ

○不慮ノ事故ニテ、蕾ノ閉ジタ命」ゴ両親ノ悲シミヲ思ウト、慰メノ言葉モゴザイマセン」ヒタスラゴ冥福ヲオ祈リイタシマス

○看病ノカイナク、愛児○○君ゴ永眠、謹ンデオ悔ミ申シ上ゲマス」生キガイヲ失ワレタオ嘆キヲ、オ慰メスル言葉見ツカリマセン」ゴ主人ト手携エ合イ、強ク生キラレマスヨウ、ヒタスラオ祈リイタシマス

留意点　不幸を知っても都合で葬儀に参加できない場合は、なるべく早く弔電を打つことが望ましい。一般的にはあまり工夫を凝らさないものにする。遺族をよく知る場合は、故人の人柄や生前の活躍を偲ぶとともに、遺族の悲しみを和らげ、勇気づける電文にしてもよい。弔電の場合は特に「忌み言葉」－重ね重ね、度々、再び等は使用しないように。

●その他電文 ①

〈卒業〉
○小学校卒業オメデトウ」イヨイヨ児童カラ生徒ニナリマスネ、中学ニイッテモ頑張ッテ下サイ

○卒業、オメデトウ」新シイ門出ニ、限リナイ前途ヲ祝シマス

〈賀寿〉
○還暦ノオ慶ビヲ申シ上ゲマス」イツデモオ若イオ気持チデ、楽シイ人生ヲ

○メデタク古稀ノ寿迎エラレ、心ヨリオ慶ビ申シ上ゲマス」今ヤ功成リ名遂ゲラレ、悠々自適ノ毎日」イツマデモオ元気デ

〈合格〉
○歯ヲ食イシバッテ頑張ッタ努力ガ、見事実ヲ結ビマシタネ、オメデトウ」心カラ称賛ノ拍手ヲ贈リマス

○厳シイ試験ヲ、見事ニ突破サレ、本当ニオメデトウ」コレカラモ、ソノ意気デ大イニ頑張レ

〈就職〉
○ゴ就職、オメデトウゴザイマス」明日ニ向カッテ大キクハバタケ

○サッソウタル先生誕生、オメデトウ」教壇ノ姿、目ニ浮カビマス」

留意点　　卒業、就職には新しい世界で大いに羽ばたくよう、励ましの言葉を添えると尚更よい。

　長寿を祝う賀寿には、還暦、古稀、喜寿などがある。お祝いや一層の健康を祈る言葉で、文面は、少々いかめしいか、逆にぐっとモダンなものが喜ばれる。

●その他電文②

〈出発、帰国〉
○西独デノ教師生活、ツライコトモアロウガ、君ナラ大丈夫」一回リ大キクナッテ、帰国スル日ヲ待ツ

○□□大学ヘノゴ留学、オ祝イ申シ上ゲマス」ゴ健康トゴ成功、オ祈リシマス

○無事研修ヲ終エテノゴ帰国、オメデトウゴザイマス」ゴ成果ヲ上ゲラレ喜バシイ限リデス」ゴ苦労様デシタ

〈昇進〉
○日ゴロノ努力、実ヲ結ビ昇進オメデトウゴザイマス」健康ニモ留意サレマスヨウニ

○□□学校長トシテゴ着任、平素ノゴ精励ノタマモノト存ジマス」心ヨリオ慶ビ申シ上ゲマス

〈新築〉
○コンクリートジャングルカラ、見事脱出オメデトウ」大イニ羽根ヲ伸バシテ下サイ

〈叙勲〉
○教育一筋ノ人生ガ報ワレ、晴レノ端宝章、オメデトウゴザイマス」叙勲ハ当然ノ評価、オ慶ビ申シ上ゲマス

留意点 　教員の海外研修は年々増えている。見送り、迎えに行けない場合は電報がよい。心あたたまる電文は、出発する人の不安をやわらげ、また帰国した喜びが一段と増すでしょう。
　昇進、新築、叙勲などは電話より電報の方が印象深く、保存もでき、また効果的です。

●その他電文 ③

〈受賞〉
○合唱コンクールニテ、栄エアル最優秀賞受賞、日ゴロノ練習ノタマモノデスネ」心ヨリ、賞賛ノ拍手ヲ贈リマス

○入賞オメデトウゴザイマス」今後トモ、ナオ一層ゴ精進下サイ

〈応援〉
○白球ニカケタ、君ノ命ヲ、今コソ燃ヤス時」悔イナキ熱戦ノ展開ヲ期待スル

○イヨイヨ明日ハ決勝戦、自分ノ力ヲ十分ニダセル力ガ勝負ヲ決メル」ゴ健闘ヲ心カラ祈ル

〈入院見舞・全快〉
○病気ニナッテ初メテ知ル、健康ノアリガタサ」良イ人生経験ダト思イ、アセラズ治療ニ専念シテ下サイ

○退屈ナ病院生活カラ解放サレ、オメデトウ」当分ハ、無理ヲシナイヨウ気ヲ付ケテ下サイ

〈災害見舞〉
○突然ノ罹災、ゴ同情申シ上ゲマス」オ手伝イデキルコトアレバ、オ申シツケ下サイ、駆ケツケマス

〇ニュースデ知リビツクリ」ゴ一家ノ無事ヲ祈ル

留意点　受賞、入選の場合は、少々オーバーな表現になってもよい。精一杯の称賛の言葉とともに、一層の努力を重ねる言葉がよい。
　入院見舞には、短い言葉で充分慰め、勇気を与えます。全快には、心からの祝福とともに、復帰できるよう勇気付ける言葉を添えるとよい。
　災害見舞は、励ましとともに援助の内容を盛り込んだものがよい。

③ 行事関係

1 儀式的行事
2 学芸的行事
3 体育的行事
4 遠足・旅行的行事
5 父母関係
6 進路関係

●入学式案内①(来賓向)

桜のつぼみのふくらみや、木々の芽ぶきが待たれる昨今でございます。貴殿には、ご健勝にお過ごしのこととお慶び申し上げます。日頃、本校のためになにかとご支援、ご協力をいただき深く感謝申し上げます。

さて、昭和〇〇年度第〇〇回入学式を左記により挙行いたします。公私ともご多用のこととは存じますが、ご列席賜りまして、入学児童をお励ましくださいますようご案内申し上げます。

平成〇〇年〇月〇〇日

〇〇市立〇〇〇小学校長　〇〇〇

記

一、日　時　昭和〇〇年〇月〇日（〇）午前〇時　開式

一、式　場　本校　体育館

尚、開式十五分前に入場していただきますので〇時〇〇分までにご来校ください。

留意点　来賓向け案内状は簡潔な文面が望ましい。

1 儀式的行事

● 入学式案内②（父母向）

平成○○年○月○○日

新一年保護者　殿

○○○立○○○学校長
○　○　○　○

入学式のご案内

　うららかな陽春の候、ご清栄のこととお慶び申し上げます。この度、手塩にかけご養育なさいましたお子さんが、本校に入学されることとなりました。心より、お祝い申し上げます。職員、在学児童全てが、心持ちいたしております。
　そこで、下記により、入学式を挙行いたします。お子さんとご一諸にご出席いただき、新入生の前途を祝福していただきますよう、ご案内申し上げます。

記
1　日　時　平成○年○月○日（○）　　午後10時開式
2　式　場　本校体育館
3　受　付　午後○時より午後○時○分まで

　尚、当日は、教育委員会よりの入学通知書と上履をご持参ください。

留意点　初めて来校する父母が多いので、とまどわせないための配慮が望まれる。控室、一年生の教室など図示できれば親切である。

● 入学式案内③（父母向）

　　　　　　　　　　　　　　　　平成〇〇年〇月〇〇日
保護者各位
　　　　　　　　　　　　　東京都立〇〇養護学校長
　　　　　　　　　　　　　　　　　　〇　〇　〇　〇

　　　　　　　　入学式のご案内

　春らんまんの季節と相なりました。
皆様ますます御健勝のこととお慶び申し上げます。このたびはお子様の御入学おめでとうございます。
　つきましては、昭和〇〇年度小学部・中学部・高等部入学式を下記のように挙行致しますので、保護者同道にて、御来臨賜わりたく御案内申し上げます。

　　　　　　　　　　　記
１，日時　　昭和〇〇年〇月〇日（〇）
　　　　　　午前１０時～１０時４０分
　　　　　　受付開始　　午前９時３０分
　　　　　　　　　＊なるべく午前９時５０分までに受付を済
　　　　　　　　　　ませて下さい。
２，場所　　本校体育館
　　入学者　本校　小学部〇〇名　中学部〇〇名　高等部〇〇名
　　　　　　分教室小学部　〇名　中学部　〇名　　　計〇〇名
　　＊スクールバスの利用について
　　入学式当日は、新しく入学する児童・生徒については、下校便のみ，
　　本校の小・中学部から入学する場合は登・下校ともご利用下さい。

留意点　　持参品が必要な場合は記しておく。

48

●卒業式案内①(来賓向)

早春の候、ますますご清栄のこととお慶び申し上げます。

さて、本校に於て平成〇〇年度卒業証書授与式を挙行いたしますので、ご多用中とは存じますが、巣立ちゆく児童への祝福をいただきたく、ここにご臨席くださいますようご案内申し上げます。

敬具

記

一、日　時　　平成〇〇年〇月〇〇日　午前〇時　開式

一、式　場　　新校舎　音楽室

平成〇〇年〇月〇〇日

〇〇市立〇〇小学校長　〇〇〇〇

〇〇〇〇　殿

留意点　祝辞を頂戴する方には、お願いを書き添え時間も記しておくと親切である。

● 卒業式案内②(父母向)

今年ほど春を待ち遠しく思った年もありません。皆様には、お変わりなくお過ごしのことと存じます。

さて、長い六年間の小学校生活を楽しく頑張り抜いたお子さんたちも立派に成長し、小学校の全課程を修了する日も近づきました。その間、保護者の皆様には、並々ならぬご苦労があったことと推察いたします。また、本校の教育にも深いご理解とご協力をいただきありがとうございました。

そこで、左記により卒業証書授与式を挙行いたします。お忙しい折ではございますが、式にご参列いただき、子どもたちの晴れ姿をお見送りいただきたく、ご案内いたします。

平成○○年○月○日

○○市立○○○小学校長　○　○　○

○年保護者各位

　　　　　記

一、日　時　　○月○日（○）
　　　　　　・受付　○時○分～○時○分
　　　　　　・開式　○時○分
　　　　　　・閉式　○時○分
　　　　　　・卒業生、保護者下校　○時

一、式　場　　本校　体育館

一、父母控室　一組父母控室…○年○組、○組父母控室…○年○組
　　　　　　　三組父母控室…○年○組

◎受付をすませましたら、控室でお待ちください。
◎当日は、係の先生がご案内いたします。

留意点　卒業する子どもの父母への最後の通知文となる。学校の誠意をしたためた案内文にしたい。

●卒業式案内③（父母向）

平成〇〇年〇月〇日

保護者各位

東京都立〇〇養護学校長
〇　〇　〇　〇

卒業式のご案内

　烏兎匆匆、陽春の日差しも和やかになってまいりました。
皆様には益々ご清栄のこととお慶び申し上げます。日ごろ本校の教育にひとかたならぬご理解とご援助を賜わり深く感謝致しております。
　さて、本年度卒業式を下記のように挙行致しますので、皆様にはご多用中のこととは存じますが、ご来臨いただき、卒業生の前途を祝福し励ましの言葉を賜わりたく謹んでご案内申し上げます。

記

１，日時
高等部　３月〇〇日（〇）午前９時３０分より
中学部　３月〇〇日（〇）午前９時４５分より
小学部　３月〇〇日（〇）午前９時４０分より
２，場所
　　本校体育館

留意点　式の終わり時間も書いた方がよい。

● 卒業式の礼状①

早春の候、ますますご清栄のこととお慶び申し上げます。

さて、本校第〇〇回卒業証書授与式に際しましては、ご多用中にもかかわらずご列席くださいまして有難うございました。おかげさまで、意義深い卒業証書授与式を挙行することができましたことを深くお礼申し上げます。

今後とも本校の教育推進のため、ご支援を賜りますようお願い申し上げます。

平成〇〇年〇月〇日

殿

〇〇市立〇〇〇小学校長　〇　〇　〇　〇

留意点　礼状は早目に届くように心掛ける。

●卒業式、入学式の礼状②

陽光が暖かさを増し、木々の芽がふくらむ頃となりました。
　　　　　（入学式）
過日、第〇回卒業証書授与式を挙行いたしました処、ご多用の中、ご臨席賜り心のこもった激励のお言葉をいただき誠にありがとうございました。
　　（新入生）　　　　（仲間入りすることが）
おかげをもちまして、〇〇名の卒業生も自信に満ちて巣立つことができました。
今後とも本校教育にご援助とご指導賜りますようお願い申しあげ、お礼といたします。

平成〇〇〇年〇月〇〇〇日

〇〇〇〇〇学校長　〇〇〇

〇〇〇〇　殿

留意点　傍線の部分を（　）内にかえれば、入学式用にすることがきる。

● 謝恩会のご案内

早春の候、ますます、ご清祥のこととお慶び申し上げます。長年ご指導いただきました子どもたちは、間もなく本校を巣立とうとしております。一重に、先生方、区職員の皆様の親身も及ばぬ深い愛情とお導きの賜ものと厚く感謝いたしております。

つきましては、左記により謝恩会を催し、心ばかりのお礼の気持を表わしたいと存じます。

学年末のお忙しいところではございましょうが、是非ご出席いただきたくご案内いたします。

平成○○年三月○日

卒業対策委員長　○○○○

○○○○先生

記

一　日　時　　平成○○年三月○日（○）
　　　　　　　午後○時より

一　会　場　　本校体育館

一　会次第　　（略）

留意点　　名称は性格に合わせて適宜決めるとよい。（お別れ会、卒業記念パーティーなど）

● 卒業を祝う会のお知らせ①（父母向）

平成〇〇年〇月〇日

3年保護者　各位

〇〇市立〇〇〇中学校
第3学年委員有志一同

拝啓　新春の候皆様には、ご多忙の毎日をお過ごしのことと存じます。
　お子様の中学校生活も残り少なくなり、将来へ向ってそれぞれ頑張っておられることと存じます。
　さて、卒業の日が近づいてまいりましたが、入学以来お世話になりました先生方にささやかながら、私どもの感謝の気持ちを表すために、卒業を祝う会を開きたいと存じます。
　つきましては、下記のように実行したいと思いますので、多数のご協力をいただきたくご案内かたがたお願い申し上げます。　　　　　　敬具

記

1、卒業を祝う会
　　日　時　　平成〇〇年〇月〇〇日（〇）午後〇時〜〇時
　　会　場　　レストラン〇〇〇〇　ＴＥＬ〇〇〇—〇〇〇〇
2、会費
　　同封の振替用紙に必要事項（金額・住所・氏名・クラス）を記入の上〇月〇〇日までに最寄りの郵便局にお払い込み下さい。
　　(1)　卒業を祝う会にご出席される方　　〇,〇〇〇円
　　(2)　記念品代だけの参加　　　　　　　〇,〇〇〇円
3、その他　　平服でご出席下さい。
　　　なお、ご不明の点がございましたら、〇〇〇〇まで問い合わせくだ

さい。　　　　　　　ＴＥＬ○○○―○○○○

留意点　　学校を会場にする場合は、アルコール類については教育施設であることから控えた方がよい。
　会場を外部に設ける場合、会費が多額になって参加者が少なくならないように配慮すること。

●卒業を祝う会のお知らせ②（先生向）

平成○○年○月○日

○○　○○先生

○○市立○○○中学校
第３学年委員

『卒業を祝う会』へのご案内

拝啓　ますます、ご健勝のことと存じ上げます。
　さて、先生方には、この３年間勉学をはじめ、進路指導等に多大なるご心労をおかけしました。父母一同こころから感謝いたしております。
　つきましては、ささやかながら、『卒業を祝う会』を計画しました。ご多忙とは存じますが、是非ご出席頂きたく下記のとおりご案内申し上げます。
　　　　　　　　　　　　　　　　　　　　　　　　　　敬具

記

1、日　　時　　平成○○年○月○日（○）午後○時～○時
2、会　　場　　レストラン○○○○　　ＴＥＬ○○○―○○○○
3、会　　費　　○○○○円
　　　　　　　当日会場で集金させて頂きます。
　※　参加・不参加のご返事を○月○日（○）までに○○○○
　　　までご提出願います。

留意点　先生に対しても会費（１部でも）を集めた方が参加し易い場合もあるので担当者が充分連絡をとること。

●一日入学のお知らせ

平成○○年○月○日

保護者各位

都立○○養護学校長
○　○　○　○

　　　　　　　一日入学のお知らせ

　桜のつぼみもふくらんでくる今日この頃です。
　さて、恒例の親子一日入学を下記の日程で計画いたしました。ぜひご来校ください。

　　　　　　　　　　　記
1．日　時　　○○年○月○日（○）
　　　　　　　午前○○時○○分～午後○時
2．場　所　　○○養護学校訓練室他
　　　　　　　（玄関の受付をとおしてください。）
3．内　容　　○○養護学校見学と説明
　　　　　　　面接、入学のしおりの説明
　　　　　　　（当日は係が順に案内いたします）
4．その他　　・当日は食事の用意がありませんのでそれぞれ済ませて来てください。
　　　　　　　・同封の調査票などは記入して必ず持参してください。
　☆　当日都合の悪い方は必ず電話してください。
　　　○○○○（○○）○○○○　　　担当　小学部　○○
　　（都立○○養護学校）

留意点　一日入学は、入学者の不安を解消し安心して、楽しく入学できるために設けられる行事である。ねらい、日程などを書くとよい。

● 開校記念式典のご案内

謹啓　初秋の候　皆様にはますますご清栄のこととお慶び申し上げます。

さて、本校は昭和五十八年四月開校以来、皆様がたのご指導ご支援をいただきまして、教職員一同本校の基礎づくりと充実・発展に全力をあげてまいりました。おかげ様をもちまして、今春には第○期生も迎え、校舎・体育館・グランド等をすべて施設・設備が完成いたしました。

つきましては、左記により開校記念式典を挙行いたしますので、ご多忙の折とは存じますが、ご臨席の栄を賜わりたくご案内申し上げます。

敬具

平成○○年九月吉日

東京都立○○高等学校
校　長　○○○
PTA会長　○○○

記

一、日　時　平成○○年○月○○日（○）十時
　　　　　　受付は九時より
一、記念式典　十時　本校体育館
一、記念行事　十一時　同　右
一、祝賀会　十二時三十分　本校剣道場

一、ご出席の有無を○月○日（○）まで同封のハガキでお知らせ下さい。
一、ご来臨の節は本状を受付にお示し下さい。

なお、駐車場が全くございませんのでお車でのおいではご遠慮下さい。

留意点　その年度の開校記念式典を行う学校内の日程調整を行う。

● 開校記念式典のお礼状

謹啓　仲秋の候　ますますご清祥のこととお慶び申し上げます。
さて、先般挙行いたしました本校の開校記念式典に際しましては、ご多用中のところご来臨いただきました上種々ご高配を賜りまして誠に有難うございました。厚く御礼申し上げます。
この式典を契機といたしまして本校をさらに充実・発展させるために、よりいっそうの努力をいたす所存でございますので、何とぞ今後とも倍旧のご指導とご鞭撻を賜りますようお願い申し上げます。
先ずは略儀ながら書中をもちまして御礼申し上げます。

敬白

平成〇〇〇年〇月

私どもは
東京都〇〇〇〇〇〇学校長〇
同　　PTA会長〇
〒〇
東京都〇〇市〇〇町〇〇〇-〇〇
電話〇〇〇〇-〇〇〇〇

留意点　特に重要な招待者の場合は、礼状だけでなく出向いてお礼を述べることも心がけたい。

● 開校十周年記念式典祝賀会ご案内

秋の深まる頃各位におかれましては、益々ご清栄のこととおよろこび申し上げます。

さて、本校も開校十周年を迎えました。この間皆様のご指導、ご協力により設立以来順調な歩みをし、こどもたちも元気に成長しております。

この時にあたり、開校十周年式典、祝賀会を左記の通り挙行することになりました。ご多用のことと存じますが、ご来臨賜りますようにご案内申し上げます。

平成〇〇年〇月〇〇日

〇〇市立〇〇〇〇小学校長　〇〇〇〇

　　　殿

記

日　時　　平成〇〇年〇月〇〇日（〇）
　　　　　・式　典　午前〇時〇〇分～午前〇〇時
　　　　　・祝賀会　午前〇〇時〇〇分～午後〇時〇〇分

会　場　　本校　体育館

学芸会　　平成〇〇〇年〇月〇〇日（〇）　〇〇〇日（〇）　体育館

お手数ですが準備の都合がございますので、〇月〇日（〇）までにお返事お待ち申し上げます。

留意点　記念行事の催しなどは、具体的に詳しく書きたい。

● 創立○周年のご案内

秋風さわやかな季節となり、皆様にはますますご健勝のこととおよろこび申し上げます。

さて、○○○○小学校は本年をもって開校五十周年を、○○○○幼稚園は開園十五周年を迎えました。開校・開園以来皆様方のご協力ご支援のおかげで年々発展してまいりました。誠にありがとうございました。

ここに今までの歩みをふりかえり、今後の教育の充実と発展を期し、開校開園の記念式典を左記のように挙行いたします。

ご多用とは存じますが、万障おくりあわせの上、ご臨席賜りますようご案内申し上げます。

敬具

平成○○○年○月○日

東京都○○区立○○○○小学校長
東京都○○区立○○○○幼稚園長
○○○○

殿

記

一、式典会場　本校　体育館
一、時　程　・記念式典（午前○時○○分～○○時○○分）
　　　　　　・記念茶会（午前○○時○○分より）
一、期　日　平成○○○年○月○日（○）

※・ご来校の節は本状を受付へお示しください。
　・自動車等のご来場はご遠慮くださるようお願いいたします。

留意点　前もって出欠をとらない場合もあるが、当日の出席者はしっかり確認できるように案内状を送った方の一覧表を用意するとよい。

● 創立◯周年記念式典のご案内①

新緑の季節となりました。皆様にはますますご健勝のこととお喜び申し上げます。さて、◯◯市立◯◯小学校も創立三十周年を迎えました。この間皆様方のご指導とご協力により設立以来順調な歩みをし、子どもたちも元気に成長していることを職員一同よろこんでおります。

このときに当たり、三十周年記念式典を左記要領により催し、本校発展の姿をご覧いただき、日頃のご恩におこたえしたいと思います。そして、さらに心を新たにしてよりよき◯◯小づくりに努力いたす覚悟でございます。

なにかとご多忙のこととは存じますが、何とぞご出席くださりお励ましくださいますようご案内申し上げます。

平成◯◯年◯月◯◯日

◯◯市立◯◯小学校長　◯◯
◯◯市立◯◯小学校PTA会長　◯◯

父母各位

記

一、記念式典
　　◯月◯日（◯）午前◯時〜◯時
　　体育館

二、記念祝賀会
　　◯月◯日（◯）午前◯◯時◯◯分〜◯時
　　体育館

祝賀会会費　◯◯◯◯円

・・・・キリトリ・・・・

三十周年記念式典　祝賀会　参加申し込み書

参加しますので祝賀会費◯◯◯◯円を添えて申し込みます。

　　年　　組　（参加者氏名）

留意点　記念祝賀会が会費制の場合は、会計報告もすること。

追記
一、お手数ですがご出席の有無を〇月〇日（〇）までに同封のはがきでお知らせください。
一、ご来臨の節は本状を受付にお示しください。
一、自動車でのご来場はご遠慮ください。
一、本校から祝賀会場まではバスで御案内いたします。

● 創立◯周年記念式典のご案内②

新緑の季節となりました。皆様にはますますご健勝のこととお慶び申し上げます。

さて、○○市立○○小学校も創立三十周年を迎えました。この間皆様方のご指導とご協力により設立以来順調な歩みをし、子どもたちも元気に成長していることを職員一同よろこんでおります。

このときに当り、三十周年記念式典を左記要領により催し、本校発展の姿をご覧いただき、日頃のご恩におこたえしたいと思います。そして、さらに心を新たにしてよりよき○○小づくりに努力いたす覚悟でございます。なにかとご多忙のこととは存じますが、何とぞご出席くださりお励ましくださいますようご案内申し上げます。

平成○○年○月○○日

○○市立○○小学校長 ○○
○○市立○○小学校PTA会長 ○○

殿

記

一、記念式典 ○月○日（○） 午前○時 体育館
二、記念祝賀会 ○月○日（○） 午前○○時○○分 体育館

留意点 周年記念にあたって実行委員会を作る場合、父母の参加の呼びかけは実行委員会名でもよい。

● 創立二十周年記念式典 文化祭(展示物)開催のご案内

拝啓　清秋の候いよいよご健勝のこととお慶び申し上げます。
さて本校は本年創立二十周年を迎えました。日頃皆様方の学校教育に対するご理解と温かなご指導、ご支援により教育環境の整備と教育の質的な充実発展と順調な歩みを続けてまいりました。二十周年の節目に当り、創立二十周年記念式典　祝宴　文化祭(展示物)を左記の通り開催いたします。ご多忙中のこととは存じますが、ご来臨の栄を賜りご指導と激励をお寄せ下さいますようご案内申し上げます。

平成○○年○月○○日

○○市立○○○○中学校長　○○　○○　殿

記

一、日時　場所

　○○月○○日（○）

　　記念式典　　午前○○時～○○時　体育館
　　文化鑑賞　　午前○○時～○○時　各教室
　　祝　宴　　　正午～午後○時○○分　体育館

お願い

・会場の準備の都合がありますので、ご出席の有無を○月○○日（○）までに左記の用紙にご記入の上ご返事いただければ幸いです。

・当日は午前○時○○分頃までにおいでください。

留意点　出欠の返事をもらう場合は、案内状は早めに出したい。

● 創立三十周年記念式典のお礼

さつき晴れに若葉がきれいな季節となりました。皆様にはますますご清栄のこととお慶び申し上げます。

さて、去る〇月〇日（〇）に本校創立三十周年記念式典及び祝賀会を行いましたところ、ご多忙のなかご来校ご激励を賜りまして、まことに有難うございました。おかげさまで式典及び祝賀会を無事終えることができました。

私どもは皆様のご期待におこたえするため、これからの三十周年記念行事の運動会、同窓会総会、展覧会、秋まつりや記念誌づくりにも励むつもりでございます。そして、さらに心を新たにし本校児童〇〇〇名の教育充実のために精いっぱい努力したいと考えています。

どうぞ今後ともいっそうのご指導とご支援のほどお願い申し上げます。

まずは書中をもちまして、お礼のことばとさせていただきます。

平成〇〇〇年〇月〇日

　　　　殿

〇〇市立〇〇小学校長　〇〇〇〇
〇〇市立〇〇ＰＴＡ会長　〇〇〇〇

留意点 式典参加者名、住所などを一覧にして同封することもよい。

● 30周年記念誌の送付

平成○年○月○日

殿

○○市立○○小学校長

○ ○ ○ ○

30周年記念誌のご送付について

　早春の候、皆様にはますますご健勝のこととお喜び申し上げます。
　さて、本年度は○○小学校の創立30周年記念の数々の行事が行われましたが、その度に皆様から心あたたまるご支援とご激励を賜り、厚くお礼申し上げます。
　おかげ様で「30周年記念誌」ができ上がりましたのでご送付致します。少しでも役立つ資料となれば幸いです。
　この記念誌を通して、児童も職員も○○小学校30年の姿に接し、多くの方々の苦労と努力がわかり、歴史の重さを感じています。
　尚、貴重な資料をお貸しくださった方々や原稿をお寄せくださった方々に厚くお礼申し上げます。
　今後とも本校教育の推進のため、一層のご指導とご支援くださいますようお願い致します。

留意点　　事務局と担当者名を入れておくとよい。

●風船のご返事に対するお礼

寒い日が続き、今年も残すところ十数日となりました。皆様にはますますお元気のこととお慶び申し上げます。

さて、先日は本校創立三十周年記念集会であげた風船のご返事をいただき有がとうございました。

本人はもちろん学級の子どもたちも大変喜んでおります。またお昼の給食時には全校児童に放送して皆様の心あたたまるお言葉を紹介させていただきました。

「風船の想いを明日に菊香る」
「秋晴れて赤風船の願いかな」
と書かれました○○区の○○様をはじめ小学校の方々、おとうさん、おかあさん方、それにお年をめされた方々、本当に有がとうございました。遠くは○○県の○○市、○○市から近くは○○市、○○○市、市内○○などから多くのお祝いと励ましのお便りをいただき感謝にたえません。

皆様のひとつひとつのお言葉は本人をはじめ本校児童五〇七人の心奥深くきざみこまれ、三十周年記念のよい思い出になると思います。

今後とも本校発展のためよろしくご協力くださるようお願い申し上げます。

寒さきびしい折柄皆様にもお体をお大切にしてください。書状では失礼とは存じますが、お礼の言葉に代えさせていただきます。

平成○○年○○月○○日

○○○○○○市立○○小学校長　○　○

○　○　○殿

留意点　子どもたちの作文を同封したい。

● 学芸会のご案内①

前略

　清澄な大空のもと菊の香薫る頃となりました。皆さまには益々ご清祥のこととお慶び申しあげます。
　さて、本校では、左記により学芸会を挙行いたすことになりました。今回は特に児童の自主性と創造性を伸ばす総合的表現の場として練習にとり組んでまいりました。公私にわたりご多用のこととは存じますが、ご臨席いただきまして、児童達にご声援とご指導を賜りますれば幸甚に存じ、右謹んでご案内申しあげます。

平成〇〇年〇月〇〇日

〇〇〇〇〇〇市立〇〇小学校長　〇　〇　〇　〇

　　　　　　　殿

記

一、日　時　平成〇〇〇年〇月〇〇〇日（〇）　〇〇〇日（〇）
　　　　　　午前〇時〇〇分〜午後〇〇時〇〇分

二、場　所　本校　体育館

留意点　案内状を受付に提示することを明示し、受付場所を図示することも考えられる。

● 学芸会のご案内②

秋気さわやかなたいへんよい季節になりました。皆様には、ますますご清栄のこととお慶び申し上げます。日頃は、本校教育推進に関しまして何かとご支援賜り厚くお礼申し上げます。

さて、来たる〇月〇〇日（〇）同封のプログラムによりまして第〇回学芸会を挙行いたします。

ご多用中とは存じますが、是非ご来臨いただき、ご指導、ご激励賜りたくご案内申し上げます。

平成〇〇〇年〇月〇日

〇〇市立〇〇〇〇〇小学校長　〇〇〇　殿

記

一、日　時　平成〇〇〇年〇月〇〇日（〇）午前〇時より午後〇〇
一、会　場　本校　体育館

尚、〇月〇〇日（〇）は、児童が参観する日とし同じプログラムで挙行いたします。

2　学芸的行事

● 学芸会参観のお礼

日ごとに秋も深まってまいり、朝夕は寒ささえ感じる昨今となりました。皆様には益々ご清栄のこととお慶び申し上げます。
さて先日の本校第〇回学芸会に際しましては、ご多用にもかかわりませずご来校くださり、児童の演技、演奏に温かい拍手、ご激励をいただき有難うございました。ご来賓、父母の皆様多数のご参観のおかげで児童は事のほか張り切って演技をすることができました。これも偏に皆様方のご支援のたまものと深くお礼申し上げます。
今後とも本校の教育推進にご理解、ご協力を賜りますようお願い申し上げ、お礼のご挨拶といたします。

平成〇〇〇年〇月〇〇〇日

〇〇市立〇〇〇〇小学校長　〇〇〇

殿

| 留意点 | 父母の生の声や、児童、生徒の作文などの一端を知らせることで、お礼の意味を強めることも考えられる。 |

● 文化祭開催のご案内

さわやかな秋を迎え、ますますご清栄のこととお慶び申し上げます。日頃は、本校教育推進のため何かとご支援ご協力を賜わりありがとう存じます。

さて、このたび人間性豊かな生徒の育成をめざす教育の一環として同封のプログラムによって第三回文化祭、テーマは「○○○○○○」で開催することになりました。公私ともご多用中とは存じますがご臨席くださいまして、ご助言、ご指導をいただきたくご案内申し上げます。

平成○○年○月○日

　　　　　殿

　　　　　　　○○○○市立○○○○中学校長　　○　○　○

　　※ご来校の節は本状を受付にお示しください。

留意点　文化際当日は、人の出入りも多く、来賓が来校した時に失礼することもあるので、その旨書き添えることも考えられる。

●火気取扱の連絡

平成〇〇年〇月〇日

〇〇〇消防署長
　〇　〇　〇　〇　殿

〇〇立〇〇〇学校長
　　〇　〇　〇　〇

　　　　　文化祭における火気の取扱いについての届

　仲秋の候、貴職におかれましてはますますご清栄のことと存じます。文化祭を下記要項で実施いたしますが、火気を取扱いますので、事前にお届けいたします。

　　　　　　　　　　　　記
1　日　時　平成〇〇年〇月〇日（〇）　〇時から〇時まで
2　場　所　本校校庭
3　参加者　生徒2年生〇〇〇名
4　内　容・校庭において〇時〇分に木を燃やして野燃きを行う。
　　　　　・消火器5本と満水のバケツ10箇及び消火ホースを備え、防火に万全を期す。
　　　　　・雨天または強風の場合は中止。

留意点　担当教員を配置し、生徒だけの時間がないようにすること。又、完全に消火するまで責任をもって管理し、報告させることが望ましい。

●展覧会のご案内

寒波、大雪と例年にない厳しい冬でございます。皆様にはお変りなくお健かにお過ごしのことと存じます。

さて、本校では来る○月○日、○○日に同封のプログラムによりまして展覧会を開催いたします。つきましては、公私ともご多用のこととは存じますが、ご来校くださりご指導、ご激励を賜れば幸いと存じご案内申し上げます。

平成○○○年○月○日

　　　　　　　　　　○○市立○○○○小学校長　　○　○　○　○

　　　　　　殿

記

一、日　時　　平成○○○年○月○日（○）　○○日（○）
　　　　　　　両日とも午前○時より午後○時○○分まで

一、場　所　　本校　体育館

留意点　児童・生徒の制作の様子などを書くと、来賓は喜ぶことが多い。

● 展覧会・授業参観のお知らせ

厳しい寒さと降雪にもめげず、子どもたちは風邪で休む子も少なく元気に登校し、勉強に精を出しています。
○学期の大きな行事のひとつである展覧会を左記により行ないます。併せて、お勤めの父母のみなさんにもこの機会に是非授業をご覧いただきたく授業参観を計画いたしました。
(詳しくは、学年だよりなどでお知らせがあります。)
寒さ厳しい折ですが、ご来校いただきますよう、ご案内申し上げます。

平成○○年○月○日

　　　　　　　　　　　　○○市立○○○○小学校長　○○○

父母 各位

記

一、展覧会観賞日時　　（会場　体育館）
　○月○日（○）　　両日とも午前○時より
　○月○日（○）　　　　　　　午後○時○○分まで

一、授業参観日時　　（会場　各教室）
　○月○日（○）
　・一校時　　○時○○分～○時○○分
　・休　み　　○時○○分～○時○○分
　　（学校長の挨拶　○時○○分より）
　・二校時　　○時○○分～○時○○分
　・児童下校　○時○○分

留意点　授業参観中に展覧会を観賞する父母も考えられるので、その際の注意も記すとよい。

●作品展覧会のお知らせ

平成○○年○月○日

保護者各位

○○立○○○学校長
○　○　○　○

　　　　　　作品展覧会のお知らせ

　晩秋の候を迎え，ご家庭のみなさまにはますますご健勝のことと拝察いたします。学校では充実した教育活動ができますよう一段と努力を重ねております。
　さて，本校では文化活動の充実に努めておりますが，その一環として，下記のとおり作品展覧会を開催いたします。
　お子さまの平素の学習の成果をご覧いただきたくご案内申しあげます。

　　　　　　　　　　　　記

1．日　時　　○月○○日（○）　○時○分〜○時○分
　　　　　　　○月○○日（○）　○時○分〜○時○分
　　　　　　　○月○○日（○）　○時○分〜○時○分
2．会　場　　本校　体育館
3．展示作品
　　　　　　図画工作　　○○○　　○○○　　○○○
　　　　　　家庭科　　　5年　○○○○
　　　　　　　　　　　　6年　○○○○
　　　　　　国語科書写　1，2，3年　　硬筆
　　　　　　　　　　　　4，5，6年　　毛筆

　　　　　クラブ　　　造形クラブ，手芸クラブ
　　　その他　　　ＰＴＡ　　　○○○○
※上ばきをご用意ください。

留意点　　ねらいや作品紹介を書いた鑑賞の手引きを同封するか会場で渡すとより理解が得られる。

●音楽発表会について①

木々も冬仕度の時季に入りましたが父母各位には益々ご清栄のこと拝察申しあげます。昨日お子さまを通して音楽発表会プログラムとご案内をさしあげました。ご都合をつけ、多数ご来聴くださいますようお待ちしております。また、左記事項につきましてご協力くださいますようお願い申し上げます。

平成○○年○○月○○日

○○市立○○○○小学校長　○　○

記

保護者各位

1、雨天の場合の傘と下足について
校舎の児童用玄関より入り、ご自分のお子様の傘立てと下足箱をご使用ください。
そして、廊下を通り体育館へおこしください。

2、晴天の場合の下足について
体育館へ直接おこしください。但し、下足は各自で下足入れをご用意の上、ご自分の椅子の下におき、保管してください。

3、幼児をお連れの時は、静かに音楽が聞けますようご協力をお願いいたします。

4、児童下校は、午後の演奏終了後下校することになります。

留意点　プログラムの紙面の一部に印刷することも考えられる。

●音楽発表会について②

平成○○年○月○日

保護者各位

○○立○○○学校長

○　○　○　○

音楽会についてのお知らせ

　日一日と秋が深まっていくのを感じますが，元気でお過ごしのことと存じます。この度，本校では日頃の学習を発表する場として音楽会を開催いたします。心豊かに表現する子どもたちの姿をぜひご覧ください。

　　　　　　　　　　　記
　1　日　程　①　○月○日（○）児童観覧日
　　　　　　　　　　登校時刻は平常通り，午前○時○分
　　　　　　　　　　下校は，午後○時○分の予定です。
　　　　　　②　○月○日（○）父母観覧日
　　　　　　　　　　登校時刻は平常通り，午前○時○分
　　　　　　　　　　下校は，午後○時○分の予定です。
　　　　　　③　両日とも弁当を持参させてください。
　　　　　　　　　○月○日（○）は，日曜日の振替休業日となります。
　2　会　場　　体育館
　3　その他
　　①　ご来観くださる方は上ばきを持参してください。
　　②　演奏中の出入りは，なるべくご遠慮ください。

③　車での来校はご遠慮ください。

留意点　　プログラムを出さない場合は、内容についても書いた方がよい。

●音楽鑑賞のお知らせ

平成〇〇年〇月〇〇日

保護者各位

東京都立〇〇養護学校長
〇 〇 〇 〇

音楽鑑賞会のお知らせとおさそい

　毎日、厳しい寒さが続いておりますが、皆様にはいかがお過ごしでしょうか。
　さて、今年も例年の通り音楽鑑賞会を下記のように実施いたします。今年度は、〇〇学院〇〇〇高等学校の「〇〇〇・〇〇〇〇〇・〇〇〇〇」のメンバー（生徒・OBによる）を、お迎えして、大変珍しい"ハンドベルによる合奏"を鑑賞することなりました。この合奏は、日本にも演奏団体はいくつかあるようですが、ほとんど聴く機会はありません。もともと、打ち鳴らす教会の鐘（ベル）からはじまった、といわれる、伝統ある古楽器の一つといえると思いますが、〇〇学院〇〇〇高校でも、おもに学内の宗教行事の音楽を演奏することからはじまりました。
　今から6年前に"〇〇〇〇〇・〇〇〇〇"として、デビューし、その圧倒的な迫力と、完璧なテクニックで、国内のみならず、海外からも「世界で最もすぐれたベルクワィア」と絶賛されるなど、多くの支持を得ています。
　レパートリーも、「バッハからつるぎの舞い」まで——昨年〇〇月の定期演奏のプログラムによる——といった幅広さ。もちろん各国のなつかしい民謡なども演奏されますが、そのやさしく、美しい音色は、きっと子どもたちの心を魅了することと思います。

この機会に、ご父母の皆様も、ぜひ子どもたちとともに楽しいひとときをお過ごしになりませんか。ご近所お誘い合わせの上、ご来校ご鑑賞くださいますよう、ご案内申し上げます。

　　　　　　　　　　　記
1．日　　　時　　○月○日（○）　　○○：○○〜○○：○○
2．場　　　所　　本校体育館
3．対　　　象　　小・中・高・分教室児童生徒、父母
4．演奏団体　　　○○○・○○○○○・○○○○
　　　　　　　　　　＜○○学院○○○高等学校生徒・ＯＢ＞
5．プログラム　　未定（楽器のことを中心に、いろいろお話をしながら
　　　　　　　　　　すすめてください。）
6．料　　　金　　1人○○○円
　　　　　　ア．児童・生徒、父母とも参加一名につき○○○円です。
　　　　　　イ．児童・生徒の分は○○日（○）までに、担任へお渡し
　　　　　　　　ください。
　　　　　　　　※集金袋が配布されます。
　　　　　　　　※当日欠席した場合は返金します。
　　　　　　ウ．父母のみなさまは、あらかじめ下記の申込書に、ご記
　　　　　　　　入の上料金を添えて、これも○○日（○）までに、担
　　　　　　　　任へ申込んでください。
　　　　　　　　※申込書は、父母の方の参加人数を確認するため
　　　　　　　　　ですのでよろしくお願いします。
　　　　　　　　※当日受付けもしますので、申込みをお忘れにな
　　　　　　　　　った場合でも、どうぞ、ご遠慮なくいらしてく

ださい。

※恐縮ですが、当日お出でになれない場合でも――あらかじめ申込まれた方で――返金できませんのでご了承ください。

………………………………キ　リ　ト　リ　セ　ン………………………………

音楽鑑賞会に参加しますので料金○○○円を添えて申込みます。

ご父母氏名

小・中・高　　年　　小、中、高のいずれかを○でかこみ、学年をご記入ください。

留意点　　お知らせの文は簡略化し、演奏団体欄に説明した方がよい。

● 演劇観賞教室のお知らせ

つめたい雨に秋の深まりを感じるこのごろですが、ご父兄の皆様には益々ご健勝のこととと存じます。

さて、本校では、ここ数年情操教育の一環として、児童文化活動に情熱を傾けている劇団を招き"演劇教室"を実施してまいりました。その度に、劇の流れの中にはいり込み考えながら、喜び、悲しみ、怒りなど表情に現わす子どもたち。そして、国語の勉強を中心に、教育効果の大きいことを認めてきました。本年度も、年度当初より計画に入れ、劇団選びから交渉と数回にわたり致し、左記のように「劇団○○○」にお願いすることになりました。

つきましては、観賞費として児童一人○○円を徴集いたします。各担任より集金袋が配られましたら、よろしくお願いいたします。

尚、観賞して帰宅しましたら、「今日の演劇教室は、どんなお話だったの。」とか、「どこが一番おもしろかったの。」と聞いてくださって、お子さんの心を育てるひとつにしていただければ、幸いです。

平成○○年○月○○日

○○○立○○○○○小学校長　○　○　○

記

一、場　所　体育館

一、題　名　「○○○○○」（児童生活劇）

一、日　時　○○月○日（○）
　　　　　　低学年　○時～○時○分
　　　　　　高学年　○時～○時○分

保護者各位

留意点　この例のように、演劇観賞教室を開催する意図をわかり易くかくことで、保護者の共感を得ることも多い。

●「演劇教室」の費用徴集について

父母各位

平成○○○年○○月○日

○○○○小学校長　○　○　○　○

　落ち葉が風に舞い、秋の深まりを感じさせる昨今でございます。学芸会に引きつづき、開校四十周年記念式典と、児童の学習発表や活躍を中心に盛会裏に開催することができました。その間、父母各位の児童への励ましやら、学校へのご協力をいただきまして、ありがとうございます。
　さて、来る○日には、劇団"○○○○"の演ずる児童劇"○○○○○"を観賞させ児童文化の真髄にふれさせ、心を育てたいと企画いたしました。
　つきましては、その費用○○○○円を徴集いたします。今週中に担任までお納めください。

留意点　徴集日を１日か２日に区切る場合は、早目に通知を出すことや、徴集月日を記としておこした中に書くことが望ましい。

● 美術鑑賞のお知らせ

平成〇〇年〇月〇〇日

保護者各位

都立〇〇養護学校長
〇〇〇〇

　　　　美術観賞のお知らせ

　厳しい寒さが続きますが、いかがお過ごしでしょうか。さて、高等部2年、C,Dグループでは、修学旅行事前学習の一環として、丸木美術館見学を予定しています。下記の要領で実施いたしますのでよろしくお願いいたします。

　　　　　　　　　　記

1．日時　　：　〇月〇日（〇）
2．目的地　：　丸木美術館（東松山）
3．参加生徒：　高等部2年・C,Dグループ生徒〇〇名
4．引率者　：　〇〇、〇〇、〇〇、〇〇、〇〇、〇〇、〇〇、〇〇
5．持ち物　：　弁当、水筒、上着（寒さが予想されるため）、その他
6．コース　：　スクールバス使用
　　学校（〇：〇）―〇〇自動車道（〇〇IC－東松山IC）－丸木美術館（10：50－見学、昼食－13：00）－〇〇自動車道－学校（14：30）
　　昼食は丸木美術館の野木庵でとります。

留意点　　料金を書く方がよい。（無料の場合でも）

●映画鑑賞のお知らせ

平成○○年○月○日

保護者　殿

○○○立○○○小学校長
○　○　○　○

映画鑑賞教室の実施について

　日ごろ本校の教育に対してご支援、ご協力をいただき、感謝にたえません。
　さて、このたび、授業の一環として下記のとおり映画教室を実施いたしますので、お知らせいたします。尚、費用については、○月○○日（○）までに各担任にお届けください。

記

1　映画名　　○○○○○
2　日　時　　平成○○年○月○日（○）
3　会　場　　○○市民センターホール
　　　　　　（映画館、○○体育館など）
4　集　合　　（現地集合の場合に集合時間を記す）
5　費　用　　○○円

留意点　現地集合の場合は、わかっている場合でも簡単な地図を付すことが望ましい。

● 七夕集会のお知らせ

平成〇〇年〇月〇日

保護者各位

〇〇立〇〇小学校長

〇　〇　〇　〇

七夕集会のご案内

　本格的な夏の到来を思わせるような暑さですが，保護者のみなさまには，いかがお過ごしでしょうか。
　さて，日本の伝統的行事である七夕の日が近づきました。本校では毎年，児童活動のひとつとして子どもたちの自主的な活動を育てるために，集会活動で七夕集会を計画し，実施しています。本年度は下記の通り行ないます。
　父母のみなさまにご参観いただき子どもたちをお励ましいただきますようお願い申しあげます。

記

1　日　時　　平成〇〇年〇月〇日（〇）
　　　　　　　午前〇時〇分～〇時〇〇分まで
2　場　所　　本校　校庭及び体育館
3　内　容　　七夕集会
　　　　　　　児童会主催による七夕を，全校で楽しみ伝統的行
　　　　　　　事の意味を学ぶ。
※学年別のプログラムはお子さんを通じてお渡しします。

留意点　プログラムと一緒に渡すとよい。
親子の信じる宗教により参加できない場合もあるので慎重に対応すること。

●書き初め展のお知らせ

"あけましておめでとうございます"
ご家族お揃いで新しい年をお迎えのこととお慶び申し上げます。お陰様で教職員元気に越年し決意も新たにお子さん方の教育に一致協力して当るよう誓い合ったところです。本年も昨年同様ご協力の程お願い申し上げます。

さて、勉強はじめに全校児童が書初めにとり組みました。同じお手本ですが、それぞれに個性ある字が書き上がりました。

そこで、左記により書初め展を開きます。お忙しく寒いさ中でございますが、ご覧いただき励ましてくださるようご案内申し上げます。

平成○○○年○月○日

○○市立○○○○○小学校長　○　○　○　○

父母各位

　　　　記

一、期　日　○月○日（○）より○日（○）まで
一、参観時間　原則として午後○時より○時○分まで
　　　　　　　午前中のご都合のよい方は、どうぞ
一、二、三階廊下（一部、図書室、児童会議室）

留意点　　余白がある時は、観賞の観点などをかくとよい。

● 星の観察会のお知らせ

学年通信〇月号でお知らせいたしましたが、次の要領で「星の観察会」を計画いたしましたのでよろしくお願いいたします。

◇日　時　〇月〇〇日（〇）
・集合　教室に〇時〇〇分
・観察と学習　〇時～〇時〇〇分
・解散　〇時〇〇分
◇場　所　屋上にて観察します。
◇持ち物　筆記用具、下じき、懐中電灯（ある人）、カシオペヤ座実視角星図
▼雨天や曇りのときは、中止します。児童の下校時に決定します。
◇父母の参加について
・お父様、お母様方もどうぞ参加して学習してみませんか。
・児童の帰宅の安全のため、地区ごとに帰宅しますが、おさそいあって参加していただけるようご協力をお願いいたします。
・親子参加を原則としますが、お子様だけの場合は、ご近所の方にお願いするようにして下さい。

◇学習内容
・北極星、カシオペヤ座、北斗七星
・さそり座、オリオン座
・夏の大三角形
・星座の話
・星の動き方

平成〇年〇月〇日

父母各位

〇年〇組　担任

留意点　夜間の登下校になるので、安全面への配慮が十分に保護者に伝わるようにしたい。

●学習発表会のお知らせ

平成○○年○月○○日

○○○○殿

東京都立○○養護学校長
　　○　○　○　○

　　　　　　『学習発表会』のご案内

　寒さ厳しい比の頃ですが、皆様におかれましては、益々御健勝のこととお喜び申し上げます。
　この度、日頃の学習の様子、子供たちの変化や成長の様子を、御家族や病棟職員の皆様にご覧いただきたく、『学習発表会』を下記の通り行います。皆様方の多数の御参加をお待ちしております。

　　　　　　　　　　　記
1．日　時　　平成○○年○月○○日（○）
　　　　　　学習発表会　　　　○時○○分～○○時
　　　　　　全体懇談会　　　　○時○○分～○時○○分
　　　　　　グループ別懇談会　○時○○分～○時
2．場　所　　○○分教室
　　　　　　　○○○○線・○○○線
　　　　　　　○○下車○分

留意点　学習や懇談の内容について書いておくとよい。

●学習合宿のお知らせ

平成○年○月○○日

保護者各位

東京都立○○○○高等学校長
○　○　○　○
進路指導部　学習合宿担当

第○回学習合宿のお知らせ

　初夏の候、皆様には益々ご清祥のことと拝察申し上げます。中間考査が昨日終了し、新学年の学習も軌道に乗ってまいりました。
　さて、本校では創立以来、夏季休業中に学習合宿を行なって、学習に必要な集中力と持続力、希望進路実現のための強固な意志と基礎学力の養成を図っております。合宿の趣旨と以下の要綱をご検討の上、ご高配の程、よろしくお願い申し上げます。

記

1．学習合宿の目的
　① 　自発的に学び、積極的・意欲的に学習に集中する態度を育てる。
　② 　自己の進路目標に向かって主体的に努力する態度を育てる。
2．期　　日　平成○年○月○○日（○）〜○月○○日（○）　4泊5日
3．宿　　舎　ホテル○○荘　山梨県河口湖町○○
　　　　　　　　　　　　　　　電話○○○○−○○−○○○○
4．学習スケジュール（一日の時程）
　　　5：45　　　　　　起床

6：00〜6：15　　　朝礼・体操
　　　6：50〜8：00　　　1時限
　　　8：10　　　　　　　朝食
　　　8：50〜10：00　　 2時限
　　　10：10〜11：20　　自主学習・個別指導
　　　11：30〜12：40　　3時限
　　　12：50　　　　　　 昼食
　　　13：40〜14：50　　自主学習・個別指導
　　　15：00〜16：10　　4時限
　　　16：30〜17：40　　5時限
　　　17：40　　　　　　 入浴
　　　18：30　　　　　　 夕食
　　　19：30〜20：40　　6時限
　　　20：50　　　　　　 集会
　　　21：30　　　　　　 点呼
　　　21：45　　　　　　 就寝
　5．講義時間数
　　　1年　英語　70分×7　　数学70分×6　　古典　70分×6
　　　2年　英語　70分×13（数学　70分×6）現代文　70分×2
　　　　　古典　70分×4
　　　他に各科目ともテスト・答案指導各1コマ
　　　1日あたりの総学習時間　　講義70分×6　自主学習70分×2
　　　　　　　　　　　　　　　　　計560分（通常授業11時限分）
　6．引率指導　本校教諭　9名
　7．参加費用　約38,000円（交通費、宿泊費、食費、施設使用費）

8．募集人員　1、2年生　計約80名
　　　　　　　　（一クラス20名程度の小人数で指導します）
9．申込期間　5月29日（月）～6月10日（土）　申込書を担任までご提出ください。
　　　　　　期間内でも募集人員を越えた場合は募集を打ち切ることがあります。
　　　　　　参加決定者には6月中旬に申込金￥5,000を、7月上旬に残金を納入していただきます。

……………………………………きりとり線……………………………………

第6回学習合宿申込書

東京都立○○○○高等学校長殿
　　　年　　組　　番　氏名
　　　　　　保護者氏名　　　　　　印
　　　　　　　　3科コース・英語重点コース
　　　　　　　（2年生のみ、どちらかに○印）

留意点　　費用については、誤解のないよう特に教職員が報酬として受けとっていないことを明記すること。
　　生徒向けにパンフレットを発行し、バスの割当て、宿舎の部屋割り、係分担、食事の献立、持ち物、服装などについて記すとよい。

● 大道具作成表

学芸会大道具づくり

道具名 ＿＿＿＿＿＿＿＿＿＿　　担当者名 ＿＿＿＿＿＿＿＿＿＿
　　　（例　大きな岩）

材　料

No.	材　料　名	規　格	数量	No.	材　料　名	規　格	数量
1	ベニヤ板			5	白ボール		
2	たる木			6	オーナメントカラー	色名	
3	こ割り			7			
4	ダンボール			8			

設計図（表面、裏面、側面）

※ 寸法、材料名を入れて下さい。

留意点　　係で集約し、材料毎にまとめて事務に注文するときに便利。又、設計図があると担当者以外でも作り易くなる。

●運動会のご案内①

謹啓　濃い緑が一段と目にしみる好季節を迎えました。皆様には、ますますご清祥のこととお慶び申し上げます。日頃は本校教育推進に関しまして何かとご支援賜り厚くお礼申し上げます。

さて、本校では本年度は緑萌ゆるこの好季節に第〇〇回運動会を挙行することになりました。つきましては公私ともご多用のこととは存じますが、ご来臨くださり、ご声援いただければ誠に幸甚に存じます。

平成〇〇年〇月〇日

〇〇市立〇〇〇〇小学校
校長　〇〇〇〇

一、会　場　本校校庭　※雨天の場合は〇月〇〇日（〇）に延期となります。
一、日　時　平成〇〇〇年〇月〇日（〇）〇時〇〇分開会
一、〇〇〇〇殿

留意点　　プログラムを同封するようにしたい。

●運動会のご案内②

日中は暑さを残しながらも朝夕は初秋の涼しさを感じさせる頃となりました。各位におかれましては、益々、ご健勝にてお過ごしのこと、およろこび申しあげます。
さて、来る〇月〇〇日（〇）、創立二十周年記念運動会を、左記により挙行いたします。日頃は、本校教育に何かとご尽力を賜り、誠にありがとうございます。公私にわたり、ご多用の中、恐縮に存じますが子ども達のとりくむ演技に励ましのお言葉を賜りますとありがたく存じます。ご来臨の程を、心からお待ち申しあげております。

平成〇〇年〇月〇〇日

〇〇市立〇〇〇小学校長　〇〇〇〇

〇〇〇〇殿

記

一、日　時　平成〇〇年〇月〇〇日（〇）午前〇時から午後〇時〇分

二、会　場　本校の校庭
　　　　　　当日が雨天の場合は、順延となります。

留意点　招待状と記したプログラム或は本状を受付に提示していただくよう記して、来賓席に案内するようにすると、なお親切である。

●秋季運動会のご案内

平成〇年〇月〇日

保護者殿

〇〇市立〇〇〇小学校長
〇　〇　〇　〇

秋季大運動会のご案内とお願い

　秋風さわやかなたいへんよい季節になりました。保護者各位には、益々ご健勝のこととお慶び申し上げます。
　さて、下記日程で秋季大運動会を挙行いたします。
ご家族、ご近所お誘い合わせの上、子どもたちの演技にご声援くださいますようご案内申しあげます。

記

1　日　時　平成〇年〇月〇日（〇曜日）
　　　　　　午前〇時より
　　　　　　・雨天の際は、〇月〇日（〇曜日）に挙行いたします。
2　会　場　本校の校庭
3　児童の登校　係児童は〇時〇分までに登校。
　　　　　　　係以外の児童は、〇時〇分までに登校し教室で待機する。
4　持ち物　・弁当（1年生は、お弁当を食べてから下校になります。）
　　　　　　・水筒　・タオル　・寒く感ずるとき、上にはおるもの
　　　　　　※おやつは持たせないでください。
5　服　装　家から運動着で登校してよい。途中はしゃぎ過ぎぬようご注意して送り出してください。

6　観覧される保護者のみなさんへ
 (1)　自動車・自転車でのご来校はご遠慮ください。来賓用の駐車場しか確保できません。また正門前や校庭内に入れますと危険です。徒歩でご来校ください。
 (2)　演技中も昼食時も無断で校舎内に入らないようにお願いします。お手洗いは、プールのお便所をご利用願います。
 (3)　指定された「父母席」でご観覧ください。児童席には入らないようお願いします。
 (4)　お年寄りの方のため、「敬老席」（テントの中）を用意してあります。ご利用ください。
 (5)　写真の撮影はくれぐれも演技のじゃまにならないよう気をつけてください。
7　振り替え休日、雨の場合について（給食）
 ・○日運動会実施のとき、○日（○）振り替え休日、○日（○）午前授業で給食はありません。
 ・○日雨天中止のとき、午前中授業をいたします。弁当は不用です。○日（○）運動会、○日（○）休日
 ・○日も雨天のときは、○日にご連絡いたします。

留意点　各校においてそれぞれに事情の違いがある。保護者が困らないよう、願い、指示をもらさないように配慮する。

● 創立20周年記念運動会のご案内

平成○年○月○日

保護者殿

○○市立○○小学校長
○　○　○　○

創立20周年記念運動会の
ご案内とお願いについて

　日中は残暑でも朝晩は気もちのよい涼しさを感ずる頃となりました。保護者各位には、益々ご健勝のこととおよろこび申しあげます。
　さて、下記の日程で創立20周年を記念し、運動会を挙行いたします。ご家族ご近所おさそい合わせの上、子どもたちの演技にご声援くださいますようご案内申しあげます。

記

1　日　　時　平成○年○月○日（○）
　　　　　　　午前○時より、　雨天順延
2　児童登校　係児童は、○時○分までに登校
　　　　　　　一般児童は、○時○分までに登校し教室で待機する。
3　持ち物　　・弁当　・水筒　・タオル
　　　　　　　※おやつは持たせないでください。
4　服　　装　・登下校は平常の服装で、学校で体育着にきがえる。
　　　　　　　・紅白帽　・体育着　・運動ぐつ
5　学級指導　児童会での約束ごと
　(1)　学校の行き帰りは事故のないよう気をつける。
　(2)　演技は真剣に行い、観覧は静かに。演技が終わったら拍手する。
　(3)　応援は力強く、節度を守って行う。

(4) 便所に行く時は、必ず先生にことわっていく。
6　観覧される保護者の方へ
(1) 自動車、自転車の利用は、ご遠慮願います。
(2) 演技中も昼食時も、手洗い以外は校舎内に入らないようお願いします。
(3) 指定された父母席でご観覧ください。児童席へは入らないようお願いします。
(4) ゴミ、空き缶、びん類は、各自でお持ち帰りくださるようお願いします。
(5) 写真の撮影は、演技のじゃまにならないようお気をつけください。

※　今年は、入場行進の前に音楽クラブ児童による鼓笛パレードが予定されています。是非、ご覧ください。

◎　雨で運動会が延期の時は、次のようになります。
(1) ○日運動会の日は、翌○日（○）は振替休日。
(2) ○日雨天の時は、休日で翌○日（○）が運動会となり、弁当が必要です。
(3) ○日も雨天の時は、月曜授業となり、5・6年生は弁当がいります。
(4) ○日運動会の時は、弁当はいりません。給食をたべます。○日以降運動会の場合も同様の扱いとなります。

留意点　周年行事の一環として行なうことを明らかにし、演技内容にも生かされていることを具体的に記して案内をしたらどうだろう。

● 秋季大運動会ご参観のお願い

　　　　　　　　　　　　　　　　　平成〇〇年〇月〇〇日
〇〇先生ご家族様
　　　　　　　　　　　　〇〇〇立〇〇〇学校長
　　　　　　　　　　　　　　　〇　〇　〇　〇

　　　　　　秋季大運動会ご参観のお願い

　秋冷の候と相成りました。ご家族の皆々さまには益々ご健勝のこととお慶び申し上げます。
　本校の教育活動の推進に当りましては、先生方並びに（区・市）職員の方々のそれぞれのご尽力によりまして、大過なく着実に実施いたしております。このことは、ご家族皆様方のご理解とご協力があってこそと、感謝いたしております。日頃、お逢いする機会も少なく、疎遠になっていることをお詫び申し上げます。
　すでにご承知と存じますが、同封のプログラムによりまして「秋季大運動会」を挙行いたします。何もお構いできませんが、ご来臨いただきご活躍を目の当りに見ていただきながら、ご歓談できれば幸いに存じます。ご予定があるかとは存じますが、親しくご参観くださいますようお願い申し上げます。
　尚、ご来臨の節は本状を受付にお示しください。

　留意点　校長として職員家族に挨拶、お礼を述べる機会は少ない。日頃のご苦労に感謝する誠意ある文面にしたい。

● 運動会延期のお知らせ

お知らせ

相にくの雨で今日も運動会が延期になりました。子どもたちの心境を察すると誠に残念に思います。また、再度の延期でご家庭にもたいへんご迷惑をお掛けいたしておりますが、天候不順のことですので、ご容赦ください。

平成〇〇年〇月〇日

保護者各位

〇〇市立〇〇小学校長　〇〇〇〇

記

- 〇日運動会実施の場合　弁当持参　→　〇日振替え休日
  運動会中止の場合　午前授業　弁当不用
  （その判断は、〇時〇分にします。中止のときは屋上に赤旗を上げます。〇〇団地ははっきりしないときは、弁当を持たせてください。
  放送をしていただきます。）
  ※いずれにしても弁当の用意は今日のうちにお願いします。
- 〇日運動会実施の場合　給食あり　→　〇日振替え休日
  運動会中止の場合　木曜授業　給食あり
- 〇日も運動会ができないときは、再度ご連絡いたします。

留意点　延期した時は、その後の処置がいろいろ考えられるので表にすることも考えられる。

● 運動会来校のお礼状①

　　　　　　　　　　　　　　　平成〇年〇月〇日
〇〇〇〇　殿

　　　　　　　　　　　　　　〇〇市立〇〇〇学校長
　　　　　　　　　　　　　　　　〇〇〇〇

　　　　　　　　お　礼　状

　さわやかな季節となりました。みなさまにはますますご清栄のこととお慶び申し上げます。
　さて、先日行われました本校の秋季運動会には、ご多用のところを臨席を賜りまして、誠にありがとうございました。おかげをもちまして、盛況のうちに終わることができました。
　今後とも本校の教育にいっそうのご理解とご協力を賜りますようお願い申し上げます。
　書状にて失礼とは存じますが、お礼のことばに代えさせていただきます。

留意点　　簡潔に記し早目に届ける。

●運動会来校のお礼状②

拝啓 皆様にはますますご健勝のこととお慶び申し上げます。

本校秋季大運動会には、公私ともにお忙しい中わざわざ御来校いただき御激励いただきましたこと心から御礼申し上げます。雨にたたられ再度延期いたしましたが、当日は、秋の晴天に恵まれまして、児童たちも精一杯演技ができ、予定通り終了いたしました。皆様方の温かい御指導を今後の教育活動に生かすべく一層の努力をする所存でございます。今後ともよろしくお願い申し上げます。

平成○○○年○月○○日

○○市立○○○○小学校長 ○○○

殿

留意点

例文のように"雨にたたられ……"とか、"ぬけるような秋の青空のもと……"など、印象的なことを記すと、当日を思い出していただけてよいであろう。

●体育祭の開催について

平成○○年○月○○日

保護者　殿

○○○立○○○学校長
　○　　○　　○　　○

体育祭の開催について

　秋も深まり、さわやかなころとなりました。保護者各位には、ますますご健勝のこととお慶び申し上げます。日ごろは、本校の教育推進に何かとご支援を賜り感謝にたえません。
　さて、同封のプログラムにより、体育祭を開催いたします。ご多用のこととは存じますが、生徒（児童）たちの努力のあとをご覧いただき、ご激励をくださいますようご案内申しあげます。

　　　　　　　記

1　日　時　　○月○○日（○）　○時○○分　開会式
　　　　　　　ー雨天順延ー
2　会　場　　本校校庭

留意点　案内状は、プログラムの中に印刷することも考えられる。その時は「同封のプログラムにより」を他の文言にかえる。

● 運動会用器具借用願い

平成〇〇年〇月〇〇日

〇〇〇市〇〇〇学校長殿

〇〇〇立〇〇〇学校長

〇　〇　〇　〇　㊞

運動会用器具借用願い

　貴校ますます隆昌の趣き、深くお慶び申し上げます。さて、本校では来たる〇〇月〇〇日、運動会を予定しています。しかし、下記器具がいまだ本校の備品としてありません。誠に勝手ですが、下記期間お借しいただきたくお願い申し上げます。

記

1　借用品　(イ)　品　名　　（規格）　　（数量）
　　　　　　(ロ)　　〃　　　　〃　　　　　〃
　　　　　　(ハ)　　〃　　　　〃　　　　　〃

2　借用期間　〇月〇〇日（〇）より
　　　　　　　〇月〇〇日（〇）まで

3　破損した場合　　修理して返納

留意点　破損した場合、修理不能の品もあるので品物により適切に記す。

●借 用 書

平成○○年○○月○○日

殿

　　　　　　　　　○○市立○○○○小学校長
　　　　　　　　　　　○　○　○　○

　　　　借　用　書

下記の通り、次の物品を借用させて預きますようお願い申し上げます。

　　　記

項　目	品　　名	規　格	数　量
借用品			
使用目的			
借用期間	○○年○○月○○日より～○○年○○月○○日まで		

　　　　　　　　　担当者（　　　　　　　　　　）

留意点　行事のたびにお互いに借用する事例が多いので、借用書を印刷しておくと便利である。

● 運動会用消耗品要望書

<table>
<tr><td colspan="9" align="center">運動会用消耗品要望書</td></tr>
<tr><td colspan="9">学年　　　　係　　　担当者名</td></tr>
<tr><td>No.</td><td>品　名</td><td>規　格</td><td>数量</td><td>単　価</td><td>金　額</td><td colspan="2">備　考</td></tr>
<tr><td>1</td><td></td><td></td><td></td><td></td><td></td><td colspan="2"></td></tr>
<tr><td>2</td><td></td><td></td><td></td><td></td><td></td><td colspan="2"></td></tr>
<tr><td>3</td><td></td><td></td><td></td><td></td><td></td><td colspan="2"></td></tr>
<tr><td>4</td><td></td><td></td><td></td><td></td><td></td><td colspan="2"></td></tr>
<tr><td>5</td><td></td><td></td><td></td><td></td><td></td><td colspan="2"></td></tr>
<tr><td>6</td><td></td><td></td><td></td><td></td><td></td><td colspan="2"></td></tr>
<tr><td colspan="5">合　　　　　計</td><td></td><td colspan="2"></td></tr>
</table>

予算担当　　　　さんまで提出して下さい。（　　　　日までに）
※　規格、数量、金額も必ず記入して下さい。

留意点　学年、担当毎に記入し期限を決めて提出させるとよい。

●運動会用器具借用お礼

平成○○年○月○○日

○○○立○○○学校長殿

○○○立○○○学校長
○　○　○　○

運動会用器具借用お礼

　過日は、貴校の大切な備品を長期にわたりお貸しいただきありがとうございました。お陰様で、児童（生徒）たちは精一ぱい運動ができ、父母の拍手に満足いたしておりました。今後ともよろしくお願い申し上げます。お礼まで。

留意点　　礼状は、早くすることが望ましい。

●プール開きのお知らせ

平成〇〇年〇月〇日

保護者各位

〇〇立〇〇〇学校長

〇 〇 〇 〇

プール開きのご案内

　例年になく早い梅雨明けで強い太陽の照りつけが夏の到来を思わせます。いよいよ本校でも体育の時間に水泳指導を行うことになりました。本年度のプール開きを下記のように行います。万障お繰り合わせの上、ご出席下さいますようお願い申し上げます。

記

1　日　時　〇月〇日（〇）午前〇時〜〇時〇分まで
2　場　所　プール
3　内　容　はじめのことば・模範泳ぎ・全員泳ぎ（学年別）
　　　　　　なお，本年度のプール使用期間は下記の通りです。
　　・　期　間　　〇月〇日〜〇月〇日
　　　　　　　　　〇月〇日〜〇月〇日

留意点　用意する物（水着・帽子・タオル等）・健康面での注意事項、中止の条件と代替措置などを記した「お知らせ」を併せて出すとよい。
夏季休業中の水泳指導と性格が異なる場合はその旨を書いておくことが望ましい。

● 水泳指導のお知らせ

平成○○年○月○○日

保護者各位

都立○○養護学校長
○　○　○　○

水泳指導のお知らせ

　梅雨入りしたにも拘らず、暑い日々が続くようですが、いかがお過ごしでしょうか。今年も、いよいよ、プール指導の季節がやってきました。小学部は、○日（○）から、中学部・高等部は、○○日（○）より、プール指導を下記の要領で実施いたしますので、御協力のほど、宜しくお願いします。

記

1. 場　　所　　　○○養護学校プール
2. 用意する物　　水着・水泳帽子・バスタオル（学部・学年・氏名を明記）
3. 備　　考
   (1) 児童・生徒の健康状態を家庭でも充分に留意され、風邪・下痢などの場合には、朝のうちに担任の方に連絡して下さい。
   (2) 身体、特に手足のつめは、きれいにしておいて下さい。
   (3) 水温（２４℃）より温度が低い場合、または、光化学スモッグ注意報が出た場合は、水泳指導を中止します。
   (4) 健康診断の結果、水泳指導を受けられない児童・生徒については各学部で対応を考え、指導を行います。

(5) 健康診断の結果についての御質問は、担任を通して保健室の方にお願いします。

(6) 夏休み中の水泳指導は、○月○○日（○）より、○月○○日（○）までの５日間を予定しています。詳細は、後日、お知らせします。

4. 日　程

日	○/○	○/○	○/○	○/○	○/○	○/○	○/○	○/○	○/○	○/○	○/○
曜日	金	土	月	火	水	木	金	土	月	火	水	木	金
前半 9:20～10:30	小学部		小学部	中学部	小学部	高D	小学部	中・高D	小学部	中学部	小学部	高D	小学部
後半 10:30～11:40	高ABC		高ABC	高D	高ABC	中学部	高ABC		高ABC	高D	高ABC	中学部	高ABC
午後 13:15～14:30					小施						小施		

	○/○	○/○	○/○	○/○	○/○	○/○	○/○	○/○	○/○	○/○	○/○
	土	月	火	水	木	金	金	土	月	火	水	木	金	土
	中・高D	小学部	中学部	小学部	分教室	分教室	小学部	中・高D	小学部	中学部	高等部	小学部	中・高D
		高ABC	高D	高ABC			高ABC		高ABC	高等部	高ABC	中学部	高ABC
				小施							小施		

留意点　　用意する物を指定する場合は、品名、規格、価格及び取扱い店などを書いた文書を出すこと。

● プール指導延期のお知らせ

平成○年○月○○日

保護者殿

○○市立○○○○小学校長
○　○　○　○

　　　　　プール指導延期のお知らせ

　草の葉の膚さす梅雨に入りにけり　千代田葛彦
　気温変化のはげしいきょうこの頃ですが、皆様方には、益々ご清栄のこととお慶び申し上げます。
　さて、先日お知らせしましたプール指導開始の時期ですが、諸般の事情により○月○○日（○）の開始が無理となりました。
　衛生と安全点検を何とか早めにすませ、○月○○日（○）には、プール指導を開始したいと思いますので、ご諒承のほどお願い致します。

留意点　　授業の変更を伴なうので時間割を学級だよりなどで知らせること。

● 水泳着販売のお知らせ

　　　　　　　　　　　　　　　　　　　　平成〇年〇月〇〇日
第〇学年保護者　各位

　　　　　　　　　　　　　　　　　　東京〇〇〇〇〇〇高等学校長
　　　　　　　　　　　　　　　　　　　　　〇　〇　〇　〇
　　　　　　　　　　　　　　　　　　　　　　保健体育科

　　　　　　　水泳着販売についてのお知らせ

　新緑の候、皆様におかれましては益々ご清栄のこととお慶び申し上げます。
　さて、本校では、〇月初旬からの体育授業において、水泳の学習に入ります。つきましては3年間継続使用いたします本校指定の水泳着の販売をいたしたいと存じます。中学校で使用したものや個人持ちのものなどいろいろありますが、本校では開校以来一貫した指導方針として、全員に同じ水泳着で授業に参加させることになっておりますので、この趣旨をご理解の上、購入方よろしくお願い申し上げます。

　　　　　　　　　　　　記

1．品　名
　　　男子競泳用　　ナイロン・ライン入　　　　　　￥1,130
　　　女子競泳用　　ナイロン・ライン入　　　　　　￥1,950
　　　サポーター　　男子用　　　　　　　　　　　　￥　460
　　　　　　　　　　女子用　　　　　　　　　　　　￥　820
　　　水泳帽子　　　ナイロン・メッシュ（男女兼用）￥　420

　　　　　　　合計金額　　　　男　子　￥2,010
　　　　　　　　　　　　　　　女　子　￥3,190
2．販売日　　○月○○日（○）、○○日（○）
　　　　　　代金引き換えになりますので釣銭のないように持参させて
　　　　　ください。
3．販売場所　生徒昇降口
4．販売業者　○○○商会　TEL○○○－○○○○

　　留意点　　　当日都合で購入できない場合や不良品等交換のためにも、販売
　　　　　　店名と連絡先を記入すること。

●水泳記録会のお知らせ

平成〇〇年〇月〇〇日

保護者殿

〇〇区立〇〇第〇小学校長

〇 〇 〇 〇

水泳記録会のお知らせ

　長い夏休みも無事過ごすことができ、いよいよ二学期が始まりました。休み中海水浴やプールで水に親しみ、真黒に日焼けした子どもたちで学校に活気が戻ってまいりました。
　20日間水泳教室を開きましたところ、連日大勢の子どもたちでにぎわい、泳力もかなりついたことと存じます。
　さて、この夏休みの勉強のまとめとしまして、下記により「水泳記録会」を行ないます。連日の暑さにも負けず泳ぎ抜き一段と泳力のついた子どもたちの力泳に拍手を送っていただきたいと存じます。

記

1　日　　時　平成〇〇年〇月〇〇日（〇）　午後1時より
　　　　　　　（雨天、プールの状態が不良の場合は、翌日に延期いたします）
2　場　　所　本校プール
3　参加児童　4年生以上
4　プログラム
　〇　開会式（略）
　　1　4年生25ｍ自由型（以下略）　　〇閉会式（略）

留意点　・プログラムが印刷された場合は、一諸に渡し、文中に「同封のプログラムにより」と記す。
・学校だよりなどにより学校長の二学期初めの挨拶があっても、水泳に関係ある挨拶文にとどめるので、重なってもよいであろう。

● 夏休み水泳教室について

保護者各位

平成○○年○○月○○日

○○区立○○○○小学校長　○○○○

一学期も残りわずかとなり、お子さんたちは、早くも楽しい夏休みにあれこれと思いをはせ、期待に胸をふくらませていることでしょう。

さて、例年実施しております「夏休み水泳教室」を、今年も○○日より土、日曜日を除く○○日間開設いたします。指導には、本校職員○名、区より派遣される指導員○名の○名であたります。

水泳の上達は、水に親しむ機会の多少が大きく左右されます。体育授業では限りがあり、そこにこの教室の意義があります。

万全の指導体制を組み、期待にそいたいものと考えています。

実施にあたって、光化学スモッグ注意報、警報などが発令された時は、人体に直接被害の及ぶことを憂慮し、指導は中止いたします。よくお子さんの体調を考慮し、また、家庭行事等を考え合わせの上、ご希望の向きは、申込書に記名捺印いたしまして、担任にご提出ください。

申すまでもないことですが、希望しましたら、途中でやめることなく、最後までやり通すよう、励ましをお与えください。

······ きりとり線 ······

夏休み水泳教室申込書

夏休み水泳教室に参加させます。

児童氏名　　年　　組（　　）

保護者氏名　　　　　　　（印）

留意点　水泳教室の意義、万全の指導体制、約束ごとをはっきりと伝え、参加を呼びかけたい。

●夏季プール連絡員募集について

平成○年○月○○日

保護者各位

○○小学校ブロック夏季水泳
教室運営協議会会長
○ ○ ○ ○

夏季プール連絡員募集について

　本年も夏季水泳教室にむけて、○○○○小学校ブロック運営協議会が発足いたしました。つきましては下記の要領により連絡員の募集をいたします。一部の方だけでなく、御自分のお子さんが参加される日のうち一日だけでも結構ですからお手伝いいただければと思っております。ぜひ御協力お願いいたします。

記

1．連絡員の仕事
　　参加者名簿による出欠の確認
　　プール入退場の確認
　　参加者カードの押印、保護者印の確認
　　更衣室の見廻り、清掃、カードの学年別色塗り
　　雨天時の対応、緊急時の対応
2．日　程
　　水泳教室

〔水泳教室〕　　　　　　　　　　　　　　　　　　△………検定日

日	7/24	25	26	27	28	29	31	8/1	2	3	4	7	8	9	10	11	21	22	23	24
曜	月	火	水	木	金	土	月	火	水	木	金	月	火	水	木	金	月	火	水	木
午前	/	中	高	中	高	低	中	高	低	△中	高	低	中	高	低	中	高	低	中	△中
午後	高	低	中	高	低	中	高	低	△高	△低	中	高	低	中	高	低	中	△高	△低	

〔親子プール〕

8/12	13	14
土	日	月

3．お手伝いの時間
　　午前の部　9時～12時　　午後の部　1時～4時
4．手当金額　　1日4,000円を人数割
5．申込〆切　　〇月〇〇日（〇）各担任まで
6．打合せ会　　〇月〇〇日（〇）10時より〇〇小会議室にお集まり下さい。（この日に欠席の方は日程について責任が持てないので出席出来る人のみ。）
　　　　　　連絡先　〇〇　〇〇-〇〇〇〇

………………………………切りとり線………………………………

夏季水泳教室連絡員申込書
　　学年　　組　　氏　名（　　　　　　　　）
　　　　　　　　　TEL（　　　　　　　　）

留意点　　社会教育主催の水泳教室では、地域の父母に協力を求めないと円滑に実施できない。地区担当に割当などの方法をとらず広く父母に協力を求めるとよい。

●マラソン大会の交通整理のお願い

　　　　　　　　　　　　　　　　　　　　平成○○年○月○日
○○○警察署長
　　○　○　○　○　殿
　　　　　　　　　　　　　　　　　○○立○○中学校長
　　　　　　　　　　　　　　　　　　　　○　○　○　○

　　　　　　マラソン大会の実施に伴う交通整理のお願い

　日一日と寒さが身にしみる候となりました。貴職にはますますご清栄のことと存じます。
　さて、下記要項によってマラソン大会を実施いたしますので、交通整理について特段のご高配をいただきたく、お願い申しあげます。

　　　　　　　　　　　　　記
1　日　時　平成○○年○月○日（○）　　○時から○時まで
2　場　所　○○市○○町
3　参加者　本校生徒全員　　○○○名
4　内　容　・マラソンコースの交通整理
　　　　　　　　男子………5km　コース5周
　　　　　　　　女子………3km　コース3周

留意点　　地図を添付するとよい。
　　　　　　事前に電話で了解をとっておくこと。
　　　　　　安全確保と生徒への励ましのためPTAに協力を求めること。

●スキー教室のお知らせ①

　　　　　　　　　　　　　　　　平成○○年○月○○日
保護者各位
　　　　　　　　　　　　　　○○区立○○中学校長
　　　　　　　　　　　　　　　　　○　○　○　○

　　　　　　　スキー教室のお知らせ
　今年も残り少なくなりましたが、皆様にはご健勝のことと存じます。
　まもなく冬休みを迎えますが、生徒は楽しい過し方に夢をふくらませていることでしょう。
　冬のスポーツは花のスキーだと申されていますが、都会では経験ができません。幸い、本区教育委員会では毎年区の施設○○学園を利用して中学生を対象にスキー教室を開設いたしております。銀嶺の大自然に包まれ、他校の生徒と交流しながら、スキーに親しませることを目的としております。本校では、○○先生、○○先生が引率いたし、下記により、参加いたします。
　区の施設を利用すると申しても、交通費、用具借用料など費用がかかります。よくご相談の上、希望のむきは、申込書を担任までお届けください。尚、説明会を開きますので、是非ご出席下さい。
　　　　　　　　　　　　記
1　期　　日　平成○○年○月○日（○）～平成○○年○月○日
2　場　　所　長野県○○郡○○町○○　○○区立○○学園（○泊○日）
　　　　　　　　　　　ＴＥＬ　○○○○○○○○
3　交通機関　○○観光バス
4　日　　程　略
5　費　　用　○○○○円（内訳　略）

　留意点　　備考として説明会の日時も書き添えるとよい。

●スキー教室のお知らせ②

平成○年○月○○日

第2学年保護者各位

都立○○高等学校長

○ ○ ○ ○

平成○年度　スキー教室について

1　期　　日　　平成○年○○月○○日（○）〜○○日（○）　4泊5日
2　会　　場　　○○県○○郡○○町　○○高原
　　　　　　　（宿舎）○○○○ホテルTEL○○○○（○○）○○○○
3　目　　的　　①大自然に親しむ中でスキー技術を正しく修得し、楽しく安全にすべることを身につける。
　　　　　　　②集団生活を通して、相互の親睦をはかり、規律正しく、他人に迷惑をかけないよう、社会的に望ましい態度を養う。
4　参加費　　○○, ○○○円（概算）

　　　　　　宿泊費（3泊9食）　○, ○○○×3　　○○, ○○○
　　　　　　○○日朝食・昼食　　○, ○○○
　　　　　　交通費（観光バス）　○, ○○○
　　　　　　指導費　　　　　　　○○○×5　　　○○○
　　　　　　スキー傷害保険　　　○○○　　　　○○○
　　　　　　諸雑費　　　　　　　○, ○○○　　○, ○○○
　　　　　　　　　　　　　　計　　　　　　　○○, ○○○

　　　　　＊貸スキー・靴・ウェアセットを借りるものは、
　　　　　　代金を現地で集める。

　　　　　　　　(1)　スキー板・靴・ストック　　　　○，○○○円
　　　　　　　　(2)　スキー板・靴・ストック・
　　　　　　　　　　ウェア・ゴーグル・帽子・手袋　○，○○○円
5　日　　程　（予定）
　　　　　　　○○月○○日（○）　○○：○○　○○駅○○通り出発
　　　　　　　○○日（○）　午前○時間・午後○時間半の班別練習
　　　　　　　○○日（○）　午前○時間・午後○時間半の班別練習
　　　　　　　○○日（○）　午前○時間・午後○時間半の班別練習
　　　　　　　○○日（○）　午前○時間・○○：○○現地出発
　　　　　　　　　　　　　　○○：○○　○○駅○○通り帰着
6　申込方法　申し込み用紙に必要事項を記入し、参加費○○，○○○
　　　　　　円を添えて、○○月○○日（○）○：○○より、体育教
　　　　　　官室へ申し込むこと。
　　　　＊　申し込み用紙は、体育教官室にあります。
7　募集人数　○○名　定員になり次第締め切ります。
8　その他　　○申込後の不参加者には、交通費・諸経費を除いて返金
　　　　　　する。
　　　　　　＊参加者は、後日行うオリエンテーション・健康診断に
　　　　　　必ず出席すること。（日時は後日連絡する。）
　　　　　　　無断欠席した場合、参加を取り消すので注意をするこ
　　　　　　と。

···キリトリセン···

　　　　　　平成〇年度　スキー教室　参加申込書
　　　月　　　日　　　　　　　　　　　　都立〇〇高等学校長
　　　　　　　　　　　　　　　　　　　　　　〇　〇　〇　〇殿
　　　　年　　組No.　　氏名　　　　　　　　　男・女
　住所　　　　　　　　　　　　TEL
　保護者氏名　　　　　　　　　印
　　　　　スキー技能程度（数字を〇でかこむ）
　１．今回初めてスキーをやる　　４．パラレルターンができる
　２．プルークボウゲンができる　５．ウェーデルンができる
　３．シュテムターンができる
　　（貸スキー希望者のみ記入）
　　　身長　　　　cm・靴サイズ　　　　cm　　貸ウェア希望（有・無）

　　　　　　平成〇年度　スキー教室　領収書
　　　　年　　組No.　氏名
　　　保護者氏名　　　　　　　　　殿
　　　　　金　〇〇，〇〇〇円也
　　　　　スキー教室参加費として受領しました。
　　　　　　　　　　　　　　　平成〇年　　月　　日
　　　　　　　　　　　　　　都立〇〇高等学校スキー教室担当係　印

留意点　　高校生になると経験者も少なくないので、スキー技術の程度を把握しておくとよい。帰着が大巾に遅れることがあるのでその旨を記すとよい。

126

4 遠足・旅行的行事

● 遠足のお知らせ①

父母の皆様へ

　　　　　　　　　　　　　　　　平成○年○月○日
　　　　　　　　　　　　　　　　○○小学校○年担任

　　　　　　春の遠足のお知らせ

　足踏みしていた桜の開花も聞かれ、やっと春らしくなってきました。
　二年生の遠足は、下記のように行います。一年生のときは、平地を歩いていったのですが今回は山に登ります。草や木も芽をだすころですので、観察をしながら体をきたえることもできるのではないかと思います。

　　　　　　　　　　　　記

1　日　　時　○月○日（○）
　　　　　　　○時○分学校集合
2　場　　所　○○○○
3　費　　用　交通費　○円
　　　　　　　○月○日（○）まで
4　その他　　詳細につきましては後日お渡しします「しおり」を参照ください。

留意点　前文に遠足のねらい

● 遠足のお知らせ②

平成○年○○月○○日

第○学年保護者各位

都立○○高等学校長
○　○　○　○

校外学習（遠足）のお知らせ

　深秋の候、皆様にはますます御健勝のことと存じます。
　さて、下記により校外学習を実施致しますのでお子様の参加につきましてよろしくお願い致します。

記

1　期　　日　　平成○年○○月○○日（○）　　（雨天実施）
2　行　　先　　鎌倉…班別行動で現地集合・現地解散（午後4時頃）
3　費　　用　　約○,○○○円（全額積立金より支出）
　　　　　　　内訳　交通費（キップで支給）
　　　　　　　　　　現地での行動費（拝観料等、1,000円）
4　提出締切　　○○月○○日（○）
　　　　　　　学校行事なので全員参加が原則です。
　　　　　　　不参加者は理由を記入して下さい。

以　上

………………………………キ　リ　ト　リ………………………………

参加確認書

都立○○高等学校長殿

　　　　校外学習に　　参　加　致します。
　　　　　　　　　　不参加
　　　　　　　　　（不参加の理由）

　　　　　　　　　　　　　　平成○年○○月○○日
　　　　　　　　　　　　　　　　年　組　　番
　　　　　　　　　　　　　　　生徒氏名
　　　　　　　　　　　　　　　保護者氏名　　　　　　印

留意点　　現地集合、解散の場合は、生徒が乗下車する駅に担当者を置きチェックすること。当日の連絡先を１カ所決め親と生徒に知らせておくこと。

● グループ遠足のお知らせ

平成○○年○月○○日

保護者各位

都立○○養護学校長
○ ○ ○ ○

高等部○グループ遠足のお知らせ

　立春を過ぎ陽ざしの明るさが増したような昨今です。先日の保護者会には、お忙しい中をありがとうございました。
　新宿遠足の計画を下記のように行いますので、よろしくお願い申し上げます。

記

1．目　的
　○電車を利用しての遠足に喜んで参加できる。
　○オペラ『ちゅうたのくうそう』を楽しんで観劇することができる。
　○レストランでの昼食会を通しての食事のマナーを学ぶ。
2．期　日　　○月○○日（○）　　小雨決行
3．場　所　　○○○○生命ホールで観劇の後、○○ビル○○階の「○○○・○○○○」で昼食会
4．交通機関　○○○○線利用
5．費　用　　観劇料○○○○円　電車賃　○○○円
　　　　　　昼食代　○○○円　おこづかい○○○円　合計○○○○円
　　　　　　　　　　（パンフレット代）

6．日　程
　　○○駅集合　　○○駅発　　○○○○着　　○○生命ホール着　　観劇
　　　8:30　　　　　8:45　　　　9:25　　　　　　9:45　　　　　10:00〜
　　　　○○生命ホール発　　○○ビル昼食会　　○○○○発　　○○駅着
　　　11:50　　　　12:10　　　12:25〜13:30　　　14:09　　　　14:56
　　　　帰校
　　　15:10
　　◎朝はスクールバスを使用せず、各自○○駅集合とし、帰りは、２便を
　　　使用する。
7．参加生徒　　　○○　○○　○○　○○　○○　○○　○○
　　　　　　　　○○　○○　（車イス７台）　男○　女○　計○名
8．引率教員　　　○○　○○　○○　○○　○○　　　　計○名
9．持ち物
　　ハンカチ　チリ紙　食事用具　常備薬　ビニール袋（小）　天候によ
　　り防寒着と雨具の用意　おこづかい○○○円　連絡帳

留意点　　駅集合の場合は、地図で集合場所を明示した方がよい。

● 社会科見学のお知らせ

　　　　　　　　　　　　　　平成○○年○月○○日
○年保護者殿

　　　　　　　　　　　○○区立○○小学校長　○○○○
　　　　　　　　　　　　　　○年担任　○○　○○　○○

　　　　　　社会科見学のお知らせ

　晩秋の候、皆様には益々ご健勝のことと存じます。2学期の2大行事運動会、学芸会も父母各位のお励ましをいただき、それぞれに成果を上げることができました。
　○年社会科の学習は、1学期より「日本の工業」を学んできました。まとめの段階ですが、一層理解を深めるために、工場を実地に見学しますので、お知らせいたします。

　　　　　　　　　　記
1　日　　時　○月○日（○）　学校集合　○時○○分
　　　　　　　　　　〃　解散　○時○○分の予定
2　見学場所　○○株式会社○○工場……大規模工場
　　　　　　　○○工業団地内○○株式会社……中小工場
　　　　　　　○○和紙工場……伝統工芸の工場
3　交通機関　貸切バス（○○観光）
4　費　　用　○○○円　○月○○日（○）までに担任にお届けください。
5　雨天の場合　特別荒天でなければ実施します。
　　（日程、持ち物などは、しおりをご覧下さい）

留意点　　学年だけの行事といえども、学校長の責任において行なわれるので、発信者は学校長か学校長と担任の連名で発信すること。

● 地学野外実習のお知らせ ①

平成〇年〇月〇日

保護者各位

東京都立〇〇高等学校長
〇 〇 〇 〇

地学野外実習のお知らせ

　梅雨明け間近かとなりましたが、保護者の皆様には、益々御健勝のことと存じます。
　さて、理科Ⅰ（地学）の授業の一環として、下記の通り、地学野外実習を実施致します。自然に触れ、地学を理解するのに絶好の機会ですので、ふるってご参加させていただきますようご協力お願いいたします。

記

1　期　　日　〇月〇〇日（〇）
2　目　　的　武蔵野台地と低地との地形の違い。比高などの観察
　　　　　　　高島平団地周辺の地盤沈下の観察
3　集　　合　東武東上線　東武〇〇駅〇口　〇〇時集合
4　引　　率　地学科　〇〇　〇〇他〇名
5　申し込み　〇月〇〇日（〇）までに、地学科〇〇まで、下の申込書
　　　　　　　を提出して下さい。
6　説明会　　〇月〇〇日（〇）テスト終了後　地学室で行ないます。
7　問い合せ　詳しいことは、地学科〇〇まで問い合せて下さい。

……………………………………キ　リ　ト　リ……………………………………

＜　申　込　書　＞

　地学野外実習に参加します。

年　　組　氏名
保護者氏名　　　　　　　　　　　印

留意点　　目的地の地図と行動場所及び予定時間を記したしおりを作成するとよい。
　欠席する場合の連絡先と時間を知らせておくこと。
　雨天の場合の措置、持物、服装、保険などについてもしおりに書いておくとよい。

●地学野外実習のお知らせ②

平成〇年〇月〇日

保護者各位

東京都立〇〇高等学校長

〇 〇 〇 〇

地学野外実習のお知らせ

　寒さ厳しき折、保護者のみなさまには、益々ご健勝のことと思います。
　さて、1年生には、理科Ⅰ（地学）の授業の一環として、「野外実習」をおこなってきました。学年末を控え、下記の3種類の実習で終りとなりますので、まだ参加されていない場合は、いずれかに参加させていただきますようご協力お願いいたします。

記

1　地学天体観察会
　(1)　日　　時　　〇月〇日（〇）　〇〇：００〜〇〇：００
　(2)　場　　所　　本校屋上（集合は地学室）
　(3)　目　　的　　冬の星座の観察によって、星の誕生と消滅について考えることと惑星の観察。
　(4)　持ち物　　　筆記用具・懐中電灯・防寒具など
　(5)　定　　員　　〇〇人
　(6)　申し込み　　〇月〇〇日（〇）〇：〇〇〜　地学室で（先着順）
　(7)　説明会　　　〇月〇日（〇）〇〇：〇〇〜　地学室で
　　　　　　　　　　　　　　　　　　　　　　参加希望者は全員参加

(8) その他　　　・下校が午後○時なので、帰り道が不安な人や、風邪をひいている人は、申し込まないで下さい。
　　　　　　　　・当日、雨天や曇天の場合は延期します。その判断は、当日の午後5時に行ないます。
2　第○回地学野外実習（城ヶ島巡検）
　(1) 日　　時　　○月○日（○）
　(2) 場　　所　　城ヶ島（神奈川県三崎市）
　(3) 目　　的　　地層の観察、地層の調べ方の理解、地球の歴史の調べ方
　(4) 集　　合　　京浜急行線三崎口駅○○時
　　　　　　　　　（京急品川駅○：○○の快速特急が便利）
　(5) 解　　散　　同駅○○時の予定（京急品川駅○○：○○頃）
　(6) 費　　用　　京急品川駅から往復○○○○円と最寄駅から品川駅までの交通費
　(7) 定　　員　　○○人
　(8) 申し込み　　○月○○日（○）○：○○～　地学室で（先着順）
　(9) 説明会　　　○月○日（○）○○：○○～　地学室で
　　　　　　　　　　　　　　　　　　　　　　参加希望者は全員参加
　(10) その他　　 小雨の場合は実施します。
3　課題実習
　　国立科学博物館（上野）、上野動物園、多摩動物園のいずれかに行き、課題のプリントに従って、各自で見学・観察し、その結果をレポートとして提出してもらいます。
　　課題のプリントは、○月○○日（○）の放課後に配布しますので、地学室に取りにきて下さい。

☆注　意

これまでの野外実習や課題実習に参加していない人と、参加してもレポートを出さなかった人は、必ずどれかに参加して下さい。

……………………………キ　リ　ト　リ……………………………

参加申し込み書

〔　天体観察会　，　野外実習（城ヶ島）　〕に参加を申し込みます。

＜いずれかに○印をつけて下さい＞

年　　組　　番　生徒氏名

保護者氏名　　　　　　　印

留意点　集合場所が、自宅や学校と離れており、交通手段、経路が複数ある場合は、各々の路線について目的地までのモデル時間、費用を書いておくと親切である。

●理科自然観察会のお知らせ

平成〇年〇月〇〇日

保護者各位

東京都立〇〇高等学校長
　　〇　〇　〇　〇

理科自然観察会のお知らせ

　梅雨空の下、保護者の皆様には、いかがおすごしでしょうか。
　さて、理科Ⅰの授業の一環として、下記の通り、理科自然観察会を実施いたします。自然に触れる絶好の機会ですので、ふるってご参加下さるようお知らせいたします。参加希望の場合は、費用をそえて、お申し込み下さい。

記

1　期　　日　　〇月〇〇日（〇）＜期末考査後の自宅学習日です＞
2　目 的 地　　富士山五合目　＜学校から往復バス利用＞
3　目　　的　　生物分野　・植物の垂直分布、森林の限界などの観察
　　　　　　　　　　　　・富士スバルライン沿いの自然破壊のようす
　　　　　　　　　　　　　観察
　　　　　　　地学分野　・側火山とその噴火口跡観察
　　　　　　　　　　　　・溶岩流、溶岩洞穴、溶岩樹型等の観察
4　費　　用　　〇,〇〇〇円（バス代その他）
5　引　　率　　〇〇〇〇〇、〇〇〇〇、〇〇〇〇、〇〇〇〇
6　人　　数　　〇〇人

7　申し込み　　○月○○日（○）　　先着順　地学科　○○へ
8　その 他　　○月○○日（○）テスト終了後、視聴覚室でオリエンテーションを行ないます。

················キ　リ　ト　リ················

　＜申込書＞　○月○日　　　　　＜領収書＞　　6月○日
自然観察会に参加します。　　　　　　　　殿
　　年　　組氏名　　　　　　参加費3,500円を領収しました。
　保護者氏名　　　　　印　　　　　　　地学科　○　○　○　○

留意点　　緊急時の連絡先をはっきりさせておくこと。
　　　　　　バスの場合は、交通事故により遅れる場合もあるので、その旨を明記しておくこと。
　　　当日欠席する場合の連絡先をはっきりさせておくこと。

●移動教室のお知らせ

平成○○年○月○日

第○学年保護者　各位

○○市立○○○中学校長
○　○　○　○

　　　　　第○学年　移動教室について

拝啓　陽春の候，皆様ますますご健勝のこととお喜び申しあげます。
　さて，下記の要領で，○学年の移動教室を実施いたしますので，よろしくご協力くださいますようお願いいたします。
　　　　　　　　　　　　　　　　　　　　　　　　　　敬具

　　　　　　　　　　　　記

1．日　　時　　平成○○年○月○日（○）～○日（○）　2泊3日

2．目　　的　　(1)　集団生活を通して相互の理解を深め親睦を図る。
　　　　　　　(2)　自主的で自立的な生活態度を養う。
　　　　　　　(3)　豊かな自然に触れて精神の高揚を図る。

3．実施場所　　○○高原

4．宿泊地　　　○○県○○郡
　　　　　　　○○○少年自然の家（☎○○○○－○○－○○○○）

5．参加費　　　○○○○円
　　　　　　　（宿泊費、バス代は市費より支出されます。）

6．その他　　詳細は生徒に渡してあるパンフレット「移動教室のしおり」をご覧下さい。

留意点　　日程を加えて記すとよい。又、保健体制（看護婦と養護教諭の付添、現地に医師の常駐など）と保険（健康センターなど）についても記した方がよい。

● 修学旅行のお知らせ ①

第2学年保護者各位　　　　　　　　　　　　　平成○年○○月○日

　　　　　　　　　　　　　　　　　　　　都立○○高等学校長
　　　　　　　　　　　　　　　　　　　　　○　○　○　○

　　　　　　　　　修学旅行のお知らせ

　秋冷の候、皆様にはますます御健勝のことと存じます。
　さて、下記により修学旅行を実施いたしますので、保護者各位の一層のご協力をお願い申しあげます。

　　　　　　　　　　　　記
1　実施期間　○○月○○日（○）〜○○月○○日（○）
2　宿泊地　　京都市○○区○○○上ル○○○○町○○
　　　　　　（京都駅から徒歩○分）
　　　　　　☎○○○-○○○-○○○○（代）
3　日　程
　第一日（○○月○○日）
　　8時○○分　　東京駅新幹線発車○○番線ホームに集合
　　8時○○分　　発車（ひかり○○○号）

○、○、○組	米原→甲賀忍術村→信楽陶芸村→宿舎（○○：○○）
○、○、○組	米原→信楽陶芸村→甲賀流忍術屋敷→宿舎（○○：○○）
○、○、○組	新大阪→神戸北野町異人館めぐり→宿舎（○○：○○）

18時30分　夕食
  19時30分～21時　外出してもよい
  22時30分　消燈
第二日（○○月○○日）
  6時30分　起床、7時30分　朝食
  8時30分～9時　班別行動開始（宿舎出発）…京都
  16時～17時　帰館
  18時　夕食、19時～21時　夜景見学（クラス単位で）
  22時30分　消燈
第三日（○○月○○日）
  6時30分　起床、7時30分　朝食
  8時30分～9時　班別行動開始（宿舎出発）
　　　　　　　…大阪、神戸、奈良、滋賀
  16時～17時　帰館
  18時　夕食、19時～21時　外出してもよい
  22時30分　消燈
第四日（○○月○○日）
  6月30分　起床、7時　朝食
  8時　宿舎出発

○、○、○組	古代友禅苑→東映太秦映画村→嵐山散策→京都駅
○、○、○組	大倉酒造記念館→ことぶき陶春→東福寺→京都駅
○、○、○組	ことぶき陶春→大倉酒造記念館→東寺→京都駅

  15時40分　京都駅○○番線ホームに集合・整列
  16時17分　京都駅発（ひかり○○○号）

18時56分　東京駅着、解散
　　〇〇月〇〇日（〇）　レポート作成日（自宅学習）
4　費　　用　　〇〇,〇〇〇円
5　次のような点についてご協力をお願いします。
　① 車の乗降・野外行動に適する服装・履き物を着用させて下さい。サンダル・ハイヒール等は止めさせて下さい。珍奇・華美に流れないようにして下さい。
　② バッジ、生徒手帳、身分証明書を携帯させて下さい。
　③ ねまきはパジャマ・ジャージーの清潔なものが望ましい。
　④ 装身具・化粧品の使用は禁止します。
　⑤ 持ち物に記名して下さい。
　⑥ 持ってくる物…しおり、各種資料、保険証（表裏のコピー）、筆記用具、ハンカチ、チリガミ、着替え、洗面具、雨具、常用薬、出発日の昼食
　　持ってきてはいけない物…楽器、ラジカセ、ウォークマン等
　⑦ 班行動時の行動費を支給するので、小遣いは1万円以内にして下さい。
　⑧ 旅行前、疾病にかかっている時は、主治医に相談して決めて下さい。当日の朝発熱した時は参加を見合わせて下さい。その時は必ず学校に連絡して下さい。
　⑨ 症状のある人は、自分にあった薬を用意し、服用する時は事前に担任に連絡して下さい。
　⑩ 乗り物酔いの強い人は、酔いどめの薬、エチケット袋を用意して下さい。
　⑪ 緊急に参加できなくなった場合の連絡は

前日まで→担任の先生
　　　当　　　日→学校（朝7時30分〜8時）TEL○○○−○○○○

留意点　　服装、持ち物については、トラブルが多いものである。学校側で一方的に決めるだけではなく、生徒とも話し合いながら、合理的理由で、納得した上で決めることが望ましい。
　学校を窓口として、その日の行動の概要をインフォメーションすると父母からの信頼も増す。

● 修学旅行のお知らせ②

　　　　　　　　　　　　　　　　　　　　　　○○月○○日
○年保護者殿
　　　　　　　　　　　　　　　　　　○○区立○○中学校長
　　　　　　　　　　　　　　　　　　　　○　○　○　○

　　　　　　　　　修学旅行のお知らせ
　さきの保護者会で概要をご説明しましたように、秋に下記の要領で修学旅行を実施いたしますので、申し込み書を期日までにご提出ください。なお、詳細は修学旅行の説明会をひらきますので、そのせつはご出席ください。
　　　　　　　　　　　　記
1．実施期日　　○月○日（金）〜○月○日（日）　2泊3日
2．目 的 地　　京都・奈良方面
3．費　　用　　約　○○○○円
　　　　　　　　市から補助金が○○○円ありますので徴収金額は約○○
　　　　　　　　○○円になります。
　※　○月○日（○）までに担任へご提出をお願いします。

―――――――――――――――――――――――――――――――
　　　　　　　　　　参加申し込み書

　　　　　　　　　　参　加
　　　修学旅行に　　　　　　します。　※どちらかに○印をしてください。
　　　　　　　　　　不参加

　　　不参加の場合
　　　　理由：

　　　　　　　　○年　　組　　番氏名＿＿＿＿＿＿＿＿＿＿
　　　　　　　　　　　　保護者名＿＿＿＿＿＿＿＿＿㊞

　　留意点　参加申込み書には提出先と締切り日を忘れないこと。

● 修学旅行実施要項

修学旅行実施要項（保護者会資料）－○○市立○中学校－

1　期　日　平成○年○月○日（○）～○月○日（○）　○泊○日
2　目的地　京都・奈良方面
3　宿泊地　○○○ホテル（○○市）○○○丁目○－○
　　　　　　　　　　　　　　　電話　○○－○－○○○○
4　目　的　(1)日本文化と歴史のふるさとをたずね、我国の歴史的遺産を自分の目で確かめる。
　　　　　(2)集団行動のしかたを身につけ、又文化財を大切にする心を育てる。
5　コース
　　日　程　1日目○／○（○）
　　　　　　　　　7：10　　8：52　　13：10
　　　　　・○○駅――東京駅――京都駅――三十三間堂――銀閣寺―
　　　　　　　　　こだま
　　　　　　　　　17：10
　　　　　三井寺――宿舎
　　　　　2日目○／○（○）
　　　　　　　　　7：30　11：00　　12：20
　　　　　・宿舎――法隆寺――薬師寺――春日大社駐車場……丸十物
　　　　　　　　　　　　　　9：30　　12：45　　15：40
　　　　　産（昼食）……奈良公園、班行動……東大寺大仏殿……南
　　　　　　　　　17：20
　　　　　大門――宿舎

3日目〇／〇（〇）
　　8：00　　9：40　　11：10　11：40
・宿舎——比叡山延暦寺——南禅寺——清水寺……順正（昼
　　　　　　　　　　　　　　　　　　　　　　13:40
食）……駐車場

6　引率者　学校長、〇年職員〇名、〇年〇〇教諭、〇年〇教諭、養護〇
　　　　　〇教諭　計〇名
7　費　用　〇〇〇円（詳細は「集金のお知らせ」参照のこと）
8　同乗校　〇〇中、〇〇中、〇〇中
　（新幹線）
9　服装等　1　服装＜宿舎外＞標準服（ネクタイ着用・上衣持参）
　　　　　　　　＜宿舎内＞私服（緊急の場合、行動しやすい中学生
　　　　　　　　　らしい服）
　　　　　2　持ち物－必ず記名を－
　　　　　　＜必需品＞弁当（1日目の昼食）、水筒（お茶又は水）、
　　　　　　　保険証コピー、洗面具、下着、靴下、ねまき、
　　　　　　　雨具（折りたたみのかさ）、ビニール袋（4
　　　　　　　〜5枚）、時計（班で1個以上）、筆記用具、
　　　　　　　しおり、生徒手帳、小物を入れるバック。
　　　　　　　以上のものを入れるバック（なるべく1つに
　　　　　　　まとめる）

　　　　　　＜許可品＞－各自、責任をもって保管－
　　　　　　　カメラ、双眼鏡、時計、修学旅行に関する

　　　　　　　　　　本、ドライヤー（班に１個のみ）、小遣い
　　　　　　　　　　○○○円以内、おやつ（○○円以内）、カ
　　　　　　　　　　ード類、囲碁、将棋、チェス、オセロ

　　　　　　＜禁止物＞　上記以外のものは全て該当する。

10　集合場所　東京駅中央通路地下団体待合室、○○○駅に班ごと集合し、
　　　　　　　改札する。

留意点　　保護者の関心は、費用、服装、持ち物などである。説明会に欠席した保護者には、印刷物での連絡となる。十分検討し、わかりやすく指示することが親切である。

● 修学旅行の連絡

平成○○年○月○日

第３学年保護者　各位

○○○市立○○中学校長

○　　○　　○　　○

修学旅行にあたってのご連絡

　拝啓　時下ますますご清栄のこととお慶び申し上げます。
　さて、修学旅行の出発まであと数日となり、ここに最終的ないくつかのご連絡をいたします。
　修学旅行を、より安全、より実り多いものにしていくため、保護者各位には一層のご理解とご協力を賜わりたく、お願い申しあげます。　　敬具

記

１．旅行中の服装について
　修学旅行中の服装は、本校の服装規定で認められたものに限っています。ただし、旅館内では通常の中学生にふさわしい服装に着替えてもよいことにしています。

２．出発当日に参加できなくなった場合や集合時間に間に合わない場合について
　当日の朝になって急病その他で参加できなくなった場合は○時○○分までに、学校まで連絡してください。

３．修学旅行中の宿泊先への連絡について
　旅行中に急用が生じた場合、次の旅館へご連絡ください。
　　○月○○日（○）　　○○旅館　　TEL.○○○○（○○）○○○○
　　○月○○日（○）　　○○○旅館　TEL.○○○○（○○）○○○○

留意点　　服装だけでなく、持物、履物、所持金についても記しておくことが望ましい。

● 実踏計画書

平成○○年度○○学年 { 移動教室 / 修学旅行 } 実地踏査計画書 学校長　　　　印				
学　校　名					
実　踏　期　日		自　昭和○○年○○月○○日　　　（○○泊○○日） 至　昭和○○年○○月○○日		
目　的　地				
宿泊	所　在　地			
	施　設　名			
	電　話			
日 程	月　　日 （　曜日　）			
	月　　日 （　曜日　）			
	月　　日 （　曜日　）			
実　踏　者	職　　名	氏　　名		
実施計画の 重　　点				

留意点　　実施1カ月前頃までに提出するとよい。実施要項を添付すること。

●実踏報告書

平成○年度　実地踏査の記録

西原第二小

第○学年　遠足の予定日　○○月○○日（○）　自　○時○分
　　　　　　　　　　　　　　　　　　　　　　　　至　○時○分
目　的　地（　　　　　）利用交通機関（　　　　　　　）

実踏者	
実踏日時	○○年○○月○○日（○） 学校発　午前・後　○時○分 学校着　午前・後　○時○分　　　時　　分間

・実踏のコース・所要時間（休憩場所・昼食場所・トイレ等）

・危険箇所及び予想される危険や問題点、対策など

・次年度への申し送り

- 略地図（下車駅より目的地まで）
  - 主な分岐点の特長・危険箇所・トイレ水飲み場など
  （参考事項があれば記入して下さい）

留意点　実踏の記録は、コースの確認、所要時間の調査にとどまらず危険箇所も点検し、引卒者で確認、対策をとるための書類である。
現地に地図、時計やカメラを持参して記録をとり事後文書にまとめるとよい。

●林間学校のお知らせ

平成○○年○月○日

○年保護者殿

　　　　　　　　　　　　　　　○○立○○○○学校長○　○　○

　　　　　　　　　○○林間学校のお知らせ

例年実施されております○○林間学校を○○市教育委員会よりの「○○林間学校開設のお知らせ」の要項に基づき本校でも実施いたします。実施日は夏季休業中になりますが、家庭の都合やお子さんの健康状態などを考慮の上、なるべく参加させるよう御配慮下さい。参加申し込み書は○月○日（○）までに各担任にご提出下さい。なお詳細につきましては○月○日（○）の父母会にて説明いたします。

　　　　　　　　　　　　記
1　実施期日　平成○年○月○日（○）○日（○）○日（○）2泊3日
2　日程　第1日　学校集合（○○）－学校出発（○○）－○○○－○○－○○○－○○（○：○～○：○）－○○－○○－宿舎（○：○）

　　　　　第2日　起床（6：00）－宿舎出発（9：00）－○○－○○－○○－宿舎（3：10）

　　　　　第3日　起床（6：00）－宿舎発（1：00）－○○○－○○○－学校到着
3　乗りもの　○観光バス（55人乗り）4台利用
4　費用　○○○○円（交通費○○円、見学費○円、牛乳代○円
　　　　　　　　　　キャンプファイヤー他雑費○円）
　　　　※こづかい、おやつ代は含んでいません。
　　　　※宿泊費、食費は市で全額負担します。

5　集金　○月○日（○）の父母会で集金いたしますので直接ご持参下さい。尚当日止むをえず欠席される場合は近所の方に依頼して下さい。
6　引率の先生　教頭ほか○名（うち看護婦1名）
　　※服装、持ち物等につきましては、しおりに書きます。

メモ

‥‥‥‥‥‥‥‥‥‥キ‥‥‥‥リ‥‥‥‥ト‥‥‥‥リ‥‥‥‥‥‥‥‥‥‥‥
○○林間学校参加希望申し込み書

○○林間学校に　1　参加します。
　　　　　　　　2　参加しません。　（どちらかに○印をつけて下さい）

　　　　　　　　○年　組　児童名
　　　　　　　　　　　　　保護者名　　　　　　　　㊞

　　　　　　※提出日　○月○日（○）　各担任まで

留意点　教育委員会からもお知らせが家庭にとどいている場合は、重複した文面にならないよう「○○の要項に基づき本校でも……」と記すとお互いの文面が生きるのであろう。

● 林間学校会計報告

　　　　　　　　　　　　　　　　　　　平成〇〇年〇月〇日
〇年保護者殿

　　　　　　　　　　　　　　　　〇〇市立〇〇〇〇小学校
　　　　　　　　　　　　　　　　〇年会計　〇　〇　〇　〇

　　　　　　〇〇林間学校会計報告

　夏休みに行われました〇〇林間学校につきましては各ご家庭のご協力により無事実施することができました。厚くお礼申し上げます。
　つきましては会計の処理がつきましたので、右記の通りご報告申し上げます。なお残金がでましたので返金いたします。
受領書に押印の上担任にお出し下さい。

－　－　－　－　－　－キーリートーリ線－　－　－　－　－

　　　　　　　受　領　書

　　　金　〇〇〇　円也

　　　　〇〇林間学校費用の返金として上記金額を受領しました。

　　　　平成〇年〇月〇日

　　　　〇年　組　保護者　_____

〇年〇〇林間学校会計報告　　　　　　　　　〇．〇．〇

１．収入　　　　　　　　　　　　　　　　　〇〇〇〇〇〇円
　　明細　・児童より徴収金１名〇〇〇×〇〇分

２．支出　　　　　　　　　　　　　　　　　〇〇〇〇〇〇円
　　明細　・バス代等として市へ納入金　　　　　〇〇〇〇〇
　　　　　・高速道路代　　　　　　　　　　　　　〇〇〇〇
　　　　　・バス乗務員心付（１台〇〇〇〇×〇）　〇〇〇〇
　　　　　・見学料　　　　　　　　　　　　　　　〇〇〇〇
　　　　　・キャンプファイヤー代　　　　　　　　〇〇〇〇
　　　　　・牛乳代（〇円×〇〇名分）　　　　　　　〇〇〇
　　　　　・雑費（旗布地、ローソク、電話代等）
　　　　　・不参加児童返金（〇〇〇円×〇名）　　〇〇〇〇

３．残高　　　　　　　　　　　　　　　　　　〇〇〇〇〇円

４．返金　　　　　　　　　　　　　　　　　　〇〇〇〇〇円
　　明細　・残高　　　　　　　　　　　　　　〇〇〇〇〇円
　　　　　・市へ納入金（バス代等）の精算返金として　〇〇〇〇円

５．１名当り返金　　　　　　　　　　　　　　　　〇〇円
　　　　　・〇〇〇〇〇÷〇〇＝〇〇
　　※不参加者の返金は牛乳代〇円を差しひいてお返しします。
　　　（前もって現地へ注文しておきましたので返品が不可能なため）

───────────────────────────────

留意点　　会計報告は、会計の処理がつき次第早目に報告する。明細（内訳）は、可能な限り詳しい方が理解しやすい。

七、期　　間　　二泊三日

八、備　　考　　バス酔いのはげしい子どもなどは、無理のないようご配慮願います。

宿泊費は全額市負担

留意点　　教育委員会のお知らせは、どの学校にも共通する内容である。したがって、自校独自のお知らせが必要になる。

●○○臨海学校開設のお知らせ

平成○○年○月○日

保護者殿

○○市教育委員会

　学校教育につきましては、日頃、ご理解とご協力をいただきましてありがとうございます。
　さて、教育委員会では、保護者の皆様の要望にこたえて、今年度も左記により○○臨海学校を開設することになりました。つきましては、次の実施要項をご理解の上、子どもの参加をお願いいたします。
　なお、実施についての詳細は、学校から連絡いたします。

一、所在地　千葉県○○○郡○○○
　　　　　　電話　○○○

二、施設　敷地面積○、○○○平方メートル　学園面積○、○○○平方メートル
　　　　　収容人員約○○名　平屋建　宿泊室　食堂　サロン　その他

三、目的
　・都市生活からはなれて海に親しみ、海水浴を通じて泳力と体力の増進をはかる。
　・寝食をともにする生活経験を通して望ましい集団活動のありかたを学ばせる。

四、参加者　小学校五年生の児童の希望者

五、輸送方法　往復ともバス（往路・○○自動車道、復路・○○○経由○○高速道路）

六、費用　参加者負担○○○円（バス代・高速道路料金等）
　その他各学校の計画により若干費用が加算されます。

● 臨海学園のお知らせ

平成○○年○月○日

○年保護者各位

○○立○○中学校長

○　○　○　○

臨海学園実施について

　本年度の○年生の夏季施設臨海学園は，下記のように実施いたします。つきましては参加希望者は，申込み書に記入，捺印のうえ，○月○日（○）までに担任にご提出ください。

記

1　施設名　　○○臨海学園
2　期　間　　○月○日（○）〜○月○日（○）　○泊○日
3　費　用　　○○○○円　（バス代，食費，雑費を含む）
　　　　　　　※積立金より支出します。
4　申込み締切　○月○日（○）まで

　　※　詳細は後日印刷物でお知らせいたします。

･････････････････････････････キ　リ　ト　リ･････････････････････････････

○○臨海学園参加申込書

○○立○○中学校長

○　○　○　○　殿

夏季施設○○臨海学園に参加申込みをいたします。

平成○○年○月○日

　　　　　〇年〇組〇〇番生徒氏名
　　　　　　　　　　保護者氏名　　　　　印

留意点　　実施要領と一緒に出せるとよい。
　　　　　　目的地及行動場所がわかる地図を添えるとよい。

● 工場見学のお願い

　　　　　　　　　　　　　　　　　　○○○○発第○○号
　　　　　　　　　　　　　　　　　　平成○○年○月○日
○○株式会社
　　社長　○○○○殿
　　　　　　　　　　　　　　　　○○立○○○学校長
　　　　　　　　　　　　　　　　　○　○　○　○　印

　　　　　　　工場見学についてのお願い

　貴社にはますますご発展のこととお喜び申しあげます。
　さて，このたび２年生社会科の校外学習として，下記により貴社のパン
工場を見学させていただきたく思います。
　については，ご多忙のところまことに恐縮に存じますが，なにとぞよろし
くお願い申しあげます。
　　　　　　　　　　　記
1　日　　　時　　平成○○年○月○日（○）　○時○分から○時○分まで
2　見学目的　　○○○○
3　見　学　者　　第○学年児童　○○名
4　引率責任者　教諭○○○○外○名で引率

（礼状）
　拝啓　先日本校児童が多数で貴工場を見学させていただいたおりには，
ご多忙中にもかかわりませず，ひとかたならぬご親切なご指導を賜わりま
して，まことにありがとうございました。
　おかげさまで大変有意義な勉強ができまして，職員・児童一同深く感謝
しております。どうぞ○○課長をはじめ，お世話くださいました皆さまに

よろしくお伝え下さい。
　まずは，書面をもちましてお礼申しあげます。　　　　　　　　敬具

留意点　　最初に電話で見学先の了承を得てから文書を発送もしくは、実踏の時に持参すること。

● 施設見学のお知らせ

平成〇〇年〇月〇日

保護者殿

東京都立〇〇養護学校長

〇　〇　〇　〇

高等部　進路指導部

夏休み中の施設見学のお知らせ

　空梅雨ということで、今年はプールにたくさん入れそう、と思ったら皮肉なことに、水不足でプールは中止となり、雨模様の度に一喜一憂している毎日ですが、皆様にはいかがお過ごしでしょうか。

　さて、この度、かねてから要望の強かった夏休み中の施設見学について、今年は次のような日程で行なう運びとなりました。初めてのことゆえ、保護者の方の声を十分反映しているとは申せませんが、その代弁と考えられる各グループの先生方の声を聞きながら、無理のない範囲で調整したものです。長い夏休みとは言え、家族の計画等で、日程もつまっていることと思いますが、なかなかこういう機会もありませんので、この折にぜひご参加下さいますよう、ご案内申し上げます。

番号	期　日	時　間	施設名	備　考
A	〇月〇日（〇）	10:00～15:00	〇〇〇身体障害者職業訓練校	一日技能教室に参加 別紙にてご案内済み
B	〇月〇日（〇）	10:00～	〇〇〇の園（〇〇）	通所訓練作業所
		13:30～	〇〇〇〇〇〇〇作業所（〇〇）	無認可通所作業所
C	〇月〇日（〇）	10:00～	〇〇〇〇〇〇〇〇〇〇〇〇〇〇〇	障害者の働く職場

D	○月○日（○）	10:00～	○○○の家（○）（○○○○）	生活訓練所
		13:30～	○○○○○○（○○）	通所訓練施設
E	○月○日（○）	10:30～	○○○○○○○○○○○工場	授産施設（通所、入所）
		13:30～	○○○○○○○○○（○○）	授産施設（通所、入所）
F	○月○日（○）	10:00～	○○共同作業所「○○の家」	通所訓練施設
		13:30～	○○療育園（○○○）	重症心身障害児施設
G	○月○日（○）	13:00～	○○○リハビリテーションセンター	更生援護施設
	○月○日（○）	9:30～	○○○○重度障害者センター	更生援護施設
		13:00～	○○リハビリテーションセンター	更生施設

【お願いと留意事項】

1．いずれも現地集合を原則としますが、地理不案内等で現地集合できない方はご相談下さい。
2．2～3カ所、組になっていますが、1カ所だけの見学でも結構です。
3．Gは、1泊2日で計画していますが、日帰りの参加でも結構です。
4．交通費、昼食代等かかる費用は、すべて自己負担です。
5．Gで、宿泊も希望する方は、交通費、昼食代のほか、1人約○,○○○円前後必要です。
6．高等部の保護者、生徒、教員向けに計画したものですが、他学部の方の参加も歓迎致します。
7．右の参加申込書にて○月○○日（○）までにお申込み下さい。（高1は○○日まで）

平成〇〇年〇月〇日

施設見学申込書

　　　　年　　　部

生徒氏名 _____

保護者名 _____

番号	期　日	時　間	施　設　名	参加者名
A	〇月〇日(〇)	10:00〜 15:00	〇〇〇身体障害者 職業訓練校	
B	〇月〇日(〇)	10:00〜	〇〇〇〇〇園(〇〇)	
		13:30〜	〇〇〇〇作業所(〇〇)	
C	〇月〇日(〇)	10:00〜	〇〇〇〇〇〇〇〇〇	
D	〇月〇日(〇)	10:00〜	〇〇〇の家(〇〇〇〇)	
		13:30〜	〇〇〇〇〇〇(〇〇)	
E	〇月〇日(〇)	10:30〜	〇〇〇〇〇〇〇〇工場	
		13:30〜	〇〇〇〇〇〇〇(〇〇)	
F	〇月〇日(〇)	10:00〜	〇〇共同作業所「〇の家」	
		13:30〜	〇〇療育園(〇〇〇)	
G	〇月〇日(〇)	13:00〜	〇〇〇リハビリテーションセンター	
	〇月〇日(〇)	9:30〜	〇〇〇〇重度障害者センター	
		13:00〜	〇〇リハビリテーションセンター	

Aの神奈川身体障害者職業訓練校の一日技能教室は、高等部を参加対象としてすでに締め切られておりますが、見学だけなら可能ですので、ご相談下さい。

留意点　　担当者の氏名と、電話番号を書いておくとよい。

●保護者会開催のお知らせ ①

第1学年保護者各位　　　　　　　　　　　平成○年○月○日
　　　　　　　　　　　　　○○○市立○○○中学校長○○○○
　　　　　　　　　　第○学年保護者会
　　　　　　　　　　開催のお知らせ

　期末考査も終り、第2学期も3週間を残すのみとなりました。つきましては、表記のように、第1学年保護者会を開催いたしたいと思います。下記要項ご覧の上、是非ご出席下さいますよう、ご案内いたします。

　　　　　　　　　　　　　記

1　日　時：○月○日（○）午後○時～○時
2　会　場：(1)全体会　2:00～3:00　体育館
　　　　　　(2)学級懇談会　3:10～4:00　各組教室
3　内　容：(1)学校長挨拶
　　　　　　(2)第2学期のまとめと反省
　　　　　　　（学習と生活指導）
　　　　　　(3)冬休みの過ごし方心得
　　　　　　(4)その他（質疑応答）
※各学級の委員の方々は、1時に会議室にお集り下さい。
·········キ·········リ·········ト·········リ·········
　　　　　出欠予定票（○月○日（○）担任まで）
○月○日の保護者会に　1出席　2欠席　します。
　　平成○年○月○日　　○番生徒名＿＿＿＿＿＿＿
○年○組担任殿　　同上保護者名＿＿＿＿＿＿＿㊞

留意点　出欠予定票の保護者印は省略してもよい。
　　　　　質問については、前もって調べることも考えられる。

● 保護者会のお知らせ②

平成〇〇年〇〇月〇日

第〇学年保護者　各位

〇〇市立〇〇中学校長
　〇　〇　〇　〇
第〇学年　担任一同

　　　　　　第〇学年　保護者会のお知らせ

拝啓　晩秋の候ご父母の皆さまにはますますご健勝のこととお喜び申しあげます。

　さて，下記の要領で，保護者会を開きますので，ご案内いたします。〇学期も半ばをすぎ生徒も元気に学校生活を送っています。今回は中間考査の結果や，生活指導についての話し，又ご家庭での様子などについても話しあいたいと思います。

　ご多忙のことと思いますが，なにとぞ万障お繰り合わせのうえ，ご出席くださいますようお願い申し上げます。　　　　　　　　　　　　敬具

　　　　　　　　　　　　記
1．日　　時　　平成〇〇年〇〇月〇日（〇）　　開会　〇時〇分
2．場　　所　　第〇学年全体会　　図書室
　　　　　　　学級懇談会　　　　各教室
3．内　　容
　　　　　　(1)全　体　会　①　校長の挨拶
　　　　　　　　　　　　　②　教務部より中間考査の結果について
　　　　　　　　　　　　　③　生活指導部の話

　　　　　　　　　　④　学年からの話
　　(2)学級懇談会　①　学級担任の話
　　　　　　　　　　②　担任との懇談
　　　　　　　　　　　　　　　　　　　以上

　　お願い　・　恐れ入りますが，上履をご用意下さい。
　　　　　　・　出欠の通知を生徒を通じて〇〇月〇日（〇）までに，
　　　　　　　担任にご提出下さい。

……………………………切　り　取　り……………………………

　　　　　　　　　　出　欠　届
　　　　　　〇学年保護者会に　出席　します。
　　　　　　　　　　　　　　　欠席
〇年　　組　　番　生徒氏名
　　　　　　　　　保護者氏名　　　　　　　㊞

留意点　　保護者会は、子どもの教育について教師と父母が平等の立場で、各々の立場から話し合いをするものである。学校側から一方的に召集するような文面にしないこと。学級懇談会では、問題意識をもって参加できるようにテーマなどを設けることが望ましい。

●新入生父母会のお知らせ①

　　　　　　　　　　　　　　　　　　平成〇〇年〇月〇日
新入生保護者各位

　　　　　　　　　　　　　　　　〇〇立〇〇中学校長
　　　　　　　　　　　　　　　　　　　〇　〇　〇　〇

　　　　　　　　新入生父母会の開催について

　例年になく暖かな冬を迎えております。
　皆さまには，お子さまの中学校進学をひかえ期待と喜びで胸をふくらませていられることと存じます。
　さて，本校ではお子さまが安心して入学していただけるよう，下記のように入学準備についての説明会を開きたいと思いますので，ご多忙のところと存じますが，ご出席くださいますようお願い申しあげます。

　　　　　　　　　　　　　記
1　日　時　平成〇〇年〇月〇日（〇）　　〇時から〇時まで
2　場　所　体育館
3　説明会次第
　　　　（1）　学校紹介（スライド）
　　　　（2）　校長あいさつ
　　　　（3）　教務関係説明
　　　　（4）　学校のきまり説明
　　　　（5）　質疑応答
　　　　（6）　生徒会活動紹介
4　備　考　・上ばきをご用意ください。

・自動車での来校は御遠慮下さい。
　　　・事前に質問事項がございましたらお書きください。
　　　・出席の有無をつぎの用紙にご記入の上，○月○日（○）まで
　　　　に，小学校担任の先生を通してご提出ください。
………………………………キ　リ　ト　リ　線………………………………
　　　　　　　　　　　　　　出席
　○○中学校新入生保護者会に　　　　します。
　　　　　　　　　　　　　　欠席
　　平成○○年○月○日
　　　　　　　　　　　　　　　　　　○○小学校
　　　　　　　　　　　　　　　　　　　保護者氏名
　　　　　　　　　　　　　　　　　　　児　童　名

　○○中学校長殿

　　質問事項

留意点　　当日、服、靴などの注文を行う場合は、そのことを明記した方がよい。

● 新入生父母会のお知らせ ②

平成○○年○月○日

保護者殿

都立○○養護学校長
　　　○○○○

高等部新入生保護者会のお知らせ

　高等部入学が決まり、心よりお喜び申し上げます。
　さて、入学に際し、本校高等部の教育内容を理解し、協力していただくために、下記の通り説明会を開催いたします。万障お繰り合わせの上、ご出席下さいますようお願い申し上げます。

記

1　日　時　　○月○○日（○）
　　　　　　　午前○時○○分～○○時
2　場　所　　○階　図書室
3　内　容　　・高等部教育課程説明
　　　　　　　　　授業内容、クラブ活動
　　　　　　　　　年間行事、進路指導　他
　　　　　　　・生活指導説明
　　　　　　　・懇談
　　　　　　　・その他

留意点　出欠票を付けるか、欠席する場合の連絡について記すとよい。

● グループ父母会のお知らせ

平成○○年○月○○日

高等部
○グループ保護者殿

都立○○養護学校長
○○○○

○グループ父母会のお知らせ

　大寒を迎え冬本番となりました。学校では３学期の学習も軌道に乗り、グループ全員元気に頑張っています。
　さて、○グループでは、下記のように父母会を開くことに致しました。ご多忙のことと存じますが、お繰り合わせの上ご出席下さいますようお願い申し上げます。

記

1. 日　時　　○月○○日（○）　１０：１０～１２：００
2. 場　所　　○グループ・プレイルーム
3. 内　容　(1) 学習発表　　１０：１０～１１：００
　　　　　　　①「三びきのこぶた」　ペープ・サート
　　　　　　　②「ちびくろ・さんぼ」　朗　読
　　　　　(2) 懇　談　　　１１：１５～１２：００
　　　　　　　①３学期の主な行事について
　　　　　　　②オペラの観劇について（○月○○日）
　　　　　　　③学習や生活について

追伸　　○学期末の懇談会でご承認いただきました、オペラの観劇料を○
　　　　月下旬に支払うことになりました。
　　　　　集金袋をお渡し致しますので、料金○,○○○円を、○月○○日
　　　　（○）までに納入下さいますようお願い致します。

　留意点　　父母の委員の協力を得る場合には、テーマ、すすめ方などにつ
　　　　　　いて事前に打ち合わせておくこと。

●学級父母会のお知らせ

平成○○年○月○日

保護者各位

○○立○○○学校長
○　○　○　○

学級父母会のお知らせ

　春暖の候となりました。父母のみなさまには、ますますご清栄のことと拝察申しあげます。
　さて、新学年がスタートして早や○日たちました。児童、教職員ともに元気に学校生活を送っております。この時期に下記のとおり、本年度第一回の学級父母会を開催いたしたいと存じます。おいそがしいこととは存じますが、ご出席くださいますようご案内申しあげます。

記

1　日　時
　　1、2年　○月○日（○）　○時○○分より○○時まで
　　3、4年　○月○日（○）　○時○○分より○○時まで
　　5、6年　○月○日（○）　○時○○分より○○時まで
2　場　所
　　　　各教室
　※スリッパを各自でご持参くださいますようお願いします。

留意点　　学級父母会の内容については、学年だよりや学級通信などで知らせるとよい。

● 懇談会のお知らせ

平成〇〇年〇月〇〇日

保護者各位

東京都立〇〇養護学校長　〇〇〇〇
〃　　ＰＴＡ会長　〇〇〇〇
〃学年委員会委員長　〇〇〇〇

　　　　第〇回　父母と教師の懇談会開催のお知らせ

　新年あけましておめでとうございます。
　皆様よいお正月をお迎えになったことと思います。三学期も始まりなにかとご多忙のことと存じますが、かねてより話合いを続けておりました「父母と教師の懇談会」を開催いたしたいとおもいます。つきましては、下記により皆様お誘い合わせの上多数ご出席下さるようご案内申しあげます。

記

1、日時　　平成〇〇年〇月〇〇日（〇）
　　　　　　午前〇時〇〇分～〇〇時
2、場所　　図書室
3、内容　　学習（授業）、訓練、保健、進路、施設等について
　　　　・2学期に各学年毎に話し合われたことをもとにすすめます。
　　　　・事前に配付した資料を、当日ご持参ください。

留意点　申込書に話し合いたいことや、質問などを記入する欄を設けるのもよい。

● クラス懇談会のお知らせ

クラス懇談会のお知らせ

やっと秋の気配が感じられるこの頃ですが、みなさまいかがお過ごしでいらっしゃいますか。

さて、クラス懇談会を左記の要領で計画してみました。毎日の生活の中でのいろいろな疑問、考え困っていらっしゃる事……等、○○先生といっしょにいろいろなことについて話しあってみたいと思います。

多数の皆様の御出席をお待ち致します。

○月○○日

○○○小　○年○組ＰＴＡ委員

保護者殿

記

日　時　○月○日（○）午後○時○○分～○時○○分
場　所　○○○小　○年○組教室

‥‥‥‥‥‥切りとり線‥‥‥‥‥‥○月○日（○）迄にご提出ください。

クラス懇談会へ出席、欠席します。

御名前（　　　　　　　　）

話し合ってみたいことがありましたら、お書きください。

留意点　予めテーマ等を設定しておいてもよい。

● 授業参観のお知らせ①

保護者各位

平成○○年○月○日

○○市立○○○○小学校長　○　○　○

秋冷の候、皆々様にはお変わりないことと存じます。さて、今月は左記により授業参観を行ないます。お子さんやお友だちの勉強ぶり、学習態度、意欲などをご覧いただき、訓育の一助にしていただきたいと思っています。お忙しいとは存じますが、是非ご来校ください。

尚、学年により期日、時間が異なっていますのでご注意ください。教科や内容など詳しいことは、各学級担任よりお知らせがあります。

記

・○年　○月○日（○）　○校時　○：○〜○：○
・○年　○月○日（○）　○校時　○：○〜○：○
・○年　○月○日（○）　○校時　○：○〜○：○
・○年　○月○日（○）　○校時　○：○〜○：○
・○年　○月○日（○）　○校時　○：○〜○：○
・○年　○月○日（○）　○校時　○：○〜○：○

留意点　各学年、各担任からの教科の内容や時程を知らせる場合、単元名やねらいについても記されていれば親切である。

●授業参観のお知らせ②(二学期)

平成○年○月○日

保　護　者　各　位

東京都立○○養護学校長

○○○○

参観日のお知らせ

　残暑の厳しい日が続きますが、プールからは楽しそうな声が聞こえてきます。
　さて、2学期の参観日を下記の通り行います。万障お繰りあわせの上御出席下さいますようお願い致します。

記

1. 日時　　○月○日（○）　○時～○時
2. 内容

			1	2	3
小学部	低ブロック		グループ参観	全体懇談会 (指人形の作り方 お泊り会のビデオ等)	
	高ブロック	晴	プール参観		グループ懇談
		雨	授業参観	グループ懇談	
	施設内		○月○日（○）に行います。		
中学部			懇談と参観		
高等部			授業参観	グループ懇談	学年懇談

※ 駐車場がありませんので車での来校は御遠慮下さい。

留意点　　施設の配置図と時程について記すとよい。

●授業参観のお知らせ③(三学期)

平成○年○月○日

保 護 者 各 位

東京都立○○養護学校長
○○○○

参観日のお知らせ

　久しぶりの大雪に驚きましたが、陽ざしはすでに春を思わせるようです。
　さて、今年度最後の参観・懇談を下記の通り行いますので、万章おくり合せの上御出席下さいますようお願い致します。

記

1. 日　　時　　○月○日（○）　午前○時～○時
2. 場　　所　　各学部教室、及び体育館（全大会）
3. 各学部別予定

学部 時程	小　学　部		中　学　部	高　等　部
	低ブロック	高ブロック		
1	授業参観	授業参観	授業参観	グループ懇談会
2	ブロック懇談会	ブロック懇談会	学年懇談会	学年懇談会
3	全体会（学校長の話他）			

※　小学部施設内は後日、別紙にてお知らせ致します。
※　車での御来校は、できるだけ御遠慮下さい。

留意点　　授業参観の内容について書くか当日別紙で配付するとよい。

● 三者面談のお知らせ

平成〇年〇月〇日

保護者殿

〇〇市立〇〇〇中学校
校長　〇　〇　〇　〇
〇年担任一同

三者面談のお知らせ

　冷たい風が吹く季節となりましたが、いかがお過しでしょうか。生徒達も、期末テスト、最後の学力テストが終り、ほっとした風情がみられます。
　二学期の評定も、来週には出されますので、それらをもとに進路決定のための三者面談を下記のとおり行ないます。なお、面談日時の詳細については各学級担任からお知らせいたしますので、ご協力をおねがいいたします。
　また、今年度より都立高校入試制度が一部変更されました。この事については、先日の進路説明会でご説明いたしましたが、なお、くわしい事をお知りになりたい方は、お申し出ください。期間中に、学年担任が説明いたします。

記

1　面談日　〇月〇日（〇）〜〇月〇日（〇）
2　面談場所　各教室
　◎　上ばきをご持参ください。

留意点　担任からの予定も同時に出したい。

● 父親参観日のお知らせ

　　　　　　　　　　　　　　　　　　　　　平成○○年○月○日
　保護者殿
　　　　　　　　　　　　　　　　　　　○○立○○小学校長
　　　　　　　　　　　　　　　　　　　　　○　○　○　○

　　　　　　　　　　父親参観日のお知らせ

　青葉がさわやかな季節になりました。子どもたちは学校生活を楽しく送っておりますが，みなさまもお元気でお過ごしのことと存じます。
　さて，例年のように，下記の日程で，父親参観日を開催いたします。ふだん学校へお出でになれないお父さま方に，この機会に学校生活をご覧いただくとともに，教育方針をご理解いただき，又ご意見をおきかせいただければ幸いに存じます。多数のご参加をお待ちいたしております。
　　　　　　　　　　　　記
　1　日　時　　○月○日（日）　午前○時○分より正午まで
　2　場　所　　○○○学校　　各教室，校庭，体育館
　3　時　程　　○時○分～○時○分　　児童集会
　　　　　　　　○時○分～○時○分　　第1校時　授業
　　　　　　　　○時○分～○時○分　　第2校時　授業
　　　　　　　　○時○分～○時○分　　児童下校
　　　　　　　　○時○分～○時○分　　学校長の話（テレビ）
　　　　　　　　○時○分～○時○分　　学級懇談会（担任と）
　　○　当日は，全校どの学級でもご参観くださって結構です。
　　○　各自上ばきをご用意ください。
　　○　授業参加中の喫煙はご遠慮下さい。

留意点　父親の参観を促す意義で設ける行事だが，両親での参観が望ましいので文面に書くとよい。

● 日曜参観のお知らせ

平成○年○月○○日

保護者殿

○○市立○○○○小学校長
○　○　○　○

日曜参観のお知らせ

　青梅の臀うつくしくそろひけり　室生犀星
　うっとうしい梅雨空の続くきょうこの頃ですが、皆様にはますますご清祥のこととお慶び申し上げます。
　さて、本年も日曜参観を下記の通り計画致しました。お忙しい折とは存じますが、是非多数の皆様に、ご出席をいただき、お子さんの学校生活の様子や学習活動をご覧いただきたいと思います。

記

1　期　　日　　○月○○日（日）　8時30分〜12時
2　時　　程　　①　全校集会　　8時30分〜
　　　　　　　　②　第一校時　　8時50分〜
　　　　　　　　③　第二校時　　9時40分〜
　　　　　　　　④　下校指導　　10時25分〜
　　　　　　　　⑤　学校長の話　10時40分〜
　　　　　　　　⑥　分科会　　　10時50分〜12時
　※本年は三つの分科会に分かれて懇談会を持ちます。
3　その他

① 上ばきは各自ご持参下さい。
② 自転車は両門の白線の中において下さい。
③ 自動車での来校は、ご遠慮下さい。
④ タバコは、きめられた場所（1階会議室）でお願いします。（昨年は校庭に吸いがらが、かなり落ちていました。）

4 教室配置図

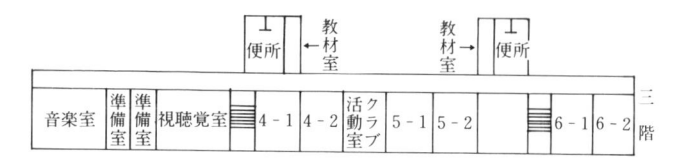

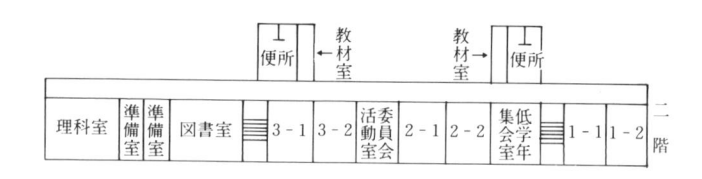

| 音楽室 | 準備室 | 準備室 | 視聴覚室 | | 4-1 | 4-2 | クラブ活動室 | 5-1 | 5-2 | | 6-1 | 6-2 | 三階 |

（便所／教材室／教材室／便所）

| 理科室 | 準備室 | 準備室 | 図書室 | | 3-1 | 3-2 | 委員会活動室 | 2-1 | 2-2 | 低学年集会室 | 1-1 | 1-2 | 二階 |

（便所／教材室／教材室／便所）

5　授業教科一覧

学年組	教科（1校時）	場　所	教科（2校時）	場　所
1年1組	国　　語 （つまる音）	教　室	算　　数 （9までのたし算）	教　室
〃 2組	算　　数 （9までのたし算）	〃	国　　語 （つまる音）	〃
2年1組	国　　語 （物　語　文）	〃	算　　数 （か　　さ）	〃
〃 2組	算　　数 （か　　さ）	〃	国　　語 （物　語　文）	〃
3年1組	国　　語 （物　語　文）	〃	理　　科 （磁　　石）	〃
〃 2組	図　　工 （ね　ん　土）	図工室 （　教諭）	図　　工 （ね　ん　土）	図工室 （　教諭）
4年1組	算　　数 （文　章　題）	教　室	国　　語 （詩）	教　室
〃 2組	理　　科 （こん虫について）	〃	国　　語 （友だちの詩を読もう）	〃
5年1組	算　　数 （図　　形）	〃	体　　育 （バスケット）	体育館
〃 2組	国　　語 （物　　語）	〃	算　　数 （図　　形）	教　室
6年1組	体　　育 （バスケット）	体育館	社　　会 （平　安　京）	〃
〃 2組	国　　語 （詩の発表会）	教　室	理　　科 （水よう液の性質）	理科室

6 懇談会について

　これまで、授業参観後、学級懇談会を行っていましたが、本年は三つの分科会に分かれて話し合いを持つことにしました。
　関心の深いテーマを選んで、参加なさって下さい。
　本音で話し合える会にしたいと思います。折角の機会ですので皆様方の多数のご参加をお待ちしています。

分科会	テーマ	場　所
1	遊びと仲間づくり ｛遊びの時間を親や教師は 　保障しているだろうか他	図 工 室 （1階）
2	集団の中で育つ子どもたち ｛集団の中で子どもたちは 　どう変わっていくのか他	視聴覚室 （3階）
3	学力をどうつけるか ｛学力とは何だろうか他	音 楽 室 （3階）

留意点　　授業内容の詳細は、学級だよりで書くとよい。分科会、懇談会については、予め討論の題などを書いておくと参加しやすくなる。

● ゲーム大会のご案内

秋も深まり、朝夕は大分冷え込んで参りましたが、皆さん、いかがお過ごしでしょうか。つきましては、年に一度位、楽しくお顔合わせ出来たら……と、行事の内容などをいろいろ話し合って来ましたが、この度、左記要項でゲーム大会を◯組◯組合同で開くことに決まりました。

先生と、親と子供達と、一緒に、なごやかに、残り少ない秋のひと時を楽しく過ごしたいと存じます。

お父さんもお母さんも、何かとご多用でしょうが、万障をお繰り合わせ下さいまして、多数ご参加下さいます様、お願い致します。

平成◯年◯月◯日

◯年保護者の皆様へ

◯年PTA学年委員一同

記

日　時　◯◯月◯日（◯）
　　　　授業参観後、用意出来次第〜四時三十分頃まで。
場　所　◯小グランド（雨天の時は体育館）
主な内容　1、輪廻し（輪ころがし）
　　　　2、びん釣り
他にお楽しみ袋（子供達）とむぎ茶を予定。

以上

留意点　服装・持ち物などの注意もあったら落とさずに書くとよい。

● 親子ゲーム大会のお知らせ

　　　　　　　　　　　　　　　　平成○○年○月○日
○年○組父母各位

　　　　　　　　　　　　　　　学級代表　○　○　○　○

　　　　　　　　　親子ゲーム大会のお知らせ

　先日のクラス委員会で"子""親""先生"が輪になるために　まず「親子で楽しむためのゲーム大会」を企画いたしました。
　父母の皆様も、おたがいを知り合えるよい機会かと思いますので、多数の方の参加をお願い致します。
　なお、当日は土よう日のため子供、親とも各自お弁当を持ってきてください。
　仕事等の都合で参加できない方は、お子様だけの参加で結構です。

　　　　　　　　　　　　　記
○月○日（○）12：30〜2：30
○小体育館にて　※弁当は子どもたち各自に持たせてください。
　（天気がよいときは、外でお弁当をたべてからゲームをはじめるよていです）

留意点　　親子ゲーム大会等の内容は、できるだけ詳細に記すと参加する父母の心づもりが出来てよい。

●親子スポーツ大会のお知らせ

〇年父母各位

平成〇〇年〇月〇日
〇学年父母代表

〇年親子スポーツ大会

　長い梅雨もようやく終りに近づき、子供たちは、いよいよ夏休みに入りますが皆様如何おすごしでしょうか。
　さて〇月〇日、学年主任の〇〇先生ご出席のもとに学年委員会が開かれました。そこで、今年は、小学校最後の年なので、学年全体で一度思い出になる行事をやろうという事で、各クラス委員の意見がまとまり次のように決りましたので、ご報告いたします。

記

行事内容　〇年生親子スポーツ大会（3クラス合同）
日　　時　平成〇年〇月〇日（〇）1：30ｐｍ～3：30
　　　　　（子供たちには、お弁当を持たせてください）
場　　所　〇小校庭―雨天の場合は体育館
種　　目　①　親子二人三脚
　　　　　②　親子目かくし競走
　　　　　③　ドッチボール（雨天の場合は③はやめる予定）

・ジュースと軽いお菓子が出ます。
・費用は各学級のＰＴＡ活動費〇〇〇〇円を当てます。
◎お父さんの参加、ご両親揃っての参加、大歓迎！
　中学生になると、親子一緒に楽しむ行事は仲々ありませんので、皆様ふるってご参加ください。
　尚、この行事は通例の如く、各クラスの4人の委員が一体となって協力して行なう訳ですが、何分にもスポーツオンチの主婦たちの集まりですので、スポーツに自信のあるお父様、お母様方の絶大なご協力を心からお願いしたいと思います。委員まで是非お早めにご連絡ください。

留意点　　申込書をつけてもよい。

●テーブルマナー講習会のお知らせ

　　　　　　　　　　　　　　　　　　　〇〇〇〇年〇月〇〇日
保護者各位
　　　　　　　　　　　　　　　　　　　都立〇〇高等学校長
　　　　　　　　　　　　　　　　　　　　　〇　〇　〇　〇
　　　　　　　　　　　　　　　　　　　家庭科

　　　　　　　　テーブルマナー講習会のお知らせ

　卒業を目前に控え何かと気ぜわしい毎日をお過ごしのことと存じます。さて家庭科では、食物選択生の強い希望もあり、食物学習の一環として、下記の通り、テーブルマナー講習会を実施することに致しました。
日頃の学習を発展させる意味でも是非参加のご承諾を賜わりますようよろしくお願い申しあげます。

　　　　　　　　　　　　記

1　日　　時　　〇月〇日（〇）
　　　　　　　　〇：〇〇〜〇：〇〇　※現地集合、解散となります。
2　場　　所　　〇〇〇〇〇〇〇〇〇（〇〇〇〇）
　　　　　　　　〇〇〇〇　〇〇〇〇ー〇ー〇　電話〇〇〇ー〇〇〇〇
　　　　　　　　　ＪＲ〇〇〇線
　　　　　　　　地下鉄〇〇〇線　　　〇〇〇駅前
　　　　　　　　地下鉄〇〇〇〇線
3　申し込み　　講話、料理代　〇〇〇〇円を参加申し込み書と共に〇月
　　費　　用　　〇〇日（〇）までにご提出下さい。

··キ　リ　ト　リ　線··
　　　　　　　　　　　参加申し込み書
テーブルマナー講習会に参加することを承諾し、費用と共に申し込み致します。
　　　　　　〇年　　　組　　　番
　　　　　　　保護者氏名　　　　　　　　印

領収書
　　　　　　　　　　　　　　　　　　　　　　殿
　　　講話、料理代として〇〇〇〇円を領収致しました。

留意点　　学習の一環であるので服装が華美になったり、化粧をしていくことのないように事前に指導しておくこと。

● シンポジウムのお知らせ

平成○年○月○○日

保護者各位

主催　○○市教育委員会
主管　○○小学校
　　　○○○小学校
　　　○○○○○中学校
後援　青少対第○地区委員会

　　　○○○第○中学校区小・中連携による
　　　健全育成シンポジウムのお知らせ

　小学校・中学校・家庭・地域が連携して、児童・生徒の健やかな成長を図ることが、今日の教育的課題です。
　○○○市では、従来からこの趣旨にそって、児童・生徒の健全育成に力を注いで参りました。この度、その一環として、第○中学校区の保護者・教職員・地域の方々を対象に、下記のようにシンポジウムを開催することにいたしました。
　ご多用の折とは存じますが、万障さしくって多数ご参加くださいますようご案内申し上げます。

記

1　日　時　　平成○年○月○日（○）　午後1時30分より
2　会　場　　○○○市立○○小学校視聴覚室
3　テーマ　　「子ども達の健やかな成長を願って」

4　シンポジスト
　　　　　各校生活指導主任
　　　　　各校　父母代表
　　　　　青少対第○地区委員代表

留意点　　保護者向けの講演会等については、テーマだけでなく内容の概要についても書くとよい。

●小・中学校連絡会のご案内

平成○○年○月○日

○○立○○中学校長
　　○　○　○　○　殿

○○立○○小学校長
　　　○　○　○　○

6年生担任と中学校との連絡会開催について

　学年末を迎え忙しい毎日をおすごしのことと存じます。
　さて、この春貴校に進学する6年生の児童のことについて、下記要項により、担任の先生方との懇談をもちたいと存じますので、関係の先生方の派遣について特段のご配慮をお願い申しあげます。

記

1　日　　時　平成○○年○月○日（○）　　○時から○時まで
2　場　　所　会議室
3　出席者　　小学校6年担任
　　　　　　　中学校1年担任
4　内　　容　(1)　進学予定者数（男女別）の確認。
　　　　　　　(2)　学級編成上参考になる事項。
　　　　　　　(3)　生活指導について。
　　　　　　　(4)　学習について。
　　　　　　　(5)　入学式までの日程について。
　　　　　　　(6)　その他。

留意点　中学校の出席者は来年度一年生を担当する予定の方、生活指導担当及び、保健担当が望ましい。

6 進路関係

●中・高校連絡会のお願い

平成〇〇年〇月〇日

〇〇立〇〇中学校長
　　　〇　〇　〇　〇　殿

〇〇立〇〇高等学校長
　　　〇　〇　〇　〇

中学校と高校との連絡会開催について

　初夏の候、貴校にはますますご発展のことと存じます。
　さて、この春貴校を卒業し本校に進学しました下記生徒について、これまでの高校生活の状況を報告するとともに、中学校の先生方からのご意見をいただき、今後の指導に生かしていきたいと思います。
　そのため、本校教諭〇〇〇〇外、〇名が貴校を訪問し、懇談をしたいと思いますので、ご多忙中恐縮ですが関係の先生方に時間をさいていただきますようお願い申しあげます。

記

1　日　時　平成〇〇年〇月〇日（〇）　〇時から〇時まで
2　生徒名　〇〇〇〇　　〇〇〇〇　　〇〇〇〇　　〇名
3　参加者　中学校側…………旧担任
　　　　　　高校側……………〇〇〇〇教諭（生活指導担当）
　　　　　　　　　　　　　　〇〇〇〇教諭（一年担任）

留意点　事前に懇談のテーマについて知らせておく方がよい。

● 進路指導保護者会のご案内

平成〇〇年〇月〇日

保護者各位

〇〇立〇〇小学校長
〇　〇　〇　〇

保護者会のご案内
―進路指導について―

　寒さが身にしみる朝夕になってきましたが，皆様にはおかわりございませんか。
　さて，卒業時期もせまりご家庭ではお子さまの進路や将来のことについて話題になっておることと存じます。はじめて卒業するお子さまをお持ちの方，何人かの経験をもっておられる方など保護者の方，又お子さまによってお考えいただくことも違います。この時期に卒業期の保護者会を開催し，お子さまの進路について充分に話し合うことができるようにする機会にしたいと思います。ぜひご出席くださいますようご案内申しあげます。

記

1　日　時　　〇月〇日（〇）　午後〇時～〇時
2　場　所　　視聴覚室
3　内　容
　　　　　①　「中学校への進学について」
　　　　　　　〇〇立〇〇中学校長　〇〇〇〇先生
　　　　　②　中学校の学習について　〇〇先生
　　　　　③　中学校の生活指導について　〇〇先生

④ 質疑
⑤ 懇談

留意点　出欠票をつけて、事前に参加者の人数を把握するとよい。
　　　　　事前に父母から質問をとっておき、説明時に関連して話せるようにした方がよい。

●高校説明会への出席依頼

平成○○年○月○日

○○立○○○学校長
　　○　○　○　○　殿

　　　　　　　　　　　　　　○○立○○○学校長
　　　　　　　　　　　　　　　　○　○　○　○　印

　　　　　　生徒の派遣について依頼

　うっとうしい梅雨の日が続いていますが，貴校にはますますご隆盛のことと，およろこび申しあげます。
　さて，このたび本校では進路指導の一環として，「高校説明会」を下記要領で開きたいと思います。つきましては貴校生徒○○○○君に，出席をお願いしたいと存じますので，ご派遣くださいますようお願い申しあげます。

　　　　　　　　　　記
1　日　時　平成○○年○月○日（○）　　○時から○時まで
2　派遣をお願いする生徒名　　　○年○組　　○○○○
3　内　容　(1)高校学習と生活
　　　　　　(2)中学3年生として，勉強と生活のし方についての体験
　　　　　　(3)3年生との懇談

留意点　　事前に高校と連絡をとって、派遣生徒の授業等に支障をきたさないよう十分心がけることが必要である。土曜日の午後などが適切である。

● 学校見学の依頼

平成○○年○月○日

○○立○○○学校長
　　○　○　○　○　殿

○○立○○○学校長
　　○　○　○　○

学校訪問について依頼

　二学期を迎え，体育祭，文化祭とご多忙のことと存じます。
　さて，来春の高校進学を前に，3学年父母会が計画する高校訪問の行事として，父母○○○○外○○名が下記要項で貴校を見学させていただきたいと思いますので，よろしくおとりはからいくださいますようお願い申しあげます。

記

1　日　時　平成○○年○月○日（○）　　○時から○時まで
2　人　数　本校3年父母　○○○○外　○○名
3　目　的　来春の高校進学をひかえ，本校からの進学の多い貴校を見学
　　　　　させていただき，先生方のご説明をきき，また懇談をもつ等
　　　　　によって進路決定の資料としたい。

（礼状）
　拝啓　貴校にはますますご発展のこととおよろこび申しあげます。
　先日は，本校三年の父母の訪問に際しましては，校長先生はじめ関係職員の方々の丁重なご案内と説明をいただき，ありがとうございました。

父母も，校長先生始め先生方が教育に情熱を燃やされていることに，深い感銘をうけて帰ってきたようすです。
　本当にありがとうございました。まずは書面をもってお礼申しあげます。
$\qquad\qquad\qquad\qquad\qquad\qquad\qquad\qquad\qquad\qquad$敬具

留意点　　聞きたい点、ほしい資料、見学したい施設が了めわかっている場合は事前に知らせておくとよい。

● 学校説明会のお知らせ

第○学区中学生　　　　　　　　　　平成○年○○月○○日
　　保護者各位

　　　　　　　　　　　　　　　東京都立○○高等学校長
　　　　　　　　　　　　　　　　　　○　○　○　○

　　　　　　　　学校説明会のご案内

　紅葉前線も近づき、秋も日ましに深まってまいりました。皆様方には、ますますご清栄のこととお慶び申上げます。また、日頃より本校の教育について、ご高配を賜り、厚くお礼申上げます。
　さて、本校におきましては、中学校・高校間の連携を図り、生徒ひとりひとりの個性を尊重し、能力を伸長させ、よりよい学校づくりを目指して、教職員一同努めております。
　この度、本校の教育方針等についてのご理解をいただき、あわせて、皆様からのご助言をいただく機会として、下記のように学校説明会を企画いたしました。
　ご多忙の折とは存じますが、多数のご参加をお待ちしております。

　　　　　　　　　　　　記

1　日　　時　　平成○年○○月○日（土）午後２：００〜４：００
2　場　　所　　本校体育館
3　対　　象　　中学３年生の保護者　生徒　ならびに先生方
4　主な内容　　ア、本校の教育目標について
　　　　　　　　イ、本校の施設について

　　　　　　　　ウ、教科指導について
　　　　　　　　エ、進路指導について
　　　　　　　　オ、生活指導について
　　　　　　　　カ、高校生活について
所在地　　　東京都〇〇区〇〇〇丁目〇〇番地〇号
　　　　　　　電話　〇〇-〇〇〇-〇〇〇〇
交通案内　　〇〇〇〇線　〇〇駅より徒歩〇分
　　　　　※自動車でのご来校はご遠慮ください。
　◎受験生・保護者の学校訪問は、いつでも歓迎しますのでご遠慮なくご来校ください。なお、お問合わせは、教頭までお願いいたします。

留意点　　学校を理解してもらうために説明会はいい機会である。文化祭、体育祭、なども案内するとよい。
　当日参加できない方にパンフレットや学校紹会のビデオを作製し貸し出すなどの工夫をするとよい。

●進路説明会のお知らせ

平成○年○月○○日

○学年保護者殿

都立○○高等学校長

○　○　○　○

第○学年担任一同

第○学年進路説明会のお知らせ

　寒さ厳しき折、皆様には益々ご健勝のことと存じます。
　さて、第2学年の保護者向けの進路説明会を下記のとおり行ないますので、ご出席頂くよう御案内申し上げます。

記

日　時　　○月○日（○）　○：○○〜○：○○
内　容　　大学・短大説明会　○：○○〜○：○○（食堂）
場　所　　専門学校・就職説明会　○：○○〜○：○○（視聴覚室）
　　　　　尚、両方の説明会に出席も可能です。その場合、会場には時間厳守でお願いいたします。
　　　　　※上履きをご持参下さい。
下の出欠届を○月○○日（○）までに各担任に提出して下さい。）
………………………………切　り　取　り………………………………
出　欠　届
○学年進路説明会に　出席（大学・短大／専門学校・就職）します。
　　　　　　　　　　欠席　＜どちらかに○印をして下さい＞

○年　　組　　番　生徒氏名
　　　　　　　　　保護者氏名　　　　　　　印

留意点　　進路説明会は、2年生のうちに開催するとよい。保護者向けだけでなく生徒と一緒に参加できるようにすると、親子で相談や話し合い易くなる。又、合格した卒業生の話を加えると、学習の方法や学校の具体的なイメージがつかめ進路決定の参考になる。

●合格者を囲む会

　　　　　　　合格者を囲む会

　　　　〇月〇〇日（〇）〇：〇〇～〇：〇〇
　　　　　　　　　　　　　　　　進路指導部

　昨年に続いて今年も「合格者を囲む会」を開きます。大学・短大・専門学校の受験を考えている人には、今春それぞれの受験に成功した先輩から、貴重な体験に基づく大変参考になる話が聞けるいい機会です。
※3年生の参加希望者は既に担任の先生に申出ていると思いますが、これからでも受付けますから、奮って参加することを勧めます。
※2・1年生の諸君で参加を希望する人は担任の先生に申出て下さい。
※当日はメモの用意をしてきて下さい。
　　　大　学　　（場所・〇〇〇〇）
　　　　　　〇〇（〇）先生
　〇〇　〇〇　現　〇〇〇大・法
　〇〇　〇〇　現　〇〇〇〇大・文
　〇〇　〇〇　現　〇〇〇大・経
　〇〇　〇〇　63　〇〇〇大・電気通信
　〇〇　〇〇　63　〇〇〇大・文
　　　短大・専門学校（場所・〇〇〇）
　　　　　　〇〇先生
　〇〇〇〇〇　現　都立〇〇〇〇短大・看護（推）
　〇〇〇〇〇　現　〇〇〇〇短大・英語英文
　〇〇〇〇〇　現　〇〇〇〇短大・保育
　〇〇　〇〇　現　〇〇〇〇短大・家政
　〇〇　〇〇　現　〇〇病院附属〇〇高等看護学院

○○　○○　現　都立○○看護学校

留意点　　紹介する学校は、進学数の多い所や特色のある所、又、在校生から希望のある所がよい。
　内容は学校紹介の本に書いてあることを少なくし、具体的な学習、クラブ、ゼミ、就職などについて話してもらうよう依頼しておくとよい。

● 高校入学者選抜実施要綱

平成○年○月○日

3学年保護者各位

○○市立○○○中学校長
　○　　○　　○　　○

都立高校入学者選抜実施要綱説明会について

　秋も深まり、紅葉前線も南下して参りました。皆様方には、ご健勝でお過ごしのこととお慶び申し上げます。
　さて、標記の件につきまして、下記の要領で実施いたしますので、ご多忙中と存じますが、万障繰り合わせご出席下さいますようお願いいたします。

記

1　日　時　昭和○年○月○日（○）○：○〜
2　場　所　○○○中学校体育館

………………………… キ　リ　ト　リ　線 …………………………

○立高校入学者選抜実施要綱説明会出欠票

　　出　席　　　欠　席　　　　○年○組
　　　　　　　　　　　　　　　生徒名
　　　　　　　　　　　　　　　保護者名

留意点　日程（説明、質問など）や終了時刻も入れたい。
　　　　　特に説明を加えてほしい要望も前もって集約したい。

● 志望校指定届(繰上げ)

志望校指定届（繰上げ）

第○○グループ**審査委員会委員長**　殿

指定届番号	※

下記のとおり選定したので、お届けします。

志望者氏名		性　別	男　　女
住　　所			
在学（出身）中学校名			中学校
願書提出校名及び受験番号		高校	番

志望校の指定順位

1		2					
	高校		高校				

平成　年　月　日
保護者氏名　　　　　　　　　㊞

志望校指定届受領証（繰上げ）

保護者　　　　　　　　　殿

下記の者の「志望校指定届（繰上げ）」を受領しました。

平成〇〇年〇〇月〇〇日

第〇〇グループ審査委員会委員長

東京都立〇〇高等学校長

〇　〇　〇　〇　㊞

記

指定届番号	※	氏　名	
受検番号		入学許可予定者の発表は、この番号で掲示します。	

（注意）

1. ※欄は記入しないでください。

2. 入学許可予定者の発表は、〇〇月〇〇日（〇）午前〇時に、志望校指定届を提出した学校（都立〇〇〇高等学校）で行ないます。

3. この「志望校指定届受領証（繰上げ）」は、入学許可予定者通知書を受領するときに必要なので、なくさないでください。
   なお、発表の際には、学力検査受検票を持参してください。

●志望校指定届(第2志望)

志望校指定届（第2指望）

第○○グループ審査委員会委員長

指定届番号	※

下記のとおり選定したので、お届けします。

志願者氏名		性　別	男　　女
住　　所			
在学（出身）中学校名		中学校
願書提出校名及び受検番号	高校	番

志望校の指定順位

1	高校	2	高校	3	高校	4	高校
5	高校	6	高校	7	高校	8	高校

平成○○年○○月○○日

保護者氏名　　　　　　　㊞

志望校指定届受領証（第２志望）

保護者　　　　　　　　　殿

下記の者の「志望校指定届（第２志望）」を受領しました。

昭和〇〇年〇〇月〇〇日

第〇〇グループ審査委員会委員長

東京都立〇〇高等学校長

〇　〇　〇　〇　　㊞

記

指定届番号	※	氏　名	
受検番号		入学許可予定者の発表は、この番号で掲示します。	

（注意）

1. ※欄は記入しないでください。

2. 入学許可予定者の発表は、〇〇月〇〇日（〇）午前〇時、志望校指定届を提出した学校（都立〇〇高等学校）で行ないます。

3. この「志望校指定届受領証（第２志望）」は、入学許可予定者通知書を受領するときに必要はので、なくさないでください。

　　なお、発表の際には、学力検査受検票を持参してください。

●学力検査、受験者の心得

平成〇〇年度学力検査　受検者の心得

　　　　　　　　　　　　　　　　東京都立〇〇高等学校
　　　　　　　　　　　　　　　　電話〇〇〇－〇〇〇〇

1．検査会場
　　　東京都立〇〇高等学校（但し、本校を第１志望とする者）
2．集合時刻
　　　〇月〇〇日（〇）午前〇時〇〇分までに、検査会場に着席すること。
　　　但し、開門は〇時です。
3．時間割
　　　第１時限　午前　〇：〇〇～午前　〇：〇〇（〇〇分）国語
　　　第２時限　午前〇〇：〇〇～午前〇〇：〇〇（〇〇分）数学
　　　第３時限　午前〇〇：〇〇～午後　〇：〇〇（〇〇分）社会
　　　第４時限　午後　〇：〇〇～午後　〇：〇〇（〇〇分）理科
　　　第５時限　午後　〇：〇〇～午後　〇：〇〇（〇〇分）英語
4．検査当日の注意
　(1)　検査会場の掲示、連絡放送、係員の指示に従うこと。
　(2)　必ず持参するもの
　　　　①受検票　②筆記用具　③上履き　④下履きを包むもの　⑤昼食
　(3)　遅刻者は受付に申しでること。
　(4)　昼食は各自検査室でとること。
　(5)　検査会場には受験生しか入れません。付添いの方は校門内には入れ
　　　ませんので前もってご承知おきください。
5、発　表
　(1)　日時場所　〇月〇日（〇）　東京都立〇〇高等学校

(2) 内　　要　1、本校への入学許可予定者受験番号
　　　　　　　2、グループ第2志望入学候補者受験番号
　　　　　　　3、グループ繰上げ入学候補者受験番号
(3) 上記1の該当者は、次の期間内に本校事務室に受検票を提出し、2、3の該当者は同期間内に本校事務室に受検票を提示して、それぞれの通知書・関係書類を受けとること。
　　この期間内に通知書を受領しないものは、放棄したものとみなす。
　　　期　間　　〇月〇日（〇）午前〇時から午後〇時まで
(4) グループ第2志望入学候補者となった者は
　　〇月〇日（〇）午後〇時から午後〇時までの間に、〇〇高校に通知書を提出して関係書類を受けとり、次の期間内に志望校指定届を提出すること。
　　この期間に指定届を提出しない者は、指定を放棄したものとみなす。
　　　提出先　　東京都立〇〇高等学校
　　　期　間　　〇月〇日（〇）午後〇時から午後〇時まで
　　　　　　　　〇月〇日（〇）午前〇時から〇まで
　　第2志望による入学許可予定者の発表は次のように行う。
　　　日　時　　〇月〇日（〇）午前〇時
　　　場　所　　東京都立〇〇高等学校
　　第2志望による入学許可予定者は、次の期間に通知書を受けとること。
　　この期間内に通知書を受領しない者は、放棄したものとみなす。
　　　期　間　　〇月〇日（〇）午前〇時から午後〇時まで
(5) グループ繰上げ入学候補者となった者は、

○月○日（○）午後○時から午後○時までの間に、○○高校に通知書を提出して関係書類を受けとり、次の期間内に志望校指定届を提出すること。
　　この期間内に指定届を提出しない者は、指定を放棄したのとみなす。
　　　　提出先　　東京都立○○高等学校
　　　　期　間　　○月○日（○）午後○時から午後○時まで
　　　　　　　　　○月○日（○）午前○時から○まで
　　繰上げによる入学許可予定者の発表は次のように行う。
　　　　日　時　　○月○日（○）午前○時
　　　　場　所　　東京都立○○高等学校
　　繰上げによる入学許可予定者は、次の期間に通知書を受けとること。
　　この期間に通知書を受領しない者は、放棄したものとみなす。
　　　　期　間　　○月○日（○）午前○時から午後○時まで
6、入学手続
　　東京都立○○高等学校の入学許可予定者となった者は、次の期間内に『入学確約書』を提出する。指定期間内に提出しない者は入学を放棄したものとみなす。
　　　　第１志望での入学許可予定者
　　　　　○月○日（○）午前○時から午後○時まで
　　　　　○月○日（○）午前○時から午前○○時まで
　　　　第２志望での入学許可予定者
　　　　　○月○日（○）午前○時から午後○時まで
　　　　　○月○日（○）午前○時から午前○○時まで
　　　　繰上げによる入学許可予定者
　　　　　○月○日（○）午前○時から午後○時まで

○月○日(○)午前○時から午前○○時まで

● 入学確約書

入学確約書

　このたび、平成〇年度東京都立高等学校入学者選抜において、貴校の全日制課程普通科の入学許可予定者となった旨の通知を受けました。
　ついては、貴校に入学することを、本人及び保護者連署のうえ確約いたします。

平成　　年　　月　　日

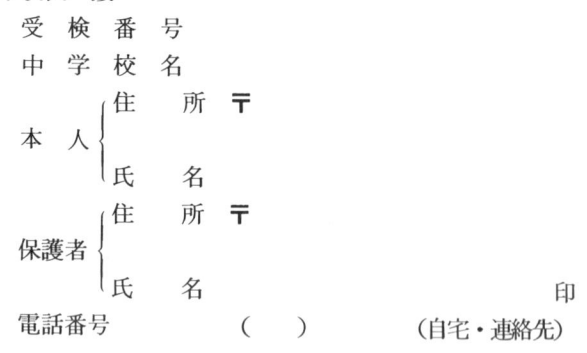

東京都立〇〇高等学校長　殿
　　　　　受　検　番　号
　　　　　中　学　校　名
　　　　　　　｛住　　所　〒
　　　本　人
　　　　　　　｛氏　　名
　　　　　　　｛住　　所　〒
　　　保護者
　　　　　　　｛氏　　名　　　　　　　　　　　印
　　　　　電話番号　　　　　（　　）　　　（自宅・連絡先）

・電話番号については、自宅又は保護者の連絡先（勤務先等）のどちらでも結構です。（自宅か連絡先かに〇をかこんでください）

●入学関係書類の提出について

　　　　　　　　入学関係書類の提出について

　　　　　　　　　　　　　　　東京都立〇〇高等学校　〇〇制課程
1　入学手続期間　　平成元年〇月〇〇日（〇）：午前〇時～午前〇時
　　　　　　　　　　　　　〇月〇〇日（〇）：午前〇時～午前〇時
2　提出書類　　　　①身分証明書
　　　　　　　　　　②生徒環境調査書　　}　写真を貼付すること。
　　　　　　　　　　③誓　約　書
　　　　　　　　　　④平成元年度　教科用図書受領書
　　　　　　　　　　⑤平成元年度　学校給食受給申請書
　　　　　　　　　　⑥通学証明書発行台帳
3　入学式　　　　　平成元年〇月〇日（〇）
　　　　　　　　　　　　午前〇時〇〇分・〇〇制職員室前　集合
　　　　　　　　　　※必ず保護者同伴でお願いします。
4　その他　　　　　・上記期間内に手続きをしない場合は入学を放棄したものとみなします。
　　　　　　　　　　・授業料納入通知書は後日に配付します。
　　　　　※問合わせ先
　　　　　　　　〇〇制　事務室
　　　　　　　　☎〇〇（〇〇〇）〇〇〇〇

● グループ第2志望入学候補者通知書

グループ第2志望入学候補者通知書

受験番号　　　　　氏名

あなたは、本グループの第2志望による入学候補者となりました。
ついては、下記の日時及び場所で「指定できる学校について（第2志望）」の通知書及び「志望校指定届（第2志望）」を交付しますので来校してください。

記
1　交付日時
　　　　平成○○年○月○日（○）　午後○時から午後○時まで
2　交付場所
　　　　都立○○高等学校

　　　　　平成○○年○月○日
　　　　　　　　　第○○グループ審査委員会委員長
　　　　　　　　　東京都立○○高等学校長
　　　　　　　　　　○　○　○　○　印

●補欠募集要項①

　　　　　　　　　　　　　　　東京都立〇〇高等学校
平成〇年度第一学期補欠募集要項

1．募集人員

募集学年	募集人員
第〇学年	〇〇名
第〇学年	〇〇名
第〇学年	〇〇名

2．応募資格　　①都内に住所又は勤務先を有する者。
　　　　　　　②都内に住所又は勤務先を有する見込みの者。
3．願書受付　　平成〇年〇月〇日（〇）午後〇時から午後〇時まで
　　　　　　　　　　　〇月〇日（〇）午後〇時から午後〇時まで
　　　　　　　　　　　〇月〇日（〇）午後〇時から午後〇時まで
4．応募手続　　①転入学願書　本校所定の用紙に必要事項を記入し、保護者が押印し、提出前3ヶ月以内に撮影した正面上半身脱帽の写真（4.5cm×6.0cm）を貼付する。
　　　　　　　②転学照会書　現在在籍する高等学校の校長から本校の校長への照会書。
　　　　　　　③在学証明書　現在在籍する高等学校の在学証明書。
　　　　　　　④成績証明書　現在在籍する高等学校の成績証明書（授業日数及び欠席日数明記のもの）。
　　　　　　　⑤単位修得証明書　現在在籍する高等学校の単位修得証明書。（ただし④の成績証明書に単位数

　　　　　　　　　　　　　　の記入があれば不要）
　　　　　　　　⑥入学考査料　　○○○　○○○円（現金で受付時に払う）
　５．学力検査　　①日　　時　　平成○年○月○日（○）午後○時集合
　　　　　　　　②考査科目　・国語・数学・英語：午後○時○○分～○
　　　　　　　　　　　　　　　時○○分
　　　　　　　　　　　　　・面　　接：午後○時○○分より開始
　６．検査当日持参する物　　受検票・筆記用具・上履き
　７．合格者発表　　平成○年○月○日（○）午後○時
　８．入学手続　　　平成○年○月○日（○）午後○時～午後○時
　　　　　　　　　　　　○月○日（○）午後○時～午後○時
　　　　　　　　※上記期間内に手続きをしない場合は入学を放棄した
　　　　　　　　　ものとみなします。
　９．転入学式　　　平成○年○月○日（○）午後○時集合
　　　　　　　　※必ず父母同伴でお願いします。
　※お問合わせについては　　東京都立○○高等学校
　　　　　　　　　　　　　定時制事務室　☎○○（○○○）○○○○
　※注意事項　(1)　現在高校に在学していない方は、左記応募書類のうち
　　　　　　　　①、④、⑤、⑥のみで結構です。
　　　　　　(2)　応募書類に不足があったり、内容に不備がある場合は
　　　　　　　　願書の受付ができませんのでよく確認の上、提出して下
　　　　　　　　さい。

● 補欠募集要項②

平成○○年度第○学期補欠募集要項

1．募集人員
　　　　　　　第○学年……　○名
　　　　　　　第○学年……○○名
　　　　　　　第○学年……○○名
　　　　　　　第○学年……○○名
2．受付期間　　平成○○年○月○○日（○）午後○時～午後○時
　　　　　　　　　　　　○○日（○）午後○時～午後○時
3．受検資格
　(1)　都内に住所または勤務先を有する者
　(2)　入学日までに都内に住所または勤務先を有する見込みの者
4．出願書続
　下記(1)～(5)の書類を上記の期間内に、直接本校事務室に提出すること。郵送では受付いたしません。
　(1)　転入学願書　　〔写真は横4.5×縦6.0、上半身、最近三ヵ月以内の物〕
　(2)　転学照会書
　(3)　在学証明書
　(4)　成績証明書　　〔授業日数、欠席日数明記のこと〕
　(5)　単位修得証明書　〔(4)に単位数の記入があれば不要〕
　(6)　受検料……………○○○円
5．検査日時　　平成○○年○月○○日（○）　午後○時集合
　(1)　学力検査（国語、数学、英語）　午後○時○○分～午後○時○○分
　(2)　面　　接　　　　　　　　　　　午後○時○○分より開始

6．検査当日持参するもの　　受検票・筆記用具・上履き
7．発　　　表　　平成○○年○月○○日（○）午後○時～午後○時
8．入学手続　　平成○○年○月○○日（○）午後○時～午後○時
　　　　　　　　平成○○年○月　○日（○）午後○時～午後○時
9．問合せについて　　東京都立○○高等学校　事務室（定時制）
　　　　　　　　　　　　　　　　　　　　TEL（○○○）○○○○

● 留学について

東京都立〇〇高校

「留学」について

（保護者・生徒用）

1．《概要》
① 　外国の正規の高校（後期中等教育機関）に、「休学」ではなく「留学」のかたちで在籍できます。また、往復に要する日数も留学期間に含めることができます。ただし、それに先立って外国の専門学校や語学学校へ通学する場合などは欠席または休学扱いとなります（この休学は真にやむを得ない事情がある時しか認められないことになっています）。
　　　（平成〇〇年〇月〇日から適用）
② 　留学期間は〇年を基本とし、最大〇年以内ですが、留学中（〇年目の）に更新することもできます（ただし、〇年目終了前に手続きを完了することが条件です）。
③ 　単位の修得は帰国後に認定されます（3．①～②参照）。ただし、認定できる単位数は〇〇以内です〔3．②参照〕。ただし認定にあたっては、外国の学校の修得単位数・科目名・成績評価の読みかえなどはいっさい行わず、本校の公式記録簿には単に〔〇〇単位を認定〕したことが記録されるのみで、留学した学年の成績は一切つきません。
　　　留学が〇年にわたる場合でも、合計〇〇単位までしか認められません。
　　　進学・就職先などへ提出する調査書（いわゆる内申書のこと）には

留学した学年の成績は記入されません（修得単位数のみを記入）。したがって、大学等への推薦入学などの場合、他の生徒と同等に扱うことはむずかしくなります。
④ すでに休学のかたちで留学している場合には〇〇年〇月〇日以降を留学扱いにできます。
⑤ 過去に欠単位がある場合には、今回定められた留学制度の趣旨に則り、留学を許可することはできません。また、留学しようとする年度内の欠席日数、各科目の欠席時数がそれぞれ、出校すべき日数、授業時数の１／４以上の場合も留学の許可はできません。その場合は休学扱いで留学となります（次項参照）。
⑥ 休学のかたちで留学する場合の扱いは従来通りです。すなわち、帰国して「復学」する際は、休学に入る前の学年に在籍することになります。

2．《留学前の手続き――保護者・担任》
① 留学の計画がある生徒は早めに担任に申し出てください。
② 保護者が「留学（更新）申請書」用紙（事務室窓口でもらう）に留学先の学校の入学許可証などの「留学の理由を証する書類」を添えて担任に提出。
　その際、本校が留学先の学校についての状況を把握しやすいよう、学校案内など（コピー可）を添えるようにしてください。（最大限の資料を提出してください）。なお、留学の理由を証する書類とは留学先の高校の発行する入学許可書等です。
③ 担任は副申書を作成し、②の書類とともに事務室に提出。
④ 留学先の学校との連絡・確認・諸手続きなどは保護者が行って下さ

い。(日本の「高校」に相当するかどうか・カリキュラムについてなども含む)。本校では留学についての情報収集を生徒・保護者に代わって行うことはしません。

3．《帰国後の手続き——保護者》
① 帰国したら、留学中の成績等に関する書類(留学先の学校が発行した成績、在籍、科目履修に関する証明書またはその写し)をすみやかに担任に提出して下さい。これがないと、せっかく留学しても単位の修得が認められません。これらの書類をもとに、学校では単位修得を認めるかどうか決定します。

留学先の学校での出席日数・時数の不足が顕著な場合や科目の修得状況が特に悪い場合などは学校がその都度協議し、認定できる単位数を決め、さらに、認定単位数によって進級させるか、留学前の学年に復帰させるかを決めます。

また、途中で転校してしまった場合などには、単位の全部(30単位)または一部を認定されないこともあり得ます。その場合は留学前の学年に復帰することもあります。

② 本校では、留学先の学校の標準的な学習をして、きちんと成績をとってきた場合は原則として次の単位数の修得を認めることになります。
・〇・〇年で留学した場合：〇〇単位
・〇年で留学した場合：{〇〇単位} − {〇・〇年の修得単位合計}
‖
卒業に必要な
単位数

4．《その他の注意事項》つぎのことはあらかじめ了解しておいて下さい。
① 留学中は定期的（少なくとも学期ごと）に本校（担任）と、履修状況などにつき連絡をとるようにして下さい。この連絡のための費用は本人・保護者の負担となります。
② ○年の留学予定で出発し、さらに○年延長する必要がある場合には、当初予定の留学期間満了の日の○○日前（○○高校必着）までに「留学（更新）申請書」をかならず提出して下さい。その際、「留学の更新の理由を証する書類」（留学先の高校の「入学許可書」など）を再度、添えるようにして下さい。
③ ○学年の途中から留学するような場合には、○年目の途中で帰国、単位認定された時点で卒業が認められることになります。したがって大学その他への進学などは翌年まで待つことになります。
④ 当初予定の留学期間の途中でやむを得ない理由があって、留学を中止して復学しなければならない場合は、復学希望日の○○日前（○○高校必着）までに「復学申請書」を提出して下さい。この場合、その年度の出校日数が学年全体の（一般生徒の）１／３以上であると進級はできません。また、１／３以下でも本校での残余の期間での成績評価が本校の内規で定める規準に満たない場合には進級は認められません。
⑤ 帰国後の学習の遅れなどは本人の努力によって補うようにして下さい。留学の実績があるからといって復帰以後の成績評価等についての配慮はいっさいしません。

以上ですが、休学せずに留学するのは一見、生徒自身にとって好ましいことと思えますが、例えば、１年で留学する場合、１学期だけ数学Ⅰを学

び、2年で帰国後にいきなり基礎解析、代数幾何の後半の学習をスムーズに行える自信がありますか？
　これは他の科目についても同様ですし、また2年で留学する場合など、3年ではもっと高度な選択科目などもたくさんありますので、もっとむずかしい問題が出てきます。
　これらのことや、自分の将来のこともよく考え、「留学」で行くか、「休学」で行くか、判断して下さい。

　また、留学前に以上の趣旨を盛った確認書またはこの説明書の内容を確認した旨の書類を提出していただきます。

確認書の主な内容：
1．単位の認定および認定できる単位数については、帰国後に提出書類を参考にして学校が判定すること。したがって、状況によっては進級できないこともある。
2．留学中の成績（科目修得）に関する書類を提出できないときは原級留置となることがあること。
3．帰国後の学習の遅れは生徒自身の努力によって補うこと。留学の実績をもとに学校は成績についていかなる配慮も行わないこと。
4．推薦入学（大学・短大等への）では他の生徒と同列には扱えない場合もあること。特に指定推薦の対象とすることは困難であること。
5．留学中は本人から少なくとも学期に1度以上、学級担任へ履修状況、成績に関する状況等を文書で伝えること。それに要する費用は生徒・保

護者の負担とすること。その際、履修・成績に関する書類があれば必ずそれらのコピーを添付すること。
6．留学期間の途中での転校は認められないこと。
7．外国へ出発する（直近の）学期の評価に「1」が1科目以上または「2」が2科目以上ついた場合は留学を認めないか、または帰国後に単位修得不認定となること。

この指針は未だ最終的なものではありません。今後、都教育委員会などからの指示・通達等が出て変更になる部分があるかも知れません。その点、ご了承下さい。（変更の場合は通知します。）

留意点　高校生の留学は増加の傾向にあるが、トラブルも増えている。事前に充分相談できるようにしておくことが望ましい。

● 入学推薦書

○高発第　　　号

　　　　　　入　学　推　薦　書

　　　　　　　　　　　氏　　名
　　　　　　　　　　　生年月日
上記の生徒は貴校推薦入学基準に関する条件を備え、貴校学生として適格と認めますので　ご選考のうえ入学ご許可願いたくここに推薦いたします。
　平成　　年　　月　　日
　　　　　　　　　　東京都立○○高等学校長
　　　　　　　　　　　　　　　　　　　　印
　　　　　殿

● 入社推薦書

〇高発第　　　号

　　　　　　　　　入　社　推　薦　書

　　　　　　　　　　　　　　氏　　名
　　　　　　　　　　　　　　生年月日

上記の者は成績優秀、思想穏和、健康明朗で貴社にふさわしい人物として推薦いたします。
　　平成　　年　　月　　日

　　　　　　　　　　　　東京都立〇〇高等学校長
　　　　　　　　　　　　　　　　　　　　　　　　印
　　　　　殿

4 クラブ関係

● クラブ活動加入のお知らせ

平成○○年○月○日

保護者殿

○○○立○○学校長
　　○　○　○　○

クラブ活動加入について

　今年もクラブ活動が行なわれますが、生徒の希望、生活指導の面から考えて下記のとおり実施することになりました。クラブ活動の趣旨を理解され、下記により入部届を提出して下さい。

記

1　クラブ活動の特色　　……………
2　クラブ活動で身につけること　　……………
3　クラブ活動開始までの予定　　……………
4　選択と加入について　　……………
5　提出先と提出期限　　各クラブ顧問
　　　　　　　　　　　○月○日（○）まで

………………………（きりとり線）………………………

クラブ活動入部届

○○学校長殿

　　　　　　　　　　　　保護者氏名　　　　　　　㊞
下記クラブに入部を希望しますのでお届けします。
　　　　　　　　　学　年　組　　　　年　　　組
　　　　　　　　　生徒氏名
　　クラブ名　　　　　　　部

留意点　　クラブ活動費をとる場合は記入するとよい。
　　　　　ユニホーム、用具について、又活動時間、場所及び合宿等を実施する場合は記した方がよい。

● クラブ発表会のお知らせ

平成○○年○月○日

保護者各位

○○立○○○学校長
○　○　○　○

クラブ発表会についてのお知らせ

　梅一輪の暖かさを肌におぼえるころとなりましたが、ますますご清栄のこととぞんじます。さて、本校では、4、5、6年生が、それぞれに個性を見い出し自主性を伸ばすためにクラブ活動を1年間実践してまいりました。
　つきましては、日ごろの成果を発表するために、下記の通り発表会を開催いたします。本校の教育方針をご理解いただき、子どもたちの学習を励ましていただくために、ご来観くださいますようご案内いたします。

記

1　日　時
　　○月○日（○）
　　午前○時○分より午前○時○分まで（第1校時～第2校時）
2　場　所　　体育館
3　発表するクラブは次の部です。
　　○○○　○○○　○○○　○○○
　　○○○　○○○　○○○　○○○
　　○○○　○○○　○○○　○○○
4　その他
　(1)　上記のクラブ以外の部は、校内テレビで発表します。

(2) ご来観くださる方は、上ばきを持参してください。

留意点　　児童の自主活動の発表であるので運営もできるだけ児童にやらせることが望ましい。

●クラブ合宿

平成○年○月○日

保護者各位

○○市立○○中学校
校長　○○　○○

夏季クラブ合宿のお知らせ

　盛夏の候、ご父母の皆様方には、ますますご清栄のこととお喜び申し上げます。
　さて、本年度の夏季クラブ合宿を下記の通り行うことになりました。日常のクラブ活動では体得できない集団生活の規律と行動・自主的な生活態度を養うためにも大変よい機会となりますので、参加させてくださいますようお願いいたします。

記

	クラブ名	期　　間	場　　所	費用	顧　問
1	野　　　球	○月○○日(○)	○○県○○郡	円	○○○○
2	テ ニ ス	〜○○日(○)	○○村○○少年	○,○○○	○○○○
3	サッカー	○泊○日	自然の家		○○○○
4	男女バレーボール	○月○○日(○)	○○県○○郡	円	○○○○
5	男女バスケットボール	○泊○日(○)	○○村○○村民	○,○○○	○○○○
6	男　女　卓　球	○泊○日	センター		○○○○

	クラブ名	期　　間	場　　所	費用	顧問
7	男女バトミントン	○月○○日(○)	○○県○○郡	円	○○○○
8	剣　　道	～○○日(○)	○○町国立○○	○,○○○	○○○○
9	陸　　上	○泊○日	少年の家		○○○○
10	ブラスバンド	○月○○日(○) ～○○日(○) ○泊○日	○○県○○郡 ○○町○○市立 ○○山荘	円 ○,○○○	○○○○

　申込書は○月○○日（○）までに、申込金を添えて各顧問に提出して下さい。

------------------------------- 切 り 取 り 線 -------------------------------

合　宿　参　加　申　込　書

　　クラブ名　　　　　　　　　　　　部

　　　年　　組　　番　氏名

　　上記の生徒を夏期合宿に参加させます。

　住　所

　ＴＥＬ

　保護者　　　　　　　　　　印

留意点　　各クラブから日程、内容、集合場所、持物、宿泊先電話などを書いたお知らせをあわせて出すこと。

● クラブ活動の終了時間

　　　　　　　　　　　　　　　　　　平成○○年○月○日
○○部保護者　殿
　　　　　　　　　　　　　　　　○○○立○○学校長
　　　　　　　　　　　　　　　　　　　○○○○
　　　　　　　　　　　　　　　　○○部顧問
　　　　　　　　　　　　　　　　　　　○○○○

　　　　　　　　　クラブ活動の終了時間について

　菊花薫る候、皆様にはますますご健勝のこととおよろこび申し上げます。
　さて、○月○日より下校時間が○時になりました。○○部は、○日の日の文化祭、○月○日の○○連合○○会に向けて連日活動しております。本校では、時間延長が必要な部については、父母の方々のご了解を得て、従来通り○時まで認めることにしております。
　つきましては、○○部の下記の練習予定日には最終下校が○時になることがありますので、ご了解くださいますようお願い申し上げます。

　　　　　　　　　　　　　記

練習予定日
　　○月○日（○）　　○年生のみ　　○月○日（○）　　文化祭
　　○月○日（○）　　　　　　　　　○月○日（○）
　　○月○日（○）　　　　　　　　　○月○日（○）　　○○連合会
　　○月○日（○）　　　　　　　　　○月○日（○）　　市連合会

留意点　　1か月前から少なくとも1週間前までに配布することが望ましい。通常の活動時間について記しておくのもよい。

● 会 場 借 用 願 い

平成〇〇年〇月〇日

〇〇〇立〇〇学校長殿

〇〇〇立〇〇学校長
　〇　〇　〇　〇

貴校テニスコート借用について（お願い）

　新緑の季節となりましたが、貴校にはますますご隆昌のこととお喜び申し上げます。
　さて、本校テニス部の新人戦へ向けての練習として、下記により貴校テニスコートを借用させていただきたく思います。格別のご配慮を賜りますよう、よろしくお願い申し上げます。
　なお、所定の用紙がある場合は、ご面倒でも一部ご送付いただきたくお願いいたします。

記

1　借用期間　　平成〇〇年〇月〇日　〇時から〇時
　　　　　　　　〇月〇日　〇時から〇時
2　使用者　　　本校テニス部員　〇〇名
3　引率責任者　本校教諭　〇　〇　〇　〇
4　連絡先　　　（学校の住所、電話番号、担当者名）

留意点　事前に電話で確認をとった上、借用の前日までに送付するとよい。
　自治体によっては、学校と社会教育課に書類を提出する場合もあるので注意すること。

●試合の応援についてのお知らせ

　　　　　　　　　　　　　　　　　　　平成○○年○月○日
○○部保護者殿
　　　　　　　　　　　　　　　　○○○立○○学校長殿
　　　　　　　　　　　　　　　　　　　○　○　○　○
　　　　　　　　　　　　　　　　○○部顧問
　　　　　　　　　　　　　　　　　　　○　○　○　○
　　　　○○○○競技大会の応援参加について（お知らせ）

　秋も深まり爽かなころとなりました。皆様にはますますご清栄のことと存じます。
　さて、○○教育委員会および○○連合○○会主催による○○○○競技大会が下記により行われます。本校では○○部全員がその応援に参加することになりましたのでお知らせいたします。

　　　　　　　　　　　　　記
1　日時　平成○○年○月○日（○）　雨天中止
　　　　集合　○○駅北口　○時○○分
　　　　解散　○○駅北口　○時○○分（予定）
2　会場　○○立○○競技場
3　費用　公費負担（個人負担はありません）
4　引率責任者　本校教諭　○○○○

留意点　　部員外や父母に要請する場合は、強制にならないように注意すること。

● クラブ活動再開について

　　　　　　　　　　　　　　　　　平成〇〇年〇月〇日
保護者各位　　　　　　　　　　　　東京都立〇〇高等学校長
　　　　　　　　　　　　　　　　　校長　〇　〇　〇　〇

　　　　　平成〇〇年度のＡＤ・マスコットの活動について

　新緑の候、皆様にはますます御健勝のこととお慶び申しあげます。
　さて、本年度の体育祭におけるＡＤ・マスコットについて、昨年度の不祥事により中止という指導をし、〇・〇年各クラスで話し合いをさせました。その結果、生徒より体育祭でＡＤ・マスコットをやらせてほしいという強い希望が出てきました。ＡＤ・マスコットを希望する生徒達に具体的にどのようなことをやるのか、どの様な応援をするのかということを何度も考えさせ、また、高校生としての自覚を持ち、不祥事はおこさない、学校生活を正すという約束をした上で、本年度のＡＤ・マスコットを行わせることになりましたが、もし、この約束を破った場合には、直ちに活動を中止することになっています
　なお、活動時間は、平日は〇〇：〇〇～〇〇：〇〇
　　　　　　　　　　　休日は〇〇：〇〇～〇〇：〇〇となっております。
　また、ご家庭でもＡＤ・マスコットについてご理解をいただき、ご指導方よろしくお願いいたします。

留意点　　不詳事により部活動や行事が中止になった場合は、経過と内容及び指導について保護者に知らせること。
　再会する場合は、生徒に問題提起を行ない、自治力を育成して活動できることを確認してからにし、その際保護者にも知らせ、理解してもらう。

● 賞　　状

賞　状

優勝

　○○○立○○○学校
　○年○○○
　○○○

あなたは第○○回○○大会において頭書の成績をおさめましたのでこれを賞します。

平成○○年○月○日
○○○立○○学校長　○○○○㊞

賞　状

第○位
　○○○立○○学校
　○年○○○
　○○○

あなたは○○市主催の秋季体育大会において頭書の成績をおさめられましたのでこれを賞します。

平成○○年○月○日
○○市長　○○○○㊞

留意点　　一般には縦書きである。文字の書き初めは、1字分あけない。「殿」「様」「君」などは付けないのが通例である。

　句読点は用いず、また文の区切りがあっても行を改めず1字分あけて続けて書くのが通例である。

　文体は「ます」体を用いる。

●支出命令書

	支出命令書			
番号				
月日				
			東京都立〇〇〇高等学校	
年　度	平成〇年度	会　計	生徒会会計	
金　額				執行月日
上記金額を支出されたい	出　納　機　関			
会　長	教　頭	校　長	支出担当	生徒会長	事　務　長

摘要

件　名
　　生徒会活動、クラブ活動に要する経費
　　　　請求書番号第　　～　　号～～第　　～　　号分

請求書
　　別紙のとおり

5 生徒指導関係

●学校のきまり

平成○○年○月○日

保護者各位

○○○○小学校
　　生活指導部

　　　　　　学校のきまり

　本年度の学校のきまりは、下記のようになっています。ご家庭におかれましてもよろしくご指導下さるよう、お願いいたします。

1．登校と下校
　(1)　登校は8時15分から8時25分までにしよう。
　(2)　4時になったら家に帰ろう。それより遅くなる時は、先生に話をする。
　(3)　登・下校はきめられた通学路を通ろう。
2．学校で
　(1)　教室を移動する時は、並んで静かにしよう。
　(2)　学習に必要な場所以外は入らないようにしよう。
　　　空き教室・特別室・ベランダ・体育館とその周辺
　　　北側駐車場・東門付近・ピロティ・非常階段・北門
　(3)　校庭では、かたいボールは使わない。
　(4)　忘れものは、取りに帰らない。
　(5)　校庭をよこぎらないで、アスファルト道を通ろう。
　・20分休みと雨の日は、体育館が使用できます。
　　約束を守って、楽しく使いましょう。

　留意点　　学校のきまりは子どもの人権を尊重するとともに自律、自治を育成する観点で作成することが望ましい。

●夏休みの過ごし方①

平成〇〇年〇月〇日

保護者各位

〇〇〇〇小学校生活指導部

めあてをもちのびのびとした夏休みを

　子どもたちが楽しみにしている夏休みが、もうすぐやってきます。夏休みは子どもたちにとって学校生活から解放され、ゆったりと豊富な自分の時間をもつことができる期間でもあります。いろいろなことを体験し、経験することによって、自然と接し社会を見るめを育て、人間関係を豊かにし、子どもが人間として成長するときに欠かせないものを、学校教育とは違った形で身につけることができるたいへん大事な期間でもあります。その貴重な時間を、子どもが生活の中で意識的に計画し、実行できるよう、そして、ひとまわりもふたまわりも豊かに変身できるよう、御家庭でも、相談にのり、励ましていただき、実り多い夏休みをすごしていただきたいと思います。

――夏休みのめあてをつくろう――

　新学期以来、仕事の手伝い、遊び、勉強、読書などが習慣づいてきていると思います。夏休みは、その習慣を続け、発展させるつもりで、もう一度しっかりめあてをきめ、夏休みのリズムを考えて計画をたてましょう。家の仕事も、たのまれたお使いやお手伝いでなく、責任をもって毎日実行する仕事をきめましょう。また、休み中でも、さそいあって遊び、独りぼっちで過ごす子がいない夏休みにしたいものです。（市内では、午前10時・正午・午後5時にチャイムがなります。生活のめやすにしましょう。）

――新しい経験へチャレンジしよう――
　夏休みは42日間あります。普段ではできないことが夏休みならできることも多くあります。―親せきの家まで一人旅をしてみる、お父さんの仕事場を訪ねてみるなど、また水泳のにがてな子が、この夏すっかり泳げるようになる、トマトやナスなどを家庭栽園で野菜づくりをやる、昆虫の飼育やカエルの生態しらべをやりとげる、漱石の文学作品を系統的に読みぬく、友だちと公害の実地調査を行なうなど。―いろんなことがたくさんあると思います。自然に親しんだり、多くの人々と接っしたりいろいろなことにチャレンジしてみましょう。

――地区活動やプールにも積極的に参加しよう――
　地区活動や地区行事（大なわ集会　8／30）に積極的に参加し、日頃、なかなか遊べない近所の友達、また、大人の人たちとも仲よくなりましょう、地区の行事も、すべて大人が準備を整えるというより、子どもたちとともに計画、準備をして自主性をのばすとりくみに、目をむけていきたいものです。上級生はリーダー性を発揮し、大人はそれを励ますことによって、子どもたちは一段と力をつけていきます。夏季プールなどにも積極的に参加し、体をきたえましょう。
　また、休み中は、地域や諸機関、団体の行事もさかんです。それらの行事に参加したり、図書館、児童館なども利用し、はば広く学習や体験をしましょう。

――健康で安全な生活を送ろう――
　最近、自転車事故がおきています。安全な生活を送るためにも、家族で、よく話合いましょう。

- 交通事故に気をつけること。とくに、自転車の正しい乗り方や、ブレーキやハンドルのたしかめをしましょう。
- 危険な遊びや遊び場のこと。花火は、広い場所で、水を用意し、大人といっしょにしましょう。
- ゲームセンター・バッティングセンター・映画館・遊園地などは、大人といっしょにいきましょう。
- 誘かいや痴漢に気をつけること。一人遊びをしない。行先をはっきりさせてでかける。
- 体の悪いところなどをこの機会に治療しなおしましょう。（目、鼻、歯など）

（校庭開放は、土曜日午後と日曜日です。校庭での花火はやめましょう。）

※ 二学期の〇月〇日（〇）に総合防災訓練を行ないます。毎年行なっている児童引渡し訓練です。あらかじめ予定を組んでおいてください。（午前〇〇時〇〇分～〇〇時〇〇分）

留意点　　夏休みは、学校教育を離れ、家庭、地域で子育てする絶好のチャンスでもある。禁止事項や抽象的な項目の羅列よりも、方向目標を示した方がよい。
　学力補充教室を設けると学校への信頼も増す。

●夏休みの生活について ②

保護者各位

平成〇年〇月〇〇日
東京都立〇〇〇〇高等学校長
〇〇〇〇
生活指導部

夏休みの生活について

　いよいよ待望の夏休みが始まります。しかし、各自の毎日の生活の生かし方によって、その意義は大きく異なります。健全なる生活設計をしっかりと立て、意義ある新鮮な経験の場として欲しいと思います。
計画を立てずに、夏休みを迎えた時は、解放感が先に立ち、ただ無目的な怠惰な毎日の連続になりがちで、気持ちのゆるみから生活も乱れて、また、問題行動も起きやすくなります。健康、安全に留意して、充実した規則、正しい日々を過ごして大きく成長してもらいたいと思います。ここに夏休みの生活についての、いくつかの注意事項を示しますが、御家庭におかれましても有意義に過ごさせるよう、御協力をお願いします。

お願い

1．この期間に、学校生活で身につけた規則正しい学習習慣を乱して二学期を迎え、学校生活に不適応を示す事例も見られます。学習を計画に基づいて進めているか否か、留意下さい。
2．言葉使い、態度、服装等の変化を安易に見逃したり、放置、黙認することのないよう、お願いします。
3．夏の観光地、特に海水浴場は、事故やあやまちが非常に多いので、友人同士のみの宿泊旅行は、学校として認めていません。しっかりした成人の同行をお願いします。

4．友人に誘われて、バイクに相乗りしたり、家庭の目の届かない場所で無免許で運転したり、ときには、暴走行為に加わったりしている場合がありますので、留意下さい。

5．飲酒、喫煙については、法に触れる行為であることはもとより、未成年者の成長、発達にとって身体的にも精神的にも有害であります。飲酒、喫煙を黙認することのないようお願いします。

6．大いに家庭内で役割を与えて下さい。家庭生活の意義を考え、自分が家庭を構成する大切な一員であることを自覚する良い機会となります。

> 生徒の健全育成は、学校と家庭の連携から
> どんな些細なことでも、ホームルーム担任に御相談下さい。

生徒への注意

1．○○○○高生としての品位と良識のある行動をとることを心がける。
2．登校について
　・服装、所持品については、平常時と同じとする。
　・登校者は、休日登校者名簿に必ず記入する。
　・部活動の時間は、○時より○○時までで○○時○○分には完全下校する。
　・各部の部長は、日直の先生に参加人員を報告し、終了時にも報告する。
3．事故防止について
　　長い休みなので、ちょっとした気のゆるみから、大きな事故や問題行動につながる場合がある。
　　生涯悔いを残すようなことは、絶対に避けなければならない。
　・交通規則、交通道徳を守る。（特に自転車の事故が急増している）

- バイク、オートバイ、自動車の免許の取得、購入、同乗及び無免許運転の禁止。
- 飲酒、喫煙、暴力行為、窃盗などは絶対しない。
- アルバイト禁止（原則として）
- 無断外泊の禁止。高校生同士の旅行は原則として許可しない。（無謀なレジャーは死と隣合わせ！）
- 不健全な場所、盛りばなどの徘徊はしない。

☆万一事故が発生した場合は、すぐに学校へ連絡すること。（TEL○○○○－○○－○○○○）

```
――――――充実した夏休みを各自で創ろう！――――――
読書、課題研究、自主的な学習、家の手伝い、体力づくり…
```

留意点　抽象的な言葉や禁止事項の箇条書きはなるべく避けて、具体的に書くこと。
　長期休業中は、普段できないことに集中して取り組めるいい機会でもある。生徒たちに魅力のある学習・体験について例示すると理解され易い。

● 冬休みの過し方 ①

平成○○年○月○日

保護者各位

○○○○小学校生活指導部

めあてをもち、有意義な冬休みを

　子供達が楽しみにしている冬休みが、間近に迫ってきました。毎日の張詰めた生活から解放されるという大きな喜びとともに、冬休みは、社会的行事にもふれ、家族の一員として協力する貴重な経験の場にもなります。ともすると目的を持たずダラダラと過ごし、生活のリズムが崩れ、新学期からの学校生活についていけなくなる場合もあります。子供に、きちんとしためあてを持たせ、計画的に過ごすとともに、各々の家庭の持ち味を生かし、思い出に残る冬休みを過ごしましょう。

親子で計画を立てよう

　一年のまとめの時期です。今までの生活を振り返り、新しい年のめあてを決めるとともに、冬休みの過ごし方について、親子で話し合いましょう。子供の希望を聞くだけで無く、親の意見をきちんと出すことも必要です。そして、一人一人の計画を立てましょう。

生活のルールを作ろう

　まず、一日の生活のリズムを作りましょう。朝、楽しみを持って起きられるような、楽しい、ゆとりある生活を考えることです。(○○市内では、朝10時、正午、夕方4時、にチャイムがなります。)また、テレビの見方、帰宅時間の約束、お客や訪問先での挨拶など、家族で必要なことも話し合いましょう。

家庭の中で責任ある役割を作ろう

朝の掃除、動物の世話、食事の支度など、家庭における役割を作りましょう。年末の大掃除も分担し、単なるお手伝いでなく、責任ある役割を最後までやりきるよう励ましましょう。子供の自立を促すとともに、家族の一員として連帯感も深まります。

新しい経験へチャレンジを

冬休みは、短い期間です。お正月という社会的行事も生かし、この冬休みしか出来ないことへチャレンジしましょう。親戚の家や田舎を訪ねる、星の観察、おせち作りなど新しい体験や新しい環境に入っていくなかで、子供は成長します。また冬休みは、親子で凧作りをするなど、親子のつながりを深めるチャンスです。お年玉も、親子でよく話し合って使いましょう。

健康で安全な生活を

最近、児童の交通事故数件、火いたずらによる火事、また、大事には至りませんでしたが痴漢の出没がありました。安全な生活を送るために次のことを家族で話し合いましょう。

・交通の決まりを守ること
・危険な遊びや遊び場のこと（火遊び・凧上げｅｔｃ）
・スケート場や映画館、遊園地等へいく時は、家族の人とよく相談して
・誘拐や痴漢に気を付ける（１人遊びをしない、行き先をはっきりするｅｔｃ）

留意点　　冬休みは、クリスマス、大掃除、年賀、年始回りなど大きな催しが続々とあるが、日頃不足しがちな親子の団らんや地域行事に参加して社会を理解するいい機会でもある。積極的にとらえ有意義に過ごさせたい。

●冬休みの過ごし方②

平成〇〇年〇月〇日

保護者各位

〇〇〇〇学校長

〇　〇　〇　〇

中学部生活指導部

冬休みの過ごし方について

　木がらしが吹き、遠くの富士山も真っ白な雪におおわれてきたら、待ちに待った冬休みです。風邪などひかぬよう、新しい年を迎えるうえでも有意義な休みにしましょう。

1　規則正しい生活を心掛けましょう。
　・生活のリズムをくずしやすい年末・年始です。注意しましょう。
　・テレビづけにならないようにしましょう。
2　健康に留意しましょう。
　・食べ過ぎに気をつけましょう。
　・寒いからといって、家に閉じこもりきりにならず、1日1回は外気にふれましょう。
3　新年への目標をたてましょう。
　・今年の反省、そして新しい年への目標など家族で話し合う時間をぜひ作りましょう。
4　交友を深めましょう。
　・友達・親類の人・近所の人等との交友を広げよう。
　・年始や年賀状で人とのつながりを深めよう。
5　家族の一員として、家の手伝いを進んで行いましょう。

・年末は、1年の汚れおとしの大掃除を、積極的にできそうな所を見つけよう。
6 外出する時は、行く先、帰宅時間、一緒に行く友達の名前を家の人に話していきましょう。

※ 大きな事故・入院するような病気になった時は必ず学校（担任）に連絡してください。
学校の電話番号　〇〇〇〇　（〇〇）〇〇〇〇

留意点　　冬休みは学校に教員が誰もいない期間が多いのでその間の連絡体制を明確にしておくこと。

● 冬季休業中の生活指導についての通知

平成〇〇年〇月〇日

保護者殿

〇〇〇立〇〇〇〇学校長

〇　〇　〇　〇

冬休みの生徒指導について

　子どもたちが楽しみにしている冬休みが始まります。
　年末、年始にかかった短い期間の休みであわただしい生活になりがちですが、年末には一年間の反省を、年の始めには家族そろってこれからの希望を語りあえる、よい機会をもちたいものです。
　お子さんが楽しい冬休みをおくれるように、次のようなことを実践させてくださるようお願いします。
◎望ましい健全な生活態度を身につける冬休みにする。
　1．お子さん自身で生活を考えて計画をたてる。
　　〇自分のたてた生活表によって一日をすごす。
　　〇反省の中から新しいものを見つけて今日よりは明日への希望をもつ。
　　★先づ実行できる計画がたてられるよう相談相手になってください。
　2．健康の大切さを知り事故防止に関心をもつ。
　　〇寒さにまけない積極的なきまりある生活にはげむ。
　　〇危険な場所、安全な場所を知り安全な生活をする。
　　〇自転車に乗る場合は自転車の点検、場所（交通量のはげしい大通りは禁止）に注意する習慣を身につける。
　　〇帰宅時刻をおおよそ定めて家族に心配かけないようにする。
　　★身体も心も健康な毎日であるように親子の対話をお願します。
　3．あいさつは気もちよく言葉づかいはていねいにする。

○礼儀作法に気をつけ、客の応対になれる。
　　○日常の会話、あいさつを反省してよりよくする。
　　★やってみましょう、これからでも遅くありません。
　4．子どもなりの生活意識をもってすごす。
　　○家の仕事、手伝いは進んでやる。
　　○お年玉、おこづかいなどと関連して子どもなりのお金のもつ価値について考える。
　　★節約、合理的な生活意識を育てることも大切ですね。
◎子どもの自主性を育てるにはよりよい指導が必要です。愛情をもった、はげましと学年相応の助言で、昨年より今年の成長を目ざし、よりよい冬休みをすごさせてください。
◎冬休みは、○月○○日（○）から○月○○日（○）までの○○日間です。
◎○月○日（○）三学期の始業式です。

留意点　　長期休業中の指導については、各校によって事情も異なる。ここには、冬季休業中における小学生の保護者への通知文の例を参考に載せた。

●春休みの過ごし方

平成○年○月○日

保護者各位

○○○○小学校生活指導部

１年間のまとめをし、新学期の準備を
——春休みの過ごし方——

　寒かった今年の冬もようやく終わりを告げ、温かい春の陽射しを受ける頃になりました。春を迎えて、子供達は、活発に動きだす時期です。また、春休みは、新しい学年への出発の時期でもあります。ただ、漫然と日を送るのではなく、一人一人が計画を持ち、有意義に過ごしましょう。

１年間のまとめをしよう

　勉強では、どんな力がついたのだろうか？生活では、どんな事が出来るようになったのだろうか？１年間の成長の様子を家族と一緒に振返ってみましょう。伸びた所は、評価し、気を付けたい事は、励まし、成長の節目を確認しあいましょう。

新しい学年へ準備をしよう

　『今年は、○年生だから、もっとしっかり』と言うだけでなく、新しい学年になったら、具体的にどんな事があるのか話し合い、展望を持つ中で、それなりの心構えを持たせたいものです。学用品の準備等、具体的準備も自分の手でできるよう、手立てをとりましょう。

健康で安全な生活をしよう

　進級の喜びで、気も緩みがちです。１日の生活のリズムを作り、健康で安全な生活を送りましょう。
　・交通のきまりを守ること（交通事故、自転車乗り）

- 痴かんや誘拐に気を付ける（1人遊びをしない、行先をはっきりさせる）
- 映画館や遊園地は大人と一緒に
- 午前10時、正午、午後5時にチャイムを鳴らします。

4月6日（○）　　始業式　　8時30分までに登校し、校庭で待っていましょう。但し、新3・5年は8時15分までに登校し、新しいクラスの編成をします。

4月4日（○）　　準備登校　新6年は、新学期の準備のため9時までに登校します。
　　　　　　　　　　　　・持ち物……上ばき、ぞうきん

留意点　　春休みは、年度の反省をし、次年度の準備、計画をする上で重要な期間である。具体的な項目、事例を出して家庭で取り組めるようにした方がよい。

● 衣がえのお知らせ

平成○○年○月○日

保護者各位

○○立○○中学校長
○　○　○　○

衣がえについてのお知らせ

　梅雨の候、保護者の皆様にはお元気でお過ごしのことと思います。
　さて、皆さまご存知のように本校では教育上標準服を生徒に着用させています。現在着用していますのは冬用のものですが、下記の要領により、衣がえをいたしますのでご協力の程よろしくお願い申しあげます。

記

1　夏服の着用期間　　・　6月1日（○）〜9月30日（○）
2　夏の服装　　　　　・　男子――上は上衣をぬいで襟付白シャツ
　　　　　　　　　　　　　　　　下は黒ズボン
　　　　　　　　　　・　女子――上衣をぬいで白ブラウス
3　夏服の販売店　　　・　○○○デパート
　　　　　　　　　　・　○○○○洋服店
4　その他
　　　　　　　　　　・　男女とも寒い場合、シャツ・ブラウスの上にセーター及びトレーナーを着用できるが、上着の代わりに着て登校はできない。
　　　　　　　　　　・　ご質問がございましたら、各担任までお願いします。

留意点　気候は地域によって様々である。期間、内容を機械的に決めないことが望ましい。

● 地域活動への呼びかけ

平成〇年〇月〇日

保護者　殿

〇〇市立〇〇小学校
校長　〇〇〇〇

地域活動に参加しよう

　肌に秋風を感ずる頃になりました。皆様にはお変わりなくおすごしの事と存じます。
　二学期になり、はや二週間余を経過しました。子ども達も学校生活のリズムにもどり、元気一ぱい学習や運動にはげんでいます。間近に控えた秋季大運動会の練習や準備に教職員、子ども一体になって汗を流しています。
　ところで、子どもを育てるためには、家庭、学校、地域社会が真剣に、その役割を分担し、協力し合ってこそ成果をあげることができると思います。その一環として、地域の子ども達の健全育成を目的とした"〇〇〇中地区青少年問題協議会"が中心になって、色々な活動を計画、実施しています。春の"〇〇川河川敷サイクリング道路わきのツツジの植入み"、夏休み中の"愛の一声運動"など地域の大人と子どもが一体となってすばらしい成果をあげています。秋には"春に植えこんだ道路の除草美化活動"、音楽会、ソフトボール大会などを予定し、よりよい子どもづくりを目ざしています。
　つきましては、下記の地域活動に一層ご理解をいただき、進んでご協力を賜りますよう切にお願いします。

記

(1)　地域活動　　〇〇川河川敷サイクリング道路の除草美化活動
　　　　　　　　（〇〇小は〇〇橋〜〇〇橋）
(2)　期　　日　　〇月〇日（〇）

　　　　　　　集合　2時　○○小校庭
　　　　　　　解散　4時　（同上）
(3)　対象者　　5・6年生と父母（最低40名の参加）
(4)　準　備　　軍手、帽子、タオル（あせふき）
(5)　ねらい
　地域の自然環境づくりに社会教育活動の一環として積極的に参加する。
　最近、家庭や地域で子ども達は"自分の身の回りは自分の手で整理整頓する"とか"汗を流して働く"とか"地域や他人のために奉仕する"とか"地域みんなのふれあいの中で活動する"などを通して喜びを味わうような「機会や場」があまりにも少ないように思います。また親の私たちも案外自己、家庭中心になり無関心なようです。
　これでは、子ども達が全人的に成長することは、むずかしいと思います。子ども達のすこやかな成長を願って、是非、積極的に参加するよう働きかけをお願いします。

留意点　　地域活動が地についた地区では、主旨の説明を省いてもよい。

●遅刻対策についての依頼

平成〇〇年〇月〇〇日

保護者殿

〇〇〇立〇〇〇学校長
　〇　〇　〇　〇

　　　　　　　　遅刻防止のためのお願い

　本校においては、学習意欲の低下防止と生活指導の徹底のために登下校時刻の厳守に努力しています。しかし最近寒さに向かうと共に遅刻する生徒（児童）が目立ってきています。
　このような傾向をなくし、正常な学校生活を送らせるには、生徒（児童）が自覚を持つのが基本です。しかし一旦崩れた習慣を元に戻すのは本人はもとより学校全体としても大きな努力が必要です。ご家庭におかれましても、遅刻のないようにご協力下さるようにお願いします。
　なお、防止対策の一環として各学期〇回以上の遅刻者に対しては、別途通知致しますので、保護者同伴でご来校のうえ、遅刻防止の対策について各担任とご相談いただくように致しましたので、お含みおき下さい。

留意点　　高校では、相談と同時に始末書（理由書）の提出を求めるようにする。

● 遅刻のお知らせ

平成〇〇年〇月〇日

〇〇〇〇殿

〇〇市立〇〇〇中学校
　　生　活　指　導　部

　　　　「遅刻」のお知らせ

　拝啓　盛夏の候、ご父母の皆様にはますますご健勝のこととお喜び申し上げます。
　さて、〇〇〇〇君の今学期の遅刻状況は下記の通りです。遅刻は欠席につながり、学習にも支障をきたします。
　つきましては、ご家庭でも今少し早めに登校させるよう、よろしくご指導の程お願い申し上げます。
　　　　　　　　　　　　　　　　　　　　　　　　　　　　　敬具

　　　　　　　　　　　　　記
　　第〇学期　　〇月〇〇日（〇）～〇月〇〇日（〇）
　　　　　　　遅　刻　回　数：〇回

留意点　　遅刻の要件を書いておくとよい。

●校外活動許可願

教　頭	生活指導	付添顧問

校 外 活 動 許 可 願

1. 団 体 名
2. 目　　的
3. 日　　時　昭和　　年　　月　　日　午前・午後　　時　　分から
　　　　　　　　　　　　　　　　　　午後　　時　　分まで
4. 場　　所　　　　　　　　　　　　　TEL
5. 生徒氏名　（計　　名）　生徒指導責任者名

年	組	氏　名	年	組	氏　名	年	組	氏　名

昭和　　年　　月　　日

○○○○○○○○学校長殿
※活動日の1週間前までに指導の先生を通じて提出すること。

留意点　部活・学級活動などで校外に出るとき提出させるとよい。
　　　　　生徒派遣費の請求にも使用できるように交通費、参加費欄を設けてもよい。

●校外活動報告書

校 外 活 動 報 告 書

1. 団 体 名
2. 目　　的
3. 日　　時　昭和　　年　　月　　日午前・午後　　時　　分から
　　　　　　　　　　　　　　　　　午前・午後　　時　　分まで
4. 場　　所
5. 生徒氏名　（計　　）

年	組	氏　　　名	年	組	氏　　　名	年	組	氏　　　名

6. 活動の結果・反省
7. 事故の有無

上記の通り活動しましたので報告いたします。
　　　　　　　　　　　生徒責任者氏名
　　　　　　　　　　　付添職員氏名　　　　　　　　　印
　　　　　　　　　　　　昭和　　年　　月　　日
○○○○○○○○　学校長殿

留意点　　複写式にして、下のを報告書として事後提出するとよい。その場合は、変更欄を設けるとよい。

● 事故防止

平成〇〇年〇月〇〇日

保護者各位

〇〇立〇〇〇学校長

〇　〇　〇　〇

校外における遊びでの事故防止について

ずいぶん日が長くなりました。子どもたちは元気いっぱいに戸外で遊んでいることと思います。最近〇〇市で事故が発生しました。事故防止のために、ご家庭におきましてもご指導をお願いいたします。

〇禁じられていること
1. 自転車乗り禁止道路への乗り入れ
2. 自転車二人乗り
3. 工事現場での遊び
4. 遠出、盛り場での遊び
5. 自動車が通る路地での遊び
6. 火遊び（花火も注意）
7. かけごと

```
        危険な工事現場
          （地　図）
```

留意点　危険箇所、期間を具体的に示すとよい。

●交通安全についてのお願い

平成○○年○月○日

保護者各位

○○立○○小学校長
　○　　○　　○　　○

　　　　　　　交通安全についてのお願い

　桜の花も散り、新一年生も学校生活にすっかりなれ毎日を楽しそうにおくっております。学校では新年度の計画に則り、学校の教育目標達成にむかってスタートいたしました。
　さて、春の交通安全運動が○月○日から○月○日まで行われます。学校としても交通安全指導については格段の注意をはらってきておりますが、ご家庭におきましてもお子さまの登下校や校外での遊びなどの交通安全指導についてご協力いただくようお願いいたします。
　以下、とくにご留意いただくことについて申しあげます。

　　　　　　　　　　　記
１．通学路について
　　　指定された通学路で登下校して下さい。
２．自転車の使用について
　　　登下校時の自転車の使用は禁止しています。校外での遊びのときなどは、点検を十分にされて道路上での乗り方や交通法規についてご指導を徹底されるようお願いします。
３．交通事故予防について
　　　お子さんが交通事故をおこさないようにするためには、ご両親が

まず身をもってルールを守ることが第一です。

留意点　親が子どもに具体的に指導できるように危険な場所を図示した方がよい。
　交通災害共災の内容を紹介し、加入をすすめるとよい。

●スクールゾーンの申請

　　　　　　　　　　　　　　　　　　　　平成○○年○月○日
○○○教育委員会教育長
　　○　　○　　○　　○　殿
　　　　　　　　　　　　　　　　　　　○○立○○○学校長
　　　　　　　　　　　　　　　　　　　　　○　　○　　○　　○

　　　　　　　　　スクールゾーン設置についてのお願い

　最近の交通事故多発にともない、児童の安全確保のため、下記のように
スクールゾーンの設置をお願い申しあげます。

　　　　　　　　　　　　　　記
1　希望する道路　○○街道○○部分（別添学区域地図の朱書の道路。）
2　理　由　(1)最近交通量が増大し本校児童の交通事故が発生した。
　　　　　　(2)平成○○年○月○日（○）　登校中○○町○○番地交差点
　　　　　　　で交通事故（引き逃げ）
　　　　　　(3)平成○○年○月○日（○）　○○町○○番地の○○道路で
　　　　　　　自転車と自動車の衝突事故

留意点　　申請は教育委員会に出し、教育委員会から警察等に提出すること が望ましい。

● 痴漢防止のお願い

平成〇〇年〇月〇〇日

保護者殿

〇〇立〇〇〇学校長
〇　〇　〇　〇

痴漢防止についてのお願い

　最近学校周辺で痴漢行為が起きております。又、再び出現するとも限りませんので十分注意してください。なお、学校では子どもたちに下記のことを指導していますが、ご参考にしていただいてご指導ください。

1 学校で指導していること。
　(1)　〇時までに家に帰っていること。
　(2)　〇〇公園や、暗がりの所に行かないこと。
　(3)　できるだけ一人歩きをしないこと。
　(4)　甘いことば、金、品物でさそわれないこと。
　(5)　へんだなと思ったら、大きい声をあげて逃げること。
　(6)　知らない人についていかないこと。

2 ご家庭で注意していただきたいこと。
　(1)　子どもの生活状況をよく把握して下さい。
　(2)　どんな小さいことでもすぐに学校に知らせて下さい。
　　　ＴＥＬ〇〇〇〇（〇〇）〇〇〇〇　担当〇〇

留意点　警察に連絡しパトロールを要請するとともに、ＰＴＡにも地区担当の見回り等の協力を求めるとよい。

● 誘拐防止のお願い

平成○年○月○○日

保護者の皆様へ

○○市立○○○○小学校長
○　○　○　○

誘拐防止についてのお願い

　地球の公転が狂ったのではないかと思われるような暖冬でございますが、皆様にはますますご健勝のこととお喜び申しあげます。
　さて、埼玉県入間市の『真理ちゃん誘拐・殺人事件』には、"これが人間のすることか"と言う激しい怒りが込み上げてきます。最近、○○市内や近接市でも『誘拐未遂事件』がひんぴんときています。その手口は、児童の下校時や塾帰りをねらって

- ●「お母さんが救急車で○○病院に入院したので、一緒にすぐ病院にいこう」等と言って、子供を車に乗せようとする悪質極まりないものです。また、痴漢の出没も依然としてあとをたちません。子供を、こうした悪魔の手から守るため、学校では、次のような指導をしています。
　ご家庭でも、これを参考にして、お子様と十分お話し合い下さるようお願いいたします。
- ●暗くなるまで外で遊ばない（特に一人遊びはしない）
- ●知らない人に声をかけられても、決して同行しない。あとをつけられたら、近くの家に逃げ込み助けを求める。
- ●「お母さんが入院した」などの言葉はそのまま信用せず、必ず家の人に連絡して確かめる。
- ●塾などから帰るときは、遠回りでも人通りの多い道を通って帰る。

●どんな理由でも、知らない人の車には絶対に乗らない。

留意点　　ＰＴＡの地区委員と連絡をとり合い、地域ぐるみで取り組むと効果的である。文書もＰＴＡと連名で出すこともよい。

●家出児童の捜索協力

(依頼)　　　　　　　　　　　　　　　　　　　平成〇〇年〇月〇日
〇〇〇警察署長
　　〇　〇　〇　〇　殿
　　　　　　　　　　　　　　　　　　〇〇立〇〇〇学校長
　　　　　　　　　　　　　　　　　　　　〇　〇　〇　〇

　　　　　　　　家出児童捜索について協力のお願い

　平成〇〇年〇月〇日（〇）、〇時ごろ、本校児童〇〇〇〇（〇年〇組）君が、放課後行方不明になりましたので、捜索についてのご協力をお願いいたします。

　　　　　　　　　　　　　　記
1　行方不明者の氏名　〇〇〇〇（〇才）　　男　〇年〇組
2　本人の特長　　　(1)　身長　〇〇〇cm
　　　　　　　　　(2)　体重　〇〇kg
　　　　　　　　　(3)　服装　灰色の半ズボン・白色のセーター
　　　　　　　　　(4)　髪型　ぼっちゃん刈り
　　　　　　　　　(5)　顔型　丸顔
　　　　　　　　　(6)　その他（〇〇日〇〇時の写真を添付します）
3　行方不明になった時刻　　〇月〇日（〇）　〇時ごろと思われる。
4　　　〃　　　　場所　〇〇市〇〇町〇番地〇〇自然公園
5　当日の行動　　　　〇時に自宅を出て、〇〇自然公園に向い同公園で遊んでいた。

6　連　絡　先　　　　○○立○○○学校　担当○○○○　電話○○○○

留意点　　　家庭との連絡を密にとるとともに、警察、教育委員会に報告すること。
　行方不明になった場所の地図を入れるとよい。

●行方不明事故について報告

平成〇年〇月〇日

〇〇教育委員会指導室　殿

〇〇市立〇〇小学校長　〇〇〇〇〇

〇〇〇〇行方不明事故について報告

1　児童名　　　〇〇〇〇（平成〇年〇月〇日生）〇年〇組
2　保護者氏名　〇〇〇〇（平成〇年〇月〇日生）
3　現住所　　　〇〇市〇〇〇ー〇ー〇
4　発生日時

　〇月〇日、午後0時40分頃〇〇警察署より、担任〇〇〇〇に児童の行方不明を知らされる電話があり、事故発生を知る。

5、事故発生状況

　前〇月〇日午後〇時〇分頃、母親から〇円もらってピストルの玉を買うと言って家を出たきり、午後〇時〇分になっても帰宅せず、行方がわからないという届が110番で通報された。

6　事故、経過、処理

　警察が近隣を探し回り見つからず、担任に児童の性格、生活傾向などを聞くために、〇日午後0時40分担任が呼び出され児童宅に出向く。午後1時頃から、よく児童が遊びに行っていたらしい〇〇屋および〇〇小学校の屋上から地階まで、警察官、母親の友人、担任、警備員で約2時間くらいくまなく探しまわったが、手がかりは得られず。

　19日朝、再び捜査を開始したところ、午後10時頃、児童ひとりで無傷のまま自宅のアパートに帰ってきて、解散をみた。

　児童の無事帰宅を知り、教頭と担任が児童宅に出向き、警察官とともに、その事情経過を聞く。

　児童は、前日〇〇屋に遊びに行き、そのまま〇〇屋近くの、かねて母親

の知合いであり、宿泊経験のある〇〇市〇〇〇－〇－〇　〇〇〇〇宅に立ち寄り、そこの中学一年〇〇君とずっと過ごし朝を迎えた。〇〇方の両親は留守で、夜中に帰ってきた模様であるが、朝まで児童が黙って泊込んでいることを知らなかったらしい。

7　児童の家庭環境

　保護者は母親（父親とは離婚したもよう）

　母親は、スナック勤めをしていたが、からだをこわし現在は生活保護を受けながら療養をしているが、調子のよいときには、たまに手伝いに出ているようである。スナック勤め習慣からか朝は母親が寝ていることが多く、子供を満足に起こして学校に出すことができにくく、入学当初、学校も休みがちな傾向が見られたが、学校の強い指導のもとに何とか学校に出てくるようになっていた。子供は放任の感じで、就学児童検診はもとより、保護者会への出席は皆無。学校からの手紙、連絡に応じることも、よほど強く出なければ、まれであった。

8　今後の指導のあり方

　今回の事故を通して、母親が子供の出先、帰宅時刻に対しても関心を持たず、夕食時に帰宅しないこともしばしばあったらしいが、しつけもせずに放任していた状態を強く感じることができた。

　児童の健全な発達のために、児童に対する保護者としての監督、保護指導についての自覚を強力に促すとともに児童に対しては、生活の基本的きまり、善悪の場面判断などを直接指導していきたいと思う。

留意点　　事実関係に誤りのないように、正しい記録にもとづいて報告する。

●学校事故の報告

〇年〇月〇日

保護者　殿

〇〇市立〇〇中学校
〇〇　〇〇

　　　　　　〇月〇日の全校避難したことについて

　〇月〇日、午後〇時〇分、二階東側渡り廊下の煙探知機が作動し、全校生徒を、校庭に緊急避難させる事態が生じました。その廊下、B棟よりの掃除用具入れのほうきが燃えたため、その煙が原因で、作動したものです。この時間帯前後にも火をつけるいたずらがあり、そのうち1回が、この結果を招じたものでした。

　常日頃、火のいたずらについては、厳重に注意をうながしておりましたが、こうした結果の生じたことについて、たいへん遺憾に思い残念でなりません。この度の件を通じ、火に対するいたずら心が、どれほど重大な結果を招くか、生徒全員の肝にめいじたことと思われますが、生徒が二度とおこさないことは当然として、職員一同いっそう心をひきしめて指導に当りたいと考えております。

　この度の件については、いたずらの原因もつきとめられ、学校としての対応は十分になされ、二度とこうした事態の起きないことを信じております。ただし、学校は、未熟な人格を、りっぱな社会人として送り出す場でございますので、たとえ一人の生徒といえども、育てるべき人格を傷つけるようなことはできません。いわんや、犯人探しや、犯人扱いなどは決して許されるべきことではありません。

　こうしたことをご覧察のうえ、今回の件は一応事後処理されたことをご承知いただき、今後ともいっそうのご協力を、またご家庭でのご指導をた

まわるようお願いするものでございます。

留意点 ①家庭に対する事故報告は、事実に基づいて迅速に行う必要がある。いたずらに時間がおくれたり、事実との相違があると、大きな学校不信につながる恐れがある。
②事実が途中までしか判明しない時にも、解明されている範囲で早く知らせる。

●防災訓練について

　　　　　　　　　　　　　　　　　　平成○○年○月○日
　保護者殿　　　　　　　　　　　　　○○○○小学校長
　　　　　　　　　　　　　　　　　　　　○　○　○　○

　　　　　　　　　防災訓練の実施について

　　風立ちて月光の坂ひらひらす　　　大野林火
　　涼風の待たれるきょうこの頃ですが、保護者の皆様には、益々々ご清栄のこととお慶び申し上げます。
　　さて、一学期に通知致しましたが、総合防災訓練（引き渡し訓練）を明○日（○）に実施致します。
例年、多少の混乱がありますので、下記の要項をご覧の上宜しくお願い致します。
　　　　　　　　　　　　記
1．日　時　○月○日（○）11時30分（この時間から、引き渡しをクラスごとに実施しますので、早く来校された方は校庭の南フェンス側にお並び下さい。）
2．引き取り開始等に就きましては、放送で通知致しますので、放送をよくお聞きの上、行動を開始して下さい。（必ず各担任に、連絡して下さい）
3．保護者の引きとりのない児童は、体育館の方で、児童を保護致します。（遅れた方は、体育館の方へおこし下さい）

留意点　　　9月に実施されることが多いので、夏休み前に知らせておくとよい。
　引きとりのできない児童については事前に把握しておくとよい。

● 総合防災訓練

平成〇〇年〇月〇日

保 護 者 各 位

〇〇〇〇小学校　生活指導部

総 合 防 災 訓 練

1．実施日　昭和〇年〇月〇日（〇）、都の防災週間は8月31日～9月6日。
2．訓練の目的　災害の発生するおそれのある場合、または、災害発生時における児童の安全確保及び施設の防災措置等を行うことにより、適切な災害対策の実践と、災害意識の高揚を図る。
3．訓練内容
　① 情報伝達訓練　総合防災本部より警戒宣言が発令されたことを受ける。
　② 学校の対策

訓練項目	実施時間		訓　練　の　内　容
1. 伝達説明誘導の訓練	11：10	11：20	・授業を中止し、学級指導に切り換え、訓練として警戒宣言が発せられたことを児童に伝え、地震に対する注意事項と、実際に判定会が召集された場合の学校の対応について説明し、本校の計画に従って帰宅させるよう準備を整える。
2. 避難誘導訓練	11：20	11：30	・地震の発生を想定し、机の下などに身を伏せ、応急の安全確保を図り、続いて、頭部の安全確保など防護措置を講じ、計画に従って校庭に避難誘導する。

訓練項目	実施時間		訓練内容
3. 保護者への引き渡し訓練	11：30	11：45	・校庭で、学年・学級ごと（東から6、2、1、3、4、5年の順）に引き渡します。 ・引き取りの際、必ず担任の確認をうけること。
4. 校内保護対策の訓練	11：45	12：00	・保護者の引き取りのない児童は、学校で保護する。
5. 施設の安全措置等の訓練	12：00	12：20	・児童を帰宅させた後、水の汲みおき、備品等の転倒落下防止、火器、薬品類による火災防止、消火器及び、応急備品の点検施設設備の点検等、地震による被害軽減の措置をとる。

------------------------ キ リ ト リ セ ン ------------------------

児童の安全引き渡しのため下記の調査をいたします。ご協力ください。

当日の引き渡し状況		
保護者が引き取りにいく	・はい　・いいえ（○でかこむ）	
いいえの人は	・知人にたのむ	だれに
	・学校へ行く	都合で行けない
※ 急ですが、〇月〇日までに提出ください。	年　　組	

留意点　　9月1日に実施する場合は、夏休み前に保護者に知らせておくこと。しかし月日については必ずしも9月1日にすることはない。
学童には事前に連絡をとり、引き取りを依頼すること。

●施設使用願

校 長	教 頭	事務長	担 当

　　　　　　　休暇中
　　　　　　　時間外　　学校施設使用願

1．使用者（個人　団体名）
2．日　　　時　　　　月　　日　　時　　分から　　月　　日　　時　　分まで
3．使　用　目　的
4．使　用　施　設　　（　年　組）教室　　体育館
　　　　　　　　　　　生徒会室　　クラブ部室　　暗室　　図書室
　　　　　　　　　　　音楽室　　美術室　　和室　　校庭
　　　　　　　　　　　格技場　　テニスコート、バレーコート、その他
　　　　　　　該当するところを○で囲む。その他室名を記入する。
　　　　　　　平成　　年　　月　　日

承認者印

責任者	年　　組
氏　名	氏名

5．注意事項厳守
　①　施設使用後は、必ず後片付、掃除を行なうこと。
　②　下校時間は5時30分厳守すること。
　③　特に承認を得て施設を使用し、下校する場合は、日直又は顧問が不在の際、学校警備従事者に連絡して下校すること。
　④　電気設備をかってに改造して使用したり、許可を得ないで器具を持ち込んで使用したりしないこと。（この場合は事務施設担当者の許可を得て使用する）

⑤　火気の取扱いには特に注意を払うこと。
⑥　鍵は下校時に返還すること。必ず守ってください。
⑦　事故をおこさないよう各人で注意してください。

　　注　この用紙は生徒の施設の利用にのみ使用する。
　　　　〃　　ボールペンで書き前日までに提出する。

留意点　　生徒が使用する場合でも、責任を明確にするため及び、使用状況把握のため書類を提出させるとよい。

● 旅行届

旅 行 届

第　　年　　組　　番氏名
住　所
　　　　　　　　　　　　　　　TEL

1．目　的
2．目的地
3．宿泊地　　　　　　　　　連絡先TEL
4．期　間　自平成　　年　　月　　日午前・午後　　時　　分
　　　　　　至平成　　年　　月　　日午前・午後　　時　　分
5．同行者　（本人との関係）

6．交通機関　（往）　　　　線　　　　駅から　　　　駅まで
　　　　　　　（復）　　　　線　　　　駅から　　　　駅まで

　保護者の責任において、上記の旅行をいたさせますので、ご連絡いたします。
　　　　平成　　年　　月　　日
　　　　　　　保護者氏名＿＿＿＿＿＿＿印

○○市立○○○中学校長殿

留意点　　旅行の何日前までに提出か書いておくとよい。

●アルバイト届

アルバイト届

　　　　第　年　　組　　番氏名
　　　　住　所
　　　　　　　　　　　　　ＴＥＬ
1．目　的
2．勤務先　①会社名_____
　　　　　②所在地_____
　　　　　③電　話_____
3．勤務内容
4．期　間　平成　年　月　日から
　　　　　平成　年　月　日まで　　日間
5．勤務時間　午前・午後　時　分から午前・午後　時　分まで
　上記のとおり、保護者の責任においてアルバイトをさせますのでお届けいたします。
　　　平成　年　月　日
　　　　　保護者氏名_____印
都立○○○○高等学校長殿

留意点　　目的は、具体例を挙げて、チェックしてもよい。

● 施設・設備等破損届

東京都立○○高等学校長　殿	届出月日	月	日
	学 年 組　氏　名	年	組
	（クラブ名		部）

施　設　・　設　備　等　破　損　届　　　　職員確認印

下記により、破損しましたのでお届けいたします。

記

1. 破損月日：　　　　月　　　日　　AM・PM　　　時　　　分頃
2. 場　　所：
3. 破損物件：
4. 破損状況：
   ....
   ....
5. 理　　由：
   ....
   ....

◎記入上の注意

- 1～5まですべて記入し、必ず担任又は、クラブ顧問の確認印又はサインをしてもらうこと。
- 4及び5については、できるだけ詳しい説明を記入すること。
- この届けは、記入後すみやかに事務室に提出すること。

これより下は記入しないこと。	受付月日　昭和　　年　　月　　日			
〔処理〕	校　長	教　頭	事務長	担　当
	所見			

286

● 盗難発生報告書

校　　長	教頭主事	事　務　長

物 品 等 の 盗 難 発 生 報 告

1. 盗難物品　現金等
　　　備　品　名
　　　金　　　円　￥　　　　円-
　　　被 害 者　年　組　生徒氏名
　　　その他被害者氏名

2. 発 生 日 時　　　昭和　　年　　月　　日　　時　　分

3. 発 生 場 所
　　　（図面添付）

4. 発 生 当 時 状 況

5. 対 応 措 置

　　　　　　　昭和　　年　　月　　日

　　　　　　担任又は当事者氏名　　　　　　　　㊞

● 自転車事故補償保険の加入について

平成○年○月

東京○○○○○○高等学校
ご父母各位

都立○○高等学校長
○　○　○　○

団体「自転車事故補償保険」のご加入について

　交通事故が相変わらず多発し、大きな社会問題となっている昨今、自転車通学の生徒をお持ちのご家庭では日頃ご心配も深いことと思います。学校でも生徒の安全指導には格別のご苦労、努力されておられますが、自転車の場合、軽便さゆえ避けきれぬ事故も多く、特に運転者のケガに直結しています。一方、最近では自転車の性能アップにより加害者となるケースも出ております。

　そこで、生徒の自転車利用にともなうこのような被害事故と加害事故のための「自転車事故補償保険」を学校でご採用頂き、昨年多数の皆様にご加入頂きました。この間数件の重傷事故も発生し、お役に立ってまいりました。

　つきましては、下記の通りご案内いたしますので、是非とも主旨ご理解ご賛同いただきご加入されますようおすすめ申し上げます。（昨年ご加入の○、○年生で継続希望の方もお忘れなくお申込みください。）

　なお、この保険は通学中の事故だけでなく、家庭での自転車事故も補償の対象となります。

記

1．「自転車事故補償保険」の内容

(1)　生徒が自転車を運転中に死傷した時、次の保険金を支払います。（自分の自転車の損害〔修理代等〕は対象となりません。）
　　①　ケガで通院した場合…1日につき　3,000円（但し最高90日まで）
　　②　ケガで入院した場合…1日につき　4,500円（但し最高180日まで）
　　③　死亡または後遺障害を負った場合…最高503万円
　(2)　生徒およびそのご家族が、自転車運転中（管理中も含む）に他人に損害（人・物）を与えた時の賠償金を支払います。
　　①　支払限度額…1事故につき　2千万円を限度とします。
　　②　免責金額…1事故につき　1,000円です。（1,000円だけは自己負担となります。）
2．加入保険料　　○年間　○○○○円（○年○月○○日から○年間）
3．加入方法　　　下記加入申込書に記入の上、保険料とともに、下記受付期間に校内受付場所へご提出ください。
4．申込受付期間　○月○○日（○）の昼休み時間
　　　　　　　　○月○○日（○）の放課後時間
5．引受保険会社　東京○○○○保険株式会社
　　　　　　　　○○支社　☎○○○○-○○-○○○○
　　　　　　　　担当者・○○○
　　　　　取扱代理店　○○保険事務所　☎○○○○-○○-○○○○
　　　※詳しい内容および事故の場合は、上記へ直接ご連絡ください。

············きりとり線············

団体「自転車事故補償保険」加入申込書				切り込み	団体「自転車事故補償保険」加入受付証		
住　　所					保護者名		様
保護者名		㊞	TEL （　　　） （　）-（　）		保険料	￥	○○○○円
生　徒　名					上記の通り受領、受付致しました。		
学年・組・番号	都立○○○○高等学校　年　組　番				平成○○年○○月○○日 東京○○○○保険株式会社 　○○支社　　担当者　　　　㊞		

※恐れ入りますが、受付がたいへん混雑しますので、右の加
　入受付証の保護者名もご記入のうえ、切り込みを入れてお
　持たせくださるようお願い申し上げます。

留意点　　日本体育・学校健康センターの給付との関係についても記すと
よい。

290

6 保健関係

● 保健からのお知らせ ①

平成○○年○月○日

保護者各位

東京都立○○養護学校長　　○○○○

保　健　部

保健部のお知らせ

　新入生のお子様も、進級されたお子様も新しい環境に馴れましたでしょうか。ことしは、陽気が不順なせいか、まるで雪国の春を思わせるように花々が咲き競っておりますが、皆様いかがお過ごしでしょうか。お子様の健康状態には、深い関心をもち、健康の保持、増進と事故の防止には、格別ご配慮のことと存じます。

　保健部では、お子様一人一人の健康状態を知るとともに、全校の児童・生徒の健康管理をしてまいりたいと思いますので、ご家庭のご協力をお願いいたします。

１．健康カードについて

　　現在実施中の定期健康診断が終りましたら健康カードをお渡しいたします。

　　健康診断や、体重測定の結果などをお知らせいたします。また、ご家庭での病気やけがや、健康状態の連絡などに活用していただきたいと思います。ご覧になって必要なことを記入されましたら、なるべく早く担任までお出しください。

２．欠席届について

　　お子様が病気、けが、ご家庭の都合などで欠席されるときは、必ず朝のうちに担任までお届けください。

お子様が病気にかかったり、緊張が強いとき、からだの調子が悪いとき、また疲れすぎているようなときは、無理をして登校しないで早目に適切な手当をうけて休養し、十分に体力が回復してから登校するようにしてください。
　なお、定期的に休養日をとらなければならないお子様については、担任とよくご相談ください。
　また、法定伝染病や、学校伝染病にかかったとき、その他病気、けがなどで長期間欠席しなければならないときは、医師の診断書あるいは、証明書をお出しください。

3．登校停止について
　お子様が法定伝染病・学校伝染病にかかったときは、登校停止になります。伝染病にかかった疑いのあるときは、なるべく早く医師の診察をうけて、学校（担任）に連絡し完全に治るまで学校を休ませてください。これは、病気にかかったお子さんが、早く治ると同時に他のお子さんへの伝染を防止するために必要な措置であって、このための休みは、欠席にはなりません。
　伝染病にかかって治癒し、登校されるときは、医師の治癒証明をもらい、担任を通して、保健室にお出しください。（お申出くだされば用紙を差上げます）
　また、同居の家族の方が伝染病にかかった場合にも、お子様の登校をご遠慮いただかなければならないことがありますので、診断された医師と相談のうえ登校させてください。
　（病気の日数と基準は別表）

4．学校健康会について
　東京都教育委員会は、在学中のお子様の不慮の災害に備えて、日本学

校健康会と災害共済給付契約を結んでおります。これは、学校の管理下においておきた災害や事故にさいして、その治療費や見舞金をうける共済給付契約で、本校では全児童・生徒が加入しております。

　加入手続きは、入学された際に加入同意書を出していただきますと、卒業まで、自動的に継続されます。

　61年度の共済掛金と事故の場合の給付額は、次のようになっております。

1）共済掛金
　　小・中学部児童・生徒保護者負担額……………………200 円
　　（納めていただく方には後日、お知らせいたします。）
　　高等部生徒保護者負担額……………………………305 円（全員）
2）給付額
　① 医療費　ア、健康保険適用の医療費の$\frac{4}{10}$
　　　　　　イ、高額医療費扱いの場合は、自己負担額と療養を受けた月の医療費の$\frac{4}{10}$を加えた額
　　（ただし、医療費総額が2,500円未満の場合は、給付されません）
　② 障害見舞金　最高1800万円から最低33万円まで障害の程度によって、14段階にわけられています。
　　（登下校中の事故の場合は、支給額が$\frac{1}{2}$になります。）
　③ 死亡見舞金　最高1200万円
　　（登下校中の事故の場合は、支給額が$\frac{1}{2}$になります。）

〔別　表〕
登校停止をしなければならない「病気と日数の基準」（保存してください。）

	病　　名	登 校 停 止 の 日 数 の 基 準
い	インフルエンザ	解熱した後　2日を経過するまで
ろ	百　日　咳	特有の咳が出なくなるまで
は	麻　　疹	解熱した後　3日を経過するまで
に	急性灰白髄炎	急性期の主要症状がなくなるまで
ほ	ウィルス性肝炎	主要症状がなくなるまで
へ	流行性耳下腺炎	耳下腺の腫脹がなくなるまで
と	風　　疹	発疹がなくなるまで
ち	水　　痘	すべての発疹が痂皮化するまで
り	咽頭結膜熱	主要症状がなくなった後　2日を経過するまで

以上、学校保健法できめられていますが、本校の児童・生徒は、体力がありませんので十分に休養して、体調を整えてから登校するようにしてください。

留意点　　担当者名を記した方がよい。
　　　　治癒証明書が無料になる学校医指定医等があれば名称、電話番号とともに地図を示すとよい。

● 保健からのお知らせ ②

<u>保健係から新入生ご父母の皆様へ</u>
〇〇〇〇．〇．〇〇

1 健康に関する事
 (1) 健康診断より
  (a) う歯（虫歯）
    未処置歯（いつ痛くなるかわからない歯）を持つ人65％前後あり
  (b) 視力障害
    視力が1.0％以下のもの60％前後あり
    <u>(a).(b)の治療矯正をさせて下さい</u>
  (c) 腎臓検診としての尿検査
    （腎臓疾患、糖尿病にかかっている生徒がいます）
    <u>尿の提出を必ずするようご指導下さい</u>
 (2) 学校管理下の怪我について（登下校も含まれる）
    日本体育・学校健康センター（旧安全会）に全員加入しますので学校の管理下での怪我の場合は治療費にそった見舞金が支給されます。
    ただし〇〇〇〇円以下（保険を使用しないで）の場合は支給されませんのでご承知おき下さい。また本人の申し出がないと取り扱えませんので<u>事故にあって受診した場合は必ず保健室までご連絡下さい。</u>
 (3) 出席停止について
    法定伝染病．学校伝染病等にかかった場合は出席停止されます。停止後<u>初めて登校する時は「出席許可証明書」を養護教諭に呈示して下さい。</u>
    （用紙．その他くわしいことは生徒手帳に書いてある）
 (4) 心の病気

早期に対処することが必要です。お子様の様子で何か心配事がありましたらご連絡下さい。心の病気の原因は家庭にあることがとても多いです。どうぞなごやかな家庭作りに努力して下さい。

(5) 昨年度．保健室に来室し記録された傷病数

　　　＜外科的．570件　　内科的．1420件＞

　内科的の方が2倍以上ある。

　　（内科的は不定愁訴と思われるものが多い。これは(4)心の病気に関係あり）

2　生活に関すること

(1) 食生活について

　(a) お弁当を持たせて下さい。

　(b) 朝食は一緒にとり健康観察をして下さい。

(2) 日常生活

　　規則正しい生活（昼夜反対―怠学―不登校―留年）

(3) アルバイト

　　禁止されています。

(4) 喫煙

（1986年のアンケート資料より）

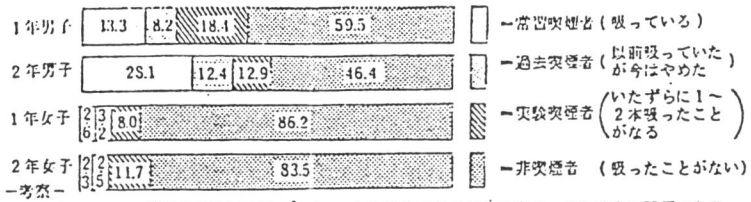

1年男子	13.3	8.2	18.4	59.5	□ ―常習喫煙者（吸っている）
2年男子	28.1		12.4	12.9	46.4	―過去喫煙者（以前吸っていたが今はやめた）
1年女子	2/3 6/2	8.0		86.2	―実験喫煙者（いたずらに1～2本吸ったことがある）
2年女子	2/2 3/5	11.7		83.5	―非喫煙者（吸ったことがない）

―考察―

　現在吸っている常習者が2年男子の1/3、人数にして80名位である。これは大に問題である。

　タバコの害は2年生の保健で学んでいるはずなのに、中毒になるとなかなかやめられないのか……。

(a) 14才以下で吸い始めた者の多くは60才までいきられないと言われている。
(b) 自分だけでなく他人に迷惑をかける―間接喫煙―
(c) 昨年の生徒指導部の指導を受けた者の多くは喫煙によるものです。
(d) この冬風邪が3週間もなおらないと言って来室する生徒はほとんど喫煙しているようです。
(e) <u>家庭でも喫煙を黙認することのないようお願いします。</u>
(5) バイクによる事故
　　バイクの事故は死亡．後遺症を残すなど大きな怪我が多い。

　　　　　　　　　　　　　　保健係　　○○○（養護教諭）

留意点　　家庭教育の資料になる内容にして、学校教育との提携を図ること。
　生活に関することは、生活指導部とも十分連絡をとり、一貫性のあるものにすること。

● 健康診断のお知らせ①

平成○年○月○日

保護者　殿

　　　　　　　　　　　○○小学校長
　　　　　　　　　　　　○○○○

　　　　　健康診断についての受検のおねがい

　別紙にさしあげましたように◎印のものの健康診断がまだ終了していません。下の表をごらんの上すみやかに受診され、学校にご連絡くださいますよう、お願いします。

	眼　　科	耳鼻科
医院名	○○眼科 （○○○○）	○○耳鼻科 （○○○○）
住　所 電　話	○○5の27の2 ○○－○○○○	○○3の11の13 ○○－○○○○
受診する日 （指定日）	月、火、水、金曜日 午○○時～○時まで	月、水、金曜日 午○○時～○時まで

　上記の学校医さんの指定した日時に受診された場合は、無料になります。なお、家庭の都合で、かかりつけの医院等でみてもらう場合は、有料になりますので、ご承知おきください。

留意点　　全員が健康診断をうけて、健康な身体を維持させるのが目的であるので、用紙の色をかえるなど工夫するとよい。

● 健康診断のお知らせ②

　　　　　　　　　　　　　　　　　　　平成〇〇年〇月〇〇日
　保護者各位

　　　　　　　　　　　　　　　　　〇〇立〇〇〇学校長
　　　　　　　　　　　　　　　　　　〇　〇　〇　〇

　　　　　　　　就学児健康診断のお知らせ

　希望にあふれる新年を迎えられ、皆さまますますご健勝のことと存じます。本年4月〇〇〇学校に入学されるお子さまの健康診断を下記のように実施いたしますので、下記事項をご覧の上ご来校くださいますようお願いします。

　　　　　　　　　　　記
1　日　時　　〇月〇〇日（〇）〇〇時～〇〇時
　（受　付）　〇〇時〇〇分から
2　場　所　　〇〇〇学校（受付〇〇〇室）
3　持参するもの
　(1) 市役所からの就学児健康診断通知書（はがき），学校からの封筒（このお知らせがはいっているもの）――この二つは受付にだして下さい。
　(2) 健康調査書（該当事項を記入し，持参してください。）
　(3) 上ばき（2人分）
　(4) 筆記具
4　その他
　(1) 市役所からは〇〇〇学校に入学するように通知を受けている方で

　　　　　　私立学校または○○○学校以外の学区域に転居予定のかたは、必ずその旨を、また、当日病気などのために健康診断を受けられない場合も学校へご連絡ください。
(2)　所要時間は約1時間です。
(3)　問合せ先　　○○○○（○○）○○○○　　　担当　○○○○

留意点　　　自治体が法律に基づいて実施するものである。しかし入学予定者が初めて学校を訪れる機会でもあるので暖かく迎えたい。教育相談を設けるとよい。

● 健康診断について ③(生徒向)

○○○○年度定期健康診断について

　定期健康診断は学校保健法という法律によって実施されるものです。1年間健康で学校生活が過ごせるよう、すすんで受け、早めに治療するようにしよう。

◎定期健康診断予定表

実施項目	月日(曜)	時　間	対象者	場所	備　考
身体計測及び校医検診	○月○日(○)	○:○～○:○	男子生徒全員	別　紙	3時限まで授業、保健委員、補助係は準備、記録、後かたづけをする。
	○月○日(○)		女子生徒全員		
腎臓検診(尿検査)	○月○日(○)	1、2年生は○:○～○:○まで○年生は○:○～○:○まで	全校生徒(生理中の人は5月10日)	保健室	保健委員(又は日直)が各クラスで集めて提出。
	○月○日(○)		一次異常者		
胸部X線検査	○月○日(○)	○:○～○:○	1年生、教職員	レントゲン車	○組～○組、教職員
心臓検診 問診	○月○日(○)	L・H・R時	2、3年生全員	各教室	保健委員は集めた用紙を保健室へ提出。
	保健オリエンテーション時		1年生全員		
心電図検査	○月○日(○)	○:○～○:○	1年生全員、2、3年生該当者	会議室	2、3年生該当者1年生胸部X線検査終了後直ちに
健康診断一斉転記	○月○日(○)	L・H・R時	全校生徒	各教室	生徒手帳に転記

◎健康診断の目的及び内容
　　☆胸部X線検査…………………肺疾患の早期発見、心臓、肺、背柱の形態や異常を調べる。
　　☆腎臓検診(尿検査)………腎臓病、糖尿病の早期発見のため、尿中の蛋白、糖、潜血反応を調べる。
　　☆身体計測及び校医の検診…体格の状態と視力の測定及び内科、眼科、耳鼻科、歯科の校医による検診で疾病、異常を調べる。
　　☆心臓検診……………………心臓の疾病及び異常を問診票、校医聴打診、心電図で調べる。

◎生徒受診の心得及び注意
1．健康診断の目的意義を充分理解した上で行動して下さい。
　(1)　健康診断日は遅刻、早退、欠席をしないように。なおさぼったり、

不正な行為をした場合は自費で受診することになります。
　(2)　受ける時の態度は正確な計測、検診となるために行動には充分注意。
　　　（静かに真面目に受けて下さい）
　(3)　静かに順番を待ち、係の先生や生徒の指示に従い、勝手な行動を取らない。
2．受診時の服装及び清潔
　(1)　胸部X線検査の際はワイシャツ、ブラウスのえりにボタンのないものを着用。下着は出来るだけ金具のないもので、脱ぎ着の便利な衣服を考える。
　(2)　心電図を受ける際はストッキングを脱いでおき、胸部が出せるような前ボタンの服装がよい。
　(3)　身体計測、校医の検診の際は、トレーニングウェアーのみの着用。女子はブラジャーをはずし胸囲計測、内科検診をスムーズにする。
　(4)　検診の前日は入浴し身体、下着、耳（耳あかを取り除いておく）、鼻（鼻をかんでおく）、歯（歯みがきをきちんと）を清潔にしておくこと。
　(5)　視力計測の時メガネを使用している生徒はメガネを忘れないこと。
　　　（コンタクト使用者は裸眼の測定はしない）
3．健康診断票は公簿ですので大切に扱い折り曲げたり、丸めたり、汚したりしないように注意する。
4．更衣した衣類、持ち物は各自ロッカーに入れ貴重品は担任にあずけて下さい。
5．健康診断が終るまでクラブ活動は中止、異性の健康診断時、校舎内の出入は禁止。（特別の生徒を除く）
　　　※わからないこと等があるときは、保健室の○○まで。

留意点　健康診断に関心を持たせ、能動的に受診、計測するために目的・内容についてわかり易く説明したり資料として統計表を入れるなどの工夫をするとよい。
　保健委員の生徒を中心に、係活動を積極的に取り組ませるとよい。又、結果をニュース等で報告するとより関心を持たれる。

●健康診断の結果報告

平成〇年〇月〇日

保護者　殿

　　　　　　　　　　　〇〇小学校長
　　　　　　　　　　　　〇〇〇〇

　　　学年　　組　なまえ
　　　（　　　　　　　　　　　）

　健康診断の結果、上記の疾病がありましたので、お知らせします。日々、成長している大切な時期ですので、なるべく早く、治療をうけられますよう、おすすめします。なお、治療が済みましたら、健康の記録又は、連絡帳でご連絡ください。
　眼科や耳鼻科、皮フに疾病のある場合は、プールに入れないこともありますので、お医者さんとよくご相談してください。

留意点　　早期発見、早期治療が大切なので、できる限り速やかに治療をするように、保健だより等で事前に知らせておくと効果的である。

● 結核検診について

　　　　　　　　　　　　　　　　〇.〇.〇

保護者　殿
　　　　　　　　　　　　　　　〇〇小学校長
　　　　　　　　　　　　　　　　〇〇　〇〇

　　　　　　　　　　結核検診について

　結核予防法により、小学校においては１年生児童を対象に下記の通り結核検診を実施いたします。当日はできるだけ欠席しないようにお願いいたします。又、検査当日、下記の事項にご留意いただきたくかさねてお願いいたします。
　　　　　　　　　　　　記
１　検査項目および日時
　　　ツベルクリン接種　　　〇月〇日（〇）〇：〇〜
　　　ツ反判定
　　　ＢＣＧ接種　　　　　　〇月〇日（〇）〇：〇〜
　　　レントゲン撮影　　　　〇月〇日（〇）〇：〇〜

２　留意事項
　１）ツベルクリン接種、ツ反判定、ＢＣＧ接種について
　　・かならず半袖シャツかランニングシャツなどする腕のだせる下着を着用させてください。
　　・母子手帳を〇日（〇）に学校に提出してください。
　　　ＢＣＧ接種の有無、最終接種年月日の確認　〇年度の検査結果を記入するためです。なお、結果の記入のため〇日間ほど母子手帳を学

校でおあずかりいただきたいと思います。ご都合の悪い方はお申し出ください。
・母子手帳のツベルクリン接種　ＢＣＧ接種のページがすぐわかるように紙をはさむか輪ゴムでとめて提出してください。
・ＢＣＧ接種の問診票をツベルクリン接種日に、接種した児童全員に渡します。必要事項を記入の上○日（○）に忘れずに学校に持たせてください。（特に捺印を忘れずにお願いします）
・ツベルクリン接種日は入浴しないでください。
・ＢＣＧ接種をうけられた方は問診票の横に記載してあります。接種後の注意をよくお読みください。
・母子手帳を紛失した方は、おわかりになる範囲で、ＢＣＧ接種の有無、最終接種年月日を担任までお知らせください。

2）レントゲン撮影について
・ボタン、金具のついていない下着を着用させてください。
・毛髪の長いお子さんは肩より上にセットしてください。

　　　　　　　　　　　　　　　　　　　　　　　　以　上

留意点　　ＢＣＧ接種にあたっては、問診票の記入を正確に行なわせるようにする。

●レントゲン撮影について

　　　　　　　　　　　　　　　　○. ○. ○

保護者　殿
　　　　　　　　　　　　　　　○○市立○○小学校長
　　　　　　　　　　　　　　　　○　○　○　○

　　　　　　　　　レントゲン撮影について

　結核予防法により、小学校においては1年時にレントゲン撮影を行う事になっておりますが、お子さんは下記の理由で今年度もレントゲン撮影を行ないます。
　　　　　　　　　　　記
1　日　　時　　○月○日（○）　○：○～
2　場　　所　　学校
3　受診理由（○印のついているもの）
　1)　1年生の時ツベルクリン反応が3cm以上あったために行う。
　2)　1年生の時欠席したために行う。
4　注意事項
　1)　当日、ボタン、金具のついていない下着を着用させてください。
　2)　毛髪の長い女子は肩より上にセットしてください。

留意点　1年生の時の出欠をきちんと記録・整理しておくようにする。

●胸部レントゲン撮影二次検査のお知らせ

　　　　　　　　　　　　　　平成○年○月○日
保護者　殿
　　　　　　　　　　　　　○○市立○○小学校長
　　　　　　　　　　　　　　○○　○○

　　　　胸部レントゲン撮影二次検査のお知らせ
　　　　　　　　　　　年　　　組

　先日行ないましたレントゲン間接撮影の結果、お子さんはレントゲン直接撮影による精密検査の該当となりましたので、お知らせいたします。下記日時に、実施いたしますが、はっきりとした病的なものが、発見されたわけではありませんのであまりご心配なさらないようお願いいたします。

　　　　　　　記

1　日　時　○月○日（○）午前○時○分頃より
2　場　所　○○小学校

留意点　　二次検査の通知をしただけで、動揺する保護者も多いので、前年度に二次検査を受けた児童、生徒の数や、異常なしの割合などを追記してあげると親切である。

● 検診の予備日のお知らせ

平成〇年〇月〇日

保護者　殿

〇〇市立〇〇小学校長
〇　〇　〇　〇

結核検診（ツ反、判定）予備日のお知らせ

　学校でのツ反応検査の日に、欠席又はＢＣＧの日に身体的理由でできなかったなどの場合は、次のようになりますので、ご家庭から受診されますようお知らせいたします。

　日　時　　〇月〇日（〇）ツベルクリン反応……午前９：30～10：30
　　　　　　〇月〇日（〇）判定ＢＣＧ接種………　　　　　〃
　場　所　　〇〇市福祉会館内　休日診療所

留意点　　小さい児童の場合は、連絡帳などできちんと知らせる。
　　　　　　自校以外で行う場合は地図等をかいておくことが望ましい。

● ツベルクリン反応、ＢＣＧについてのおたずね

平成〇年〇月〇日

保護者　殿

　　　　　　　　　　〇〇市立〇〇小学校長
　　　　　　　　　　　　〇〇　〇〇

　　　　ツベルクリン反応、ＢＣＧについてのおたずね

　春の結核検診で、お宅のお子さんは、陽性になっていました。それについて、次のことをおたずねしますので、おりかえしご返事ください。お願いします。
　　（母子手帳をよく調べられてご記入ください。）
1　小学校入学までにツ反検査をどの位やっていますか。やっただけ全部ご記入ください。
　　　　　　　　　　年　　　月　　　日　判定

2　小学校入学までにＢＣＧをやりましたか。
　　・やりました　　　　　　年　　　月　　　日
　　・１回もやりません

留意点　陽性の意味についての解説を加えもよい。

● ツベルクリン反応検査についてのお知らせ

平成〇年〇月〇日

保護者　殿

〇〇市立〇〇小学校長

〇　〇　〇　〇

ツベルクリン反応検査についてのお知らせ

　昨年（1年生の時）ツベルクリン反応検査の結果、お宅のお子さんは、陰性でＢＣＧを接種いたしました。きまり（結核予防法）により、今年、ツベルクリン反応検査をして、その後、陽性になっているかどうかを調べることになっています。〇日（〇）に行いますので、お知らせいたします。
　わからないことなどありましたら、お問い合せください。

留意点　その後の健康状態などで、保護者の気づいたことなどを記入できるようにすることも考えられる。
　係、担当者名を書くとよい。

● ツベルクリンの接種のお知らせ

平成○年○月○日

保護者　殿

　　　　　　　　　　　　　　　　○○市立○○小学校
　　　　　　　　　　　　　　　　　○○　　○○

"ツベルクリン"の接種のお知らせ
　　　　　　　　　　年　　　組　　　　　　　

　学校保健法により、お子さんは、昨年度ツベルクリン反応陰性（−）でしたので、ＢＣＧ接種をうけました。昨年度、ＢＣＧ接種をうけたお子さんは、今年度もツベルクリン接種をおこない反応を確認いたします。つきましては、下記日時に実施いたしますので、よろしくお願いいたします。

記

1　日　時　　○月○日（○）　　ツベルクリン接種
　　　　　　　　（午前中）
　　　　　　　○月○日（○）　　ツベルクリン判定
　　　　　　　　（午前中）　　　ＢＣＧ接種
2　場　所　　○○小学校　保健室
3　その他　　市からのお知らせの紙を、よくお読みください。

留意点　　対象者が限られている場合は、保護者の氏名を記して発送したい。

● 水泳指導前における内科検診

平成○年○月○日

保護者　殿

○○市立○○小学校長

○　　○　　○　　○

　　　　　　　　水泳指導前における内科検診について
　６月にはいり、水に親しむ頃も間近くなりました。さて、学校では例年のとおり夏休みでは体育の指導として、また夏休み中は夏季施設として、プールの水泳指導を行うことにいたしました。
　水泳は、体力づくりのうえからも、また水難から生命を守るうえからも、たいせつなことだといえます。その技能は、身体の発達段階から、小中学校時代の運動経験によって、いちぢるしい伸長が見られるといわれています。しかしながら、水中での運動であり、その運動量は多く、体力の消耗もはげしいものがあります。事前における児童、生徒の健康観察や管理が、たいせつな問題となってくるわけです。
　そこで、学校では、例年のように児童、生徒の健康安全のために水泳指導前の健康診断をおこなうことになりました。つきましては、健康診断をより効果的にするための資料といたしますので、下記事項を希望する方は詳しくお書きいただきたく、よろしくご協力お願い致します。
１．水泳指導の対象児童、生徒は、身体的に異常のない健康な児童、生徒でなければなりません。そこでつぎのことをお願い致します。
　(1)　お子さんの健康状態の良否を既往症や体質、定期健康診断の結果などによって、ご家庭で判断してください。下記の児童、生徒は必ず、かかりつけの医師の検診相談を受けてください。
　　　①　心臓、および内臓に病気のある児童、生徒

② 病気回復後間もない児童、生徒
　　③ てんかん体質の児童、生徒または虚弱児（日頃身体の弱い者）
(2) 伝染性疾患のある児童、生徒（伝染性皮膚病、流行性角膜炎、寄生虫卵保有者）と、目や耳鼻に病気のある人は、治療して後、水泳指導の対象とします。
(3) かかりつけの医師がないなどの理由で、検診、相談ができない場合は、お子様の健康上の疑問の点を明記して提出してください。
　　（尚、定期の内科検診を受けていない場合も申しこんでください。）

留意点　水泳指導は、児童生徒の健康の増進のために、大きな寄与をしている。しかし、不慮の事故が死に結びつくことが、例年何件か報告されている。学校としての方針と共に、家庭にも健康観察の大切さを浸透させておく必要がある。

● 心臓検査のお知らせ

　　　　　　　　　　　　　　　　○．○．○
○年生保護者　殿
　　　　　　　　　　　　　　○○市立○○小学校
　　　　　　　　　　　　　　　○○　○○

　　　　　　　　心臓検査のお知らせ

　下記のように、○年生児童を対象に心臓検査をおこないます。一人ひとりのお子さんが、健康な毎日をすごせるように心臓に異常がないかどうか、心電図により検査をおこなうものです。つきましては、問診票に、からだの様子などご記入のうえ、ご提出くださるようお願いいたします。
　　　　　　　　　　記
1　日　　時　　○月○日（○）　保健室にて
2　対 象 児　　○年生全員
3　検査内容　　心電図検査
4　費　　用　　無料（○○○○市負担）
5　問診票提出〆切り──○月○日（○）まで
　　　　　　　（〆切厳守してください）

留意点　　心蔵検査の意義や内容についても記すとよい。
　　　　　　問診票は正確に全項目にわたって記入するようにさせる。

●尿、蟯虫検査のお知らせ

　　　　　　　　　　　　　　　　平成〇年〇月〇日
保護者　殿
　　　　　　　　　　　　　　〇〇市立〇〇小学校
　　　　　　　　　　　　　　　　〇〇　〇〇

　　　　尿、蟯虫検査のお知らせ
　　　　　　　　　　　　年　　　組

　先日行なわれました尿、蟯虫検査の際、欠席、その他の理由によりご提出いただけませんでしたので、下記の日時に検査を実施いたします。まもなくプール等もはじまりますので、お忘れなくご提出ください。
　　　　　　　　　　　　記
日　時――〇月〇日（〇）　〇時〇分までに保健室へ提出
　　　　（1日のみです）

留意点　蟯虫卵の保有者が全校に一人でもいると、次々に増えることを保護者はもとより児童生徒にもきちんと理解させておく。

●駆虫および再検査についてのお知らせ

　　　　　　　　　　　　　　　　○．○．○
保護者　殿
　　　　　　　　　　　　○○市立○○小学校長
　　　　　　　　　　　　　　○○　○○

　　　　　　　駆虫および再検査についてのお知らせ
　先日のぎょう虫卵検査の結果、お子さんにぎょう虫卵が検出されました。そこで本日、このお知らせとともに"駆虫薬ポキール"を同封いたしましたので、ご家庭で服用させ駆虫なさってください。
　ぎょう虫は、家庭内感染が非常に強いものです。家族全員で駆虫しないとまたすぐに再感染するおそれがあります。できましたら、ご家庭の方も薬局等で駆虫薬をお買い求めになり、服用してください。
　　　　　　　　　ポキールの服用について
① 1〜3年生は1回2錠　4〜6年生は1回3錠です。
② 食事時間等に関係なく、いつ服用してもかまいません。
③ ポキール服用後2〜3回便が赤く着色することがありますが、これは薬の色ですので心配いりません。
　　　　　　　　　再検査について
① 検査物提出日　　　　　　　　○月○日（○）または
　（忘れずにかならず提出してください）○月○日（○）
② 提出場所　　　　　　　　　　保健室
　　　　　　（各自で9時までに持ってきてください）

留意点　　① 再検査の重要性を本人はもとより、クラス全員に理解させておく。
　　② 蟯虫卵を保有していても、駆虫薬を飲んで駆虫をしてしまえば、他の児童生徒と同じであることを事前に知らせておく。

● 血液型検査のお知らせ

平成○○年○月○日

保護者殿

○○○立○○○学校長

○　　○　　○　　○

　　　　　　　　血液型検査のお知らせ

　この度、保護者の方の要望により、希望者を対象に血液型の検査を実施致します。不慮の災害に対処するために、自分の血液型を知っておくことは大切なことです。下記の要領で血液型の検査を行いますので、この機会にぜひ受けさせて下さい。

　　　　　　　　　　記

1　対　　象　　希望者
2　期　　日　　○月○日　○時から○時まで
3　場　　所　　○○室
4　検査内容　　・ＡＢＯ
　　　　　　　　・ＲＨ式
5　費　　用　　無　料
6　申込方法　　希望者は、後日配付する受検カードに所定の事項を記入し、各担任にわたしてください。
　　　　　　　　すでに医療機関等において血液型検査を受けている人は、受ける必要はありません。

留意点　　血液型には、児童（生徒）本人にしっかりと記憶させておく必要がある。

●貧血検査実施のお知らせ

平成○○年○月○日

保護者殿

○○○立○○○学校長
○　○　○　○

貧血検査の実施について（お知らせ）

　中学生は、急激な成長発達期にあり体調のアンバランスをきたしています。運動中に倒れたり、不調を訴える生徒の中には貧血を疑われる生徒もいます。貧血は自分では気づかないことが多いのですが、放置しておくと身体に障害が生じ、成長後に悪影響を及ぼすと言われています。

　つきましては、下記により検査を行ないますから、なるべく受けさせるようにしてください。

記

1　日　　時　　○月○○日（○）○：○○〜○○：○○
2　費　　用　　○○○円
3　申込期限　　○月○○日（○）までに申込書に費用を添えて担任に申し込んでください。
4　検査内容　　耳たぶから採血し血色素の量を調べます。
5　結　　果　　血色素量が低下している人には、後日精密検査を実施します。

留意点　　病院等の依頼先の機関名をかくことが望ましい。

● 健康の記録の配布について

平成〇年〇月〇日

保護者　殿

〇〇小学校長
〇〇　〇〇

健康の記録について
―お知らせとお願い―

　お渡しいたしました健康の記録は、定期健康診断の結果です。全ページにわたってよくごらんください。また、次のような点をよろしくお願いします。
● 治療の必要なものについては、早目に適当な処置をお願いします。
　鼻炎、副鼻腔炎、耳あか栓塞、結膜炎などは、専門医にみていただき、プールに入ってもよいかどうかを、健康の記録又は連絡帳などでお知らせください。
● 今年の内科検診は、プール検診もかねますので、特によくみてもらいたいところや相談したいところがありましたら、前もって担任の先生に知らせておいてください。
● 〇月〇日に―歯のけんさけっか―をお届けしましたが、ごらんいただけたでしょうか。
　朝と夜ねる前の歯みがきをぜひ習慣づけて下さるようお願いします。歯の正しいみがき方、歯ブラシのえらび方、よい歯ブラシ、悪くなった歯ブラシの見分け方など、子どもさんがよく知っています。

留意点　　児童・生徒の健康の保持増進の目的のために、定期健康診断が行なわれていることを、学校便り等で事前に徹底しておく必要がある。

●姿勢検査結果お知らせ

　　　　　　　　　　　　　　　○．○．○
保護者　殿
　　　　　　　　　　　　　　○○小学校長
　　　　　　　　　　　　　　　○○　○○

　　　　　　　姿勢検査結果お知らせ

　　　　　　　　　　　　年　　　組
　　　　　　　　　　　　_____

　○月初旬より、3回にわたって行ないました姿勢検査の結果をお知らせいたします。今、成長期にある子供達にとって、正しい姿勢はかかすことのできない大切なポイントです。下記にお子さんの姿勢の様子をおしらせいたしますので、ご家庭でも、よい姿勢が習慣化できますよう、ご配慮をお願いいたします。なお、現時点では病院等を受診するまでは、しなくともよいと思われます。不明な点、ご心配な点がありましたら、保健担当までご連絡ください。

　　　　　　　　　　記
●学校での検査結果（○印および記入のあるもの）
1　肩の高さに左右差がある。
2　背中が丸い（猫背）。
3　前屈検査を行った際、背面に左右差がある。
4
5
●ご家庭で注意していただきたい事
1　正しい姿勢とは、どういうものか理解し身につける。―悪い姿勢をみ

かけたら背すじをのばす。胸をはる。首をのばしあごをひく。注意しあう。
2　勉強中など、椅子に深く腰かける。
3　背筋力を強くする運動を積極的に行う。手荷物は、両方の手をつかう。
4　背骨がまっすぐか、両肩の線が同じ高さであるが、鏡などを見て、時々注意する。
5　本を読んだり、字を書く時体をねじったり、前に倒しすぎたりしない。

留意点　①正しい姿勢は第二の体育と言われている。しかしこれは全生活の中で正されるものなので、特に家庭への協力の呼びかけが大切になる。②学校全体の姿勢の様子についても、統計図表などにまとめて、家庭に報告していく。③学校としての取り組みも、機会をとらえて全家庭に報告し、理解を求める。

● 風疹のお知らせ

平成○○年○月○日

保護者各位

○○立○○○学校

風疹流行についてのお知らせ

　風疹（3日ばしか）が、都内全域に流行しはじめましたが、本校でも風疹による欠席者が急にふえてきました。

　風疹は伝染力が強く、お子さまだけでなく妊婦がかかったときは胎児にも影響するといわれており、学校伝染病にも指定されています。もし少しでも疑わしい症状が見られましたら登校を見あわせ、早目に医師の診断を受けるようにしてください。

※風疹について

　風疹の症状は麻疹（はしか）によく似ていますが、咳、結膜の充血はありません。熱は37°〜38°くらい出て全身にこまかい発疹があらわれます。発疹は発熱と同時にあらわれ、ほぼ、耳のまわり、首、手から全身におよびます。風疹は終生免疫となりますので、一度かかった人は再びはかかりません。潜伏期間は2〜3週間です。伝染経路は飛沫感染で、初期の人が伝染力が強いようです。

※注意事項

　1　かかったら医師の診断を受け、自宅で療養してください。
　2　出席停止期間は主要症状が消えてから5日間です。
　3　なおって登校する時は、医師の証明書を必ず提出してください。
　　　登校する前日には入浴してください。

※予防としては、人ごみをさけ、うがいや手洗いの励行をすることです。

留意点　教育委員会とともに医療機関・保健所と連絡をとり合うこと。

●日本脳炎予防接種追加のお知らせ

　　　　　　　　　　　　　　平成○．○．○
保護者　殿
　　　　　　　　　　　　　○○小学校
　　　　　日本脳炎予防接種追加のお知らせ
　　　　　　　　　　　　　　年　　組

　市役所保健衛生課よりの連絡により、学校での予防接種が受けられなかった児童につきましては、下記により接種を行うそうですので御希望の方はそちらへお願いいたします。なお、希望の有無にかかわらず、問診票その他を配布いたしますのでよろしくお願いいたします。

　　　　　　　　　記
○月○日（○）――○○市民センターにて
　　　　　　（午後○：○~○：○）
○月○日（○）――市民センター
　　　　　　（午後○：○~○：○）

※どちらの会場にお出かけになってもよいそうです。
　接種実施後は、学校にご報告をお願いいたします。

留意点　　交通機関や地図をかいておくとよい。

●ジフテリア予防接種のお知らせ

平成○.○.○

保護者　殿

○○小学校

ジフテリア予防接種についてのお知らせ

　先日、学校で実施されましたが、当日健康不良、その他で接種できなかった場合は、次のようになりますのでお知らせいたします。

記

1　実施日と場所　　○月○日（○）　　○○小学校
　　　　　　　　　　○月○日（○）　　○○　〃
　　　　　　　　　　どちらの会場で受けてもよい。
2　時　　　間　　　午後○：○~○：○
3　持参するもの　　市の問診票（記入もれ、印もれのないように）
4　注意すること　　当日の熱をはかって、保護者同伴で行く。

留意点　実施する学校等の電話番号等を入れておくとよい。

● インフルエンザ予防接種のお知らせ

平成〇〇年〇月〇日

保　護　者　殿

〇〇〇立〇〇〇学校長
〇　〇　〇　〇

インフルエンザ予防注射の接種について（お知らせ）

　毎年秋から冬にかけてインフルエンザが流行し、大勢の人がこの病気にかかります。

　流行がひどくなると、休校や学級閉鎖をするなど影響も大きくなりますので、下記により予防接種を行ないます。特別な事情のない限りは、全員が接種対象になりますのでご了承下さい。

1　月　　日　　　第1回　〇月〇日（〇）
　　　　　　　　　第2回　〇月〇日（〇）
2　注意事項　　　注射当日に次のような症状のある人は、予防注射ができませんのでご承知ください。
　　　　　　　　　(1)　熱のある人、心臓・腎臓・肝臓の病気にかかっている人
　　　　　　　　　(2)　病気で衰弱している人、栄養障害のひどい人
　　　　　　　　　(3)　アレルギー性体質の人、けいれん性体質の人
　　　　　　　　　(4)　その他、医師が不適当と認める人

　注射した日には、激しい運動や入浴はさけるようご注意ください。

留意点　　全員が接種対象であることが、わかるようにゴシック体にするなどの工夫をするとよい。

●インフルエンザ予防接種―学校でできなかった場合

〇. 〇. 〇

保護者　殿

〇〇市立〇〇小学校長

〇　〇　〇　〇

インフルエンザ予防接種についてのお知らせ
――学校でできなかった場合――

　学校では、インフルエンザの予防注射が2回に渡って行なわれ終了いたしました。当日、健康不良、その他の理由で接種できなかった児童については、下記により実施するよう市からの連絡がありましたので、お知らせいたします。

記

1　実　施　日　　〇月〇日（〇）から〇年〇月〇日（〇）までの毎週〇曜日
2　実 施 時 間　　午後〇時〇分～〇時まで（時間厳守）
3　実 施 場 所　　〇〇保健所　　　　　　ＴＥＬ　〇〇－〇〇〇〇
4　持参するもの　　印鑑、市の問診票
5　注 意 事 項　　当日の熱をはかって、保護者同伴で行く。

※お願い
　保健所、その他でインフルエンザの予防接種を受けた場合は、学校へ連絡してください。

留意点　保健所等で接種した場合の連絡はきちんとさせる。

● 学級閉鎖のお知らせ

平成○年○月○日

保護者　殿

○○市○○小学校校長
○○　○○

　　　　　　　学級閉鎖のお知らせ
　本校においても集団かぜによる欠席がふえ、出席児童の中にも、かぜひき、微熱の子どもが多くなっています。
　特に、○年○組の欠席が○％に達し、出席者の発熱も多いので、学校医と相談の結果、下記のように学級閉鎖をすることにいたしましたのでお知らせいたします。

　　　　　　　　　　　記

1　閉鎖学級　　○年○組
2　閉鎖期間　　○月○日（○）～○月○日（○）
3　登校する日　○月○日（○）
4　家庭で注意していただくこと
　(1)外出をしないこと
　(2)すい眠を十分とること
　(3)うがいをすること
　(4)栄養にかたよりのない食生活をすること
　(5)かぜ気味の子どもは早目に医者にかかること
　(6)家庭での学習は、健康状態を考えてすること

留意点　学校全体の出欠の様子も参考として知らせるとよい。

● 事故発生のお知らせ

平成〇年〇月〇日

保護者各位

〇〇市立〇〇学校長
〇 〇 〇 〇

交通事故発生のお知らせ

　本校児童（生徒）〇〇〇〇君（〇年〇組）は、〇月〇日に学校からの帰宅途中に交通事故にあいました。事故の相手は大型トラックで、交差点での左折の際に後輪に接触し、全治１カ月ほどの重傷を負わされました。児童（生徒）には全く過失はなかったのに、このような被害にあいまことに残念なことです。

　本校においては日頃から、交通安全教育については特に力をいれ、指導してきたところですが、このような事故にあってしまいました。そこで今回の事故に際しましては、あらためて児童（生徒）に注意をうながしました。

　また警察や交通安全協会に対しても、今後このようなことが二度とないように、運転者への指導をお願いしました。

　各ご家庭におかれましても重ねて交通安全について、ご指導下さるようにお願い致します。

留意点　児童（生徒）本人にも、幾分かの過失がある場合も多い。このような場合には、事実をしっかりと確認し、本人への配慮を慎重に行う必要がある。

● 事故発生（交通事故）報告

〇〇発第〇〇号
平成〇〇年〇月〇〇日

〇〇〇教育委員会殿

〇〇〇立〇〇〇学校長
〇　〇　〇　〇

事故発生について（交通事故）

事故の種類	交通事故　管理下登下校時管理外
事故発生の日時	平成〇年〇月〇日（〇）午後〇時〇分から
氏名・性別・生年月日	〇〇〇〇　男・女　昭和〇年〇月〇日生
現住所	〇〇市〇〇町〇〇番地　ＴＥＬ　〇〇〇〇（〇〇）〇〇〇〇
保護者氏名	〇〇〇〇　続柄　父（長男）　職業　会社員
学年組・担任氏名	第〇学年〇組　担任（〇〇〇〇）

1. 事故発生の状況・負傷の程度（被害・加害を含む）
　児童が通院している病院に行くため、バス通りのバス前方を横断していたところ、後ろからきたライトバンにはねられ、横断前方の溝に横転した。ライトバンはバスを追越すため、バスの右手より走り出て、児童に気づいた。しかし、急ブレーキをかけたが間に合わず事故となった。児童は顔、手足にすり傷を負った。

2. 事故発生にあたり、とった措置（事故処理・報告・連絡・指示等）
　近所の人が消防署へ通報したので救急車がきて、〇〇の〇〇病院へ運びこんだ。一週間の入院を要請された。
　学校へ連絡があったのは、翌朝8時20分で、担任より教頭、校長に連絡

があり、担任は放課後連絡をとりに病院へかけつけた。
3．事故発生にいたるまでの指導の経過
（該当園児・児童・生徒の日常の行動特性　学校・学年・学級での指導等）
　落ち着きのないところがあるが、友だちの面倒はよくみるので、人に好かれ信頼されている。交通事故のないよう学校では車の前方、後方を渡ったりしないよう日頃から指導をうながしてきている。学級指導においても、交通規則を守り交通安全に意をつくしてきた。
4．今後の指導について
　横断歩道のわたり方
　車の前後の渡りを中心に指導を行い、絶対しないようにする。
5．その後の経過（診断の結果、治療に要する期間等）
　7月1日入院加療　7月8日退院
　なお、創傷の加療を更に約1週間要するので、外来通院をする。
6．その他特記事項

留意点　　　添付書類　　事故発生場所略図

● 学校保健予算要望書

平成○年○月○日

○○市長　殿
○○教育長　殿

　　　　　　　　　　　　　　　　　　○○市小中学校長会
　　　　　　　　　　　　　　　　　　○○保健部会

　　　　平成○年度　　学校保健予算要望書

　保健部会では、子どもたちの健康問題を真剣に考え、各校とも連絡をとりあって仕事をすすめております。また、各学校では一層の努力と創意により、学校保健の充実をはかっております。
　今後、尚一層の充実、発展を期するため、下記の項目について予算措置の配慮をしていただきたく要望いたします。

　　　　　　　　　　　　　　記

学務課関係
1　脊柱側湾症の検診体制を整えてください。
　　児童、生徒の背骨がねじれて曲ってしまう側湾症は、原因がわからずひとたびねじれてしまうと、成長期の子どもが成長しきるまでの長い年月を治療に要するという大変難治の病気です。後発年令が、小学校高学年から中学生にかけてであり、義務教育課程の中にあります。学校での定期健康診断での発見には無理があります。是非、科学的な検診の体制を整えてください。
　　小学校5年生と中学校1年生にたいして次のように要望します。

第一次　モアレ写真
　　第二次　低線量撮影
　　第三次　レントゲン撮影

2　児童、生徒に関する検診と検査を充実してください。
(1)　腎臓検診の三次検診を実施してください。
　二次検診で異常があった児童、生徒に対しては検査成績を記載した文書で家庭連絡するにとどまっています。学校としては、検査成績を持って医療機関での受診を指導していますが、家庭での対応がまちまちで三次検診に見合うような充分な検査がなされていないのが現状です。
　そこで二次検診にひきつづき、三次検診として、検尿、血液検査、血圧、問診、糖負荷検査などを行なった後に、専門医による指導により、医療を要するかどうかの判定までできるようにしてください。
(2)　貧血検査も実施してください。
　中学生は、急激な成長、発達期にあたり、体調のアンバランスが考えられるのは、女子のみならず、男子についても言えることです。運動中に倒れたり、不調を訴えて保健室に来る生徒の中には、貧血を疑われる男子生徒もいます。そこで、中学校1年生の男女に貧血検査を実施してください。

留意点　①予算は限られているので、多くの中から最も重要だと思われるものをしぼって要望していく。
　②前年度の要望との関連も考えていく。

● 災害給付金のお知らせ

平成〇年〇月〇日

〇〇〇　殿

　　　　　　　災害給付金のお知らせ

　　　　　　　　　　　〇〇市立〇〇小学校長

　過日、お宅のお子さまが、学校でけがをして医師による手当てをうけましたが、その時の医療費の一部が、災害共済給付金として、日本学校健康会からまいりましたのでおしらせします。

　お金をお渡しする時に印をいただきますので、印をおもちになって、おいでくださいますようお願いします。

　　　　平成〇年〇月〇日
　　保護者　殿
　　　　　児童氏名
　　　　　金　　額

留意点　①現金の授受であるので、必ず保護者に手渡しする。
　　　　②代理人になる場合は電話等で確認した上で、文書で代理人であることを確認する。

7 教務関係

● 短縮授業のお知らせ

平成〇年〇月〇日

保護者各位

〇〇立〇〇小学校長
〇 〇 〇 〇

短縮授業開始にあたって

じりじりとやけつくような日が続きますが、お元気のことと存じます。子どもたちは、灼熱の太陽のもとで、元気よくとびまわっておりますが、身体の疲労を防ぎ、回復を図るために、下記の通り、一日の日程を短縮いたしますので、ご了承ください。

記

1　短縮期間
　・前期　　7月〇日（〇）より　7月〇〇日（〇）まで
　・後期　　9月〇日（〇）より　9月〇〇日（〇）まで
2　短縮時間
　・始業時刻はかわりません。
　・毎日午前中授業となりますが、土曜日を除いて毎日給食があります。
　・毎週木曜日は4、5、6年生のみ、クラブ活動、委員会活動を第5校時に実施しますので、下校は午後2時30分ごろになります。
3　その他
　・短縮中の一週間の日課表は各担任からお知らせします。
　　短縮授業は身体の健康保持のために行うものですから、帰宅後は、

その主旨にそった生活がなされるようにご指導ください。

留意点　　時間割が変わる場合はその旨を書き、内容は学級だよりで知らせるとよい。

● 始業時刻変更のお知らせ

　　　　　　　　　　　　　　　　　　平成○年○月○日
○年○組保護者各位
　　　　　　　　　　　　　　　　○○○○小学校長
　　　　　　　　　　　　　　　　　　○　○　○　○

　　　　　　　　始業時刻変更のお知らせ

　風邪の子に屋根の雪見え雀見え　　細見綾子
　かぜが流行ってまいりました。本校では、現在のところ欠席者は少ないのですが、登校している児童の中に、流感と思われる症状が多く見られます。
　かぜが広がるのを防ぐため、下記により始業時刻をおくらせますので、ご了承下さい。

　　　　　　　　　　　　記
1　始業時刻　9時30分　（登校時間9時15分〜）
2　期　　間　3月1日（火）〜3月5日（土）
　　　　　　　　五日間
3　注意すること
　　(1)　うがい、手洗いの励行
　　(2)　すいみんを充分とる
4　その他
　　学童保育のお子さんは、教室を暖めておきますので通常の登校時刻で結構です。

留意点　　お知らせと合わせて保健だよりで健康指導について家庭通知するとよい。

●下校便変更のお知らせ

平成〇年〇月〇日

保護者各位

都立〇〇養護学校長
〇 〇 〇 〇

下校便変更のお知らせ

　厳しい寒さが続いておりますが、みなさまにはお変わりなくお過ごしでしょうか。
　さて、高等部では、〇月〇日、〇日の2日間、入学相談を行います。そのため、〇日を自宅学習、また、入学相談会議（新入生入学のための判定会議）を行うことに伴い、下記の2日間を1便下校とさせていただきますので、なにとぞよろしくお願いいたします。

　　　　　　　記
　〇月〇日（〇）：　自宅学習
　〇月〇日（〇）：　1便下校
　〇月〇日（〇）：　1便下校

留意点　家庭によっては保護者の勤務時間の変更や早退を余儀なくされる場合があるので了承と、早めの通知が必要である。

●下校時間の臨時変更について

平成○年○月○日

保護者各位

東京都立○○養護学校長
○　○　○　○

　　　　　下校時間の臨時変更について

　国電スト・事故等による交通機関の混乱・渋滞のため通学用スクールバスが平常に運行出来ませんので、授業時間を短縮して全校児童・生徒を下記のように下校させますのでよろしくお願いいたします。

　　　　　　　　　　　記
1，下校時間　　午後○時○○分　　（スクールバス発車時刻）
　　交通渋滞が予想されますので、スクールバスの到着が遅れると思います。宜しくお願いいたします。
2，二便運行を中止します。

留意点　　スト等が予定されている場合は、実施と中止の各々の場合の内容を書いておくとよい。

●授業計画変更のお知らせ

平成○年○月○日

保護者　殿

東京都立○○○○高等学校長
○　○　○　○

行事に伴なう授業計画変更のお知らせ

　1学年は、来る○月○日（○）より○月○日（○）にかけて、○○県○○○○○を中心に移動教室を実施いたします。つきましては、このことに関し、平常の授業計画を下記のように変更いたします。ご承知おきください。

記

1　○月○日（○）　　　事前準備（午後、放課とする）
2　○月○日（○）　　　学習整理日（全日、自宅にて移動教室についての総括を行う）

ただし、次の点にご留意ください。
　1）　○月○日（○）　　　部活動への参加を禁止します。
　2）　○月○日（○）　　　①　移動教室不参加者は、定刻に登校します。
　　　　　　　　　　　　　②　部活動への参加は放課後からのみ許可します。
　3）　事情により移動教室に参加できなかった人でも、その間登校すれば欠席とはなりません。

留意点　食事等の配慮や疲労等について保健部とも協議し、保護者に不安を与えず理解を得ること。

● 卒業までの日程と連絡

　　　　　　　　　　　　　　　　　　平成〇年〇月〇〇日
第〇学年保護者各位

　　　　　　　　　　　　　　　　東京都立〇〇高等学校長
　　　　　　　　　　　　　　　　　　　〇〇　〇〇

　　　　　　　２月～３月の日程と諸連絡

　寒さの厳しい折ですが、皆さまにはお元気でお過しのことと思います。さて、学校は本日で学年末考査を終了し、生徒達は明日から自宅学習期間に入ります。ついては、２月以降卒業式に至るまでの概略の日程と諸連絡をここに伝達致します。

　　　　　　　　　　　　記

1　登校日
　　〇月〇日（〇）〇〇時〇〇分
　　〇月〇日（〇）〇〇時〇〇分
　　〇月〇〇日（〇）〇〇時〇〇分　卒業式予行　続いて同窓会入会式
　　〇月〇〇日（〇）〇時登校　　　卒業式〇〇時開式
2　諸連絡
　　下記のように生徒に連絡や注意をしておりますので、保護者の皆さまもご承知おき下さい。
　（1）この期間は、あくまで自宅学習期間です。受験に向う者は勿論、進路先の決定している者も全力で学習に打ちこむこと。
　（2）外出の際は、家族に必ず行先を告げて、本校からの連絡があった

とき、すぐ応じられるよう、所在を明らかにしておくこと。
(3) 卒業式予行、および卒業式の詳しい時程については、後日の登校日に伝えます。

留意点 　試験勉強の解放感から、うわついた気分になり事故・トラブルを起こし易い時期でもある。家庭に協力を求めるとともに、自治育成の一環として、生徒会等による行事を取り組ませてもよい。

● 休業日のお知らせ

　　　　　　　　　　　　　　　　　平成元年〇月〇〇日

保護者各位

　　　　　　　　　　　　　　　〇〇市立〇〇〇〇小学校長
　　　　　　　　　　　　　　　　　　〇　〇　〇　〇

　　　　　　　休業日のお知らせ

　　下萌えにねぢふせられてゐる子かな　　　星野立子

　日あしの伸びの著しい今日この頃ですが、皆様方には益々ご清祥のこととお慶び申し上げます。
　さて、既にご存知のことと思いますが「昭和天皇の大喪の礼の行われる日を休日とする法律」の制定により2月24日（金）は休業日となりますのでお知らせ致します。
　なお当日の給食については、3月の給食の中に盛りこんでより充実した中味とすることに致しましたのでご了承下さい。

留意点　年間予定表にない休業日の場合には、事前にお知らせを出すこと。その際、授業や給食のことについて記すこと。

●台風の連絡

平成○○年○月○日

保護者各位

都立○○養護学校長
○　○　○　○

　　　　　台風13号接近に伴う連絡

　台風13号が明日午前中に房総半島に接近する事が報じられています。
　そこで台風接近により登下校に困難を伴うと判断される場合は朝6時に緊急連絡網にて各家庭に連絡を致します。
　連絡がなければ、平常通りの授業となります。

留意点　電話による問合せを遠慮願うようにした方がよい。

●アンケートの依頼

　　　　　　　　　　　　　　　　　　　平成〇〇年〇月〇日
　　保護者各位
　　　　　　　　　　　　　　　　　〇〇立〇〇〇学校長
　　　　　　　　　　　　　　　　　　　〇　〇　〇　〇

　　　　　　　学校教育アンケートについてのお願い

　新春を迎え晴れやかな日が続いていますがみなさまにはいかがお過ごしでしょうか。
　さて、本校では、今年度の教育活動を反省し、来年度よりよい教育課程の編成ができますよう努力してまいりたいと考えております。
　つきましては、ご家庭における教育についての考え方や学校教育への要望等について率直なお考えをおきかせいただき、よりよい学校教育をすすめるための資料にしたいと思います。
　何卒、この趣旨をご理解いただき、別紙調査にご協力いただきますようお願い申しあげます。

　〇月〇日（〇）までに担任まで提出して下さい。

| 留意点 | 集約結果にコメントを加えて学校だより等で報告することが望ましい。 |

● 調査の依頼

平成〇〇年〇月〇日

〇〇区立学校教諭各位

〇〇区教育委員会
〇〇〇大学〇〇研究室

教育問題調査のお願い

　この調査は、先生方の日々の生活や教育実践上の諸問題について、実態にあくまで忠実に実証的に把握しようとするものです。調査結果は、区教育委員会が教育行政の改善、先生方の諸問題の解決、ひいては〇〇区の教育を一層盛りあげるための基本資料として、役立てるつもりです。お忙しいなかご迷惑とは存じますが、趣旨をご理解いただき、本調査にご協力下さるようお願い申し上げます。なお、回答は無記名ですので、先生方に一切のご迷惑はおかけしません。

◎提出期限　〇月〇日（〇）

記入上の注意

◎本調査は、質問用紙と回答用紙の2部になっています。それぞれの回答番号を選んで回答用紙にご記入ください。
◎回答用紙は封入封印したうえで提出してください。
◎特別の指定のない限り、なるべく回答をとばさないでください。ぴったりの回答がない場合、それに最も近い回答を選んでください。なお、質問の中で「学校」には幼稚園も含まれます。

担当　〇〇〇〇
電話〇〇（〇〇〇）〇〇〇〇

留意点　結果報告の方法、時期を明記した方がよい。

●転入学関係書類の送付について

　　　　　　　　　　　　　　　　　○高第　号
　　　　　　　　　　　　　　　　　平成　年　月　日
高等学校長　殿

　　　　　　　　　　　　　　　東京都立○○高等学校長
　　　　　　　　　　　　　　　　　　○　○　○　○

　　　　　　生徒の転入学関係書類の送付について

　貴校第　　号（平成　年　月　日付）により転入学許可のありました、下記生徒の関係書類を送付いたします。

　　　　　　　　　　　記

　　全日制課程
　　第　　学年　生徒氏名　_____
　　1　生徒指導要録の写
　　2　健康診断票
　　3　歯の検査票
　　4　日本体育・学校健康センター加入証明書

● 退転学願

退学
転学 願

平成　年　月　日

東京都立〇〇高等学校長　殿

全日制　第　学年　組　番
生徒氏名 _____
昭和　年　月　日生

　上記の生徒、下記の理由により 退学/転学 させたいのでご許可下さるようお願いいたします。

記

理　由 _____
_____
_____

保護者　住　所 _____
　　　　氏　名 _____ ㊞

※記入に際して　(1)退学または転学のいずれかを〇で囲んで下さい。
　　　　　　　　(2)理由は詳細に記入して下さい。
　　　　　　　　(3)転学の場合は、転校先の学校及び転居先も理由欄に記入して下さい。

(収受印)

	校　長	教　頭	教　務	担　任	事務長	係
供覧						

● 副申書

校　長	教　頭	教　務

　　　　　　　　　　　副　　申　　書

東京都立○○高等学校長　殿

　　　　　　　　　　　　全日制　　第　　学年　　組　　番
　　　　　　　　　　　　生徒氏名　_____
　　　　　　　　　　　　　　昭和　　年　　月　　日

　　　　　　　　　　　　退学・転学
　上記の生徒、別紙のとおり　　　　　　　の願い出がありましたが、
　　　　　　　　　　　　休学・留学・復学
下記の事由により適当と認められるので、ご許可下さるように副申いたします。

　　平成　　年　　月　　日
　　　　　　　　　　　担任氏名　_____㊞

　　　　　　　　　　　記

_____
_____
_____
_____

● 生徒の転学について(照会)

　　　　　　　　　　　　　○　高　第　　　号〜
　　　　　　　　　　　　　平成　　年　　月　　日

　　　　殿

　　　　　　　　　　　　東京都立○○高等学校長
　　　　　　　　　　　　　　　　○　○　○　○

　　　　　生徒の転学について（照会）

　下記の生徒について、貴校に転学を希望しておりますので、別紙関係書類を添えて照会いたします。

　　　　　　　　　記

1　課程　学年　　　全日制課程　　第　　学年
2　生徒氏名　　　　_____
3　転学の理由　　　_____
　　　　　　　　　_____
4　添付書類　　　（1）　在学証明書
　　　　　　　　（2）　成績・単位取得証明書

※備考　転入学許可の場合は、許可予定年月日を記入のうえ、回答文書をご送付下さるようお願いいたします。

● 生徒の転学について（回答）

　　　　　　　　　　　　　　　　　○　高　第　　　号～
　　　　　　　　　　　　　　　　　平成　　年　　月　　日

　　　　　殿

　　　　　　　　　　　　　　　　東京都立○○高等学校長
　　　　　　　　　　　　　　　　　　　○　○　○　○

　　　　　　生徒の転学について（回答）

　貴校第　　号（平成　　年　　月　　日付）にて照会のありました生徒の転学について、下記のとおり回答いたします。

　　　　　　　　　　　記

1　生徒氏名　　_____
2　転 入 学　　　許　可　　不許可
3　許可年月日　　平成　　年　　月　　日
4　課程・学年　　全日制課程　　第　　学年

※　転入学許可の場合は、下記の書類をお送りください。
　　(1)　生徒指導要録の写し
　　(2)　健康診断票
　　(3)　歯の検査票
　　(4)　日本体育・学校健康センター加入状況

●書類受領書

　　　　　　　　　　　　　　　〇高　第　　号
　　　　　　　　　　　　　　　平成　年　月　日

　　　　　　殿

　　　　　　　　　　　　　東京都立〇〇高等学校長
　　　　　　　　　　　　　　　　〇　〇　〇　〇

　　　　　　受　　領　　書

下記の生徒の関係書類、確かに受領致しました。

　　　　　　　　　記

1　生徒氏名
2　関係書類
　　ア）生徒指導要録（写）　　　　　通
　　イ）健康診断票　　　　　　　　　通
　　ウ）歯の検査票　　　　　　　　　通
　　エ）日本学校健康会加入証明書　　通

● 成績証明書

○○発第　　　号

平成○○年度以降用

成　績　証　明　書
第　学年　氏名
年卒業

平成　年　月　日生

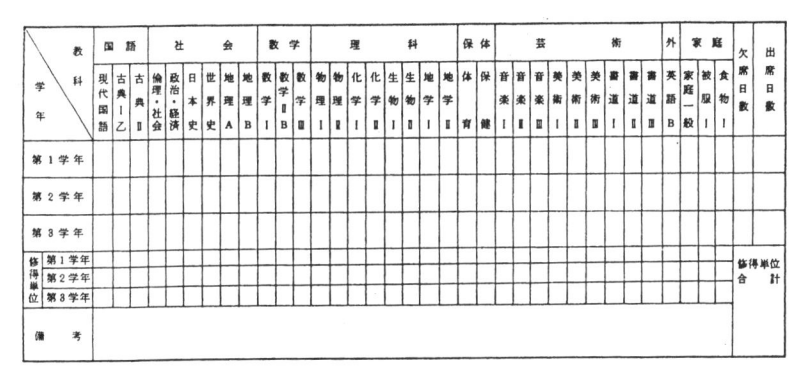

学年＼教科	国語		社会					数学			理科						保体	芸術						外		家庭		欠席日数	出席日数
	現代国語	古典Ⅰ乙	古典Ⅱ	倫理・社会	政治・経済	日本史	世界史	地理AB	数学Ⅰ	数学ⅡB	数学Ⅲ	物理Ⅰ	物理Ⅱ	化学Ⅰ	化学Ⅱ	生物Ⅰ	生物Ⅱ	地学Ⅰ	地学Ⅱ	体育	保健	音楽Ⅰ	音楽Ⅱ	美術Ⅰ	美術Ⅱ	書道Ⅰ	書道Ⅱ	英語B	家庭一般	被服Ⅰ	食物Ⅰ		
第1学年																																	
第2学年																																	
第3学年																																	
修得単位 第1学年																																修得単位合計	
第2学年																																	
第3学年																																	
備　考																																	

上記の通りであることを証明する。

平成　年　月　日

東京都立○○高等学校長

● 成績証明書(英文)

TOkyo Metropolitan ○○○○○○ Senior High School
○-○○-○, ○○○○○, ○○○-ku
Tokyo Japan

Transcript of School Records

Name in Full
Date of Birth
Date of Graduation
Course;General Course of Full-Time System

Subject-areas 教科	Subject 科目	1st Year Grading	1st Year Credit	2nd Year Grading	2nd Year Credit	3rd Year Grading	3rd Year Credit
Japanese 国語	Modern Japanese 現代国語						
	Classical Japanese 古典						
Social Studies 社会	Contemporary Society 現代社会						
	Japanese History 日本史						
	World History 世界史						
	Geography 地理						
	Ethics 倫理						
	Politics and Economics 政治経済						
Mathematics 数学	Mathematics I 数学 I						
	Mathematics II 数学 II						
	Algebra and Geometry 代数幾何						
	Basic Analysis 基礎解析						
	Differential and Integral Calculus 微分積分						
	Probability and Statistics 確率統計						
Science 理科	Science I 理科 I						
	Science II 理科 II						
	Physics 物理						
	Chemistry 化学						
	Biology 生物						
	Earth Science 地学						

Health and Physical Education 保健体育	Health Education	保　健						
	Physical Education	体　育						
Art 芸　術	Music	音　楽						
	Fine Arts	美　術						
	Calligraphy	書　道						
Foreign Languages 外　国　語	English I	英 語 I						
	English II	英 語 II						
	English II B	英語 II B						
	English II C	英語 II C						
Domestic Science 家　庭	Homemaking	家庭一般						
	Cooking	食　物						
	Clothing	被　服						

Remark;5...Excellent,4...Good,3...Average,2...Poor,1...Failure

I certify this document as correct.

　　　　　　　　　　Principal _____

Date of Issue　　　(○○○○, ○○○○)　　　(Official Seal)

● 職員会議録

年度　第　　回　職員会議録

開催日時	月　　日（　）	時　　分〜　　時　　分
会　　場	職員室　会議室	調整時間　　時間　　分
司会者		記録者　　　　　欠席者

発言者	内　　　　容

留意点　発言の概要を記録し、事後に討論の経過や結果を確認したり、不参加者が会議の内容をわかるようにしておくこと。
職員会議録と一緒に、提案資料を綴じておくこと。

● 運営委員会議録

年度　　第　　　回　運営委員会議録

開催日時	月　　日（　）　　時　　分〜　　時　　分	
会　　場	校長室　会議室	調整時間　　時間　　分
司 会 者	記録者　　　　　　欠席者	

提案者	内　　　　　容

留意点　運営委員会（企画委員会）の主な職務は、校務分掌各部、委員会、学年間等の連絡調整である。学校がよりスムースに運営されるためには、情報が全職員に伝わることが重要で、会議録を基に、司会か記録の担当が朝会等で報告すること。

● 職員朝会の記録

職員朝会の記録

印	月　　日（　）	天気	記録
提案・連絡者	内　　　　容		
欠　席　者			

留意点　朝会記録簿をわかり易い所に置き、報告・連絡事項の再確認や不参加者への撤底を図るとよい。

● 教育課程について

　　　　　　　　　　　　　　○○○○○小発第　　○○号
　　　　　　　　　　　　　　　　平成○年○月○○日
○○○教育委員会　殿
　　　　　　　　　学校名　東京都○○○○○○○○小学校
　　　　　　　　　学校長　　○　○　○　○

　　　　　　平成○年度教育課程について（届）

　このことについて、○○市公立学校の管理運営に関する規則に基づき下記のとおりお届けします。

　　　　　　　　　　　　記

１．教育目標
　(1)　学校の教育目標
　　　人間尊重の精神にもとづき、より平和で民主的な社会をめざし、すこやかで豊かな人間性の育成に努力する。
　　　　・よく考えて行動できる子　　・心やさしい子
　　　　・なかよくたすけあう子　　　・つよいからだの子
　　　本年度の重点目標
　　　　「自分から進んで意欲的に行動する子ども」の育成に重点を置く。
　(2)　学校の教育目標を達成するための基本方針
　　　　・全職員が研修と話し合いを深め、教科、道徳、特別活動等、すべての教育活動を通して、目標の具現化をはかる。
　　　　・児童の実態や発達段階に応じて、学年学級目標を設定し、毎日の学校生活の中で、きめ細かな指導を行う。

・地域や父母に積極的にはたらきかけ、目標達成のための理解と協力を得られるように努力する。
2．指導の重点
 (1) 各教科・道徳・特別活動
  ア．各教科
   ・学習のねらいを明確にし、基礎的基本的な学力を確実に身につけさせる。
   ・教材の精選、教具の活用、指導法の研究を行い、意欲的主体的な学習ができるようにする。
   ・学習の遅れている児童について、その原因をさぐり、指導の手だてをはかり、学力を向上させる。
  イ．道　　徳
   道徳の授業および教科、特別活動等、すべての教育活動を通して、人間尊重の精神にもとづく判断力や実践力を育てる。
   ・自分の言動に責任をもち、進んで行動できる子どもに育てる。
   ・命を大切にし、人間性豊かな思いやりのある子どもに育てる。
  ウ．特別活動
   ・学年、学級、児童会などの諸活動を通して、集団を育て、文化性を豊かにし自治の力を身につけさせる。
   ・行事や日常活動の中で積極的に活動の場を与えて、とりくむ過程を大切にし集団でやりとげるすばらしさを体得させる。
   ・各学年に応じた自治活動を活発にするとともに、たてわり集団のとり組みを強め高学年にリーダーとしての自覚と学校全体を高める役割を持たせる。
 (2) その他の活動

- 保健指導……生命の尊さを知り、自分の健康や友だちの健康に関心を持ち積極的に体づくりをする力を育てる。特に遊びの問題に目を向け、集団で体を動かす遊びに積極的にとりくめるよう指導する。
- 給食指導……交流給食やカフェテリア給食などで楽しく給食をとる機会を作り健康な体づくりとよい人間関係を育てる。

(3) 生活指導・進路指導
- 各学年に応じたねらいを持ち、自立を助けるとともに、集団を営む上で必要な基本的生活習慣や民主的ルールを身につけさせる。
- 自分を大切にすると同時に友だちも大切にする気持ちを育て、自主性と自ら問題を解決できる力を育てる。
- 幼、小、中の連携を深めるために、交流を図る。

学校名　東京都○○○○○○○○学校

4．授業日数および授業時数の配当

(1) 年間授業日数配当表

	4	5	6	7	8	9	10	11	12	1	2	3	合計
1	20	24	26	17	0	24	25	23	20	20	23	20	242
2	20	24	26	17	0	24	25	23	20	20	23	20	242
3	20	24	26	17	0	24	25	23	20	20	23	20	242
4	20	24	26	17	0	24	25	23	20	20	23	20	242
5	20	24	26	17	0	24	25	23	20	20	23	20	242
6	20	24	26	17	0	24	25	23	20	20	23	19	241
備考	6学年は、卒業式が3月23日のため、授業日数が1日少ない。												

(2) 各教科・道徳・特別活動の授業時数配当表

領域		学年	1	2	3	4	5	6
各教科	国語		272	280	280	210	210	210
	社会		68	70	105	105	105	105
	算数		136	175	175	175	175	175
	理科		68	70	105	105	105	105
	音楽		68	70	70	70	70	70
	図画工作		68	70	70	70	70	70
	家庭						70	70
	体育		102	105	105	105	105	105
	小計		782	840	910	910	910	910
道徳			34	35	35	35	35	35
特別活動	学級会活動		25	35	35	35	35	35
	クラブ活動					25	25	25
	学級指導		10	10	10	10	10	10
	小計		35	45	45	70	70	70
総計			851	920	990	1,015	1,015	1,015

備考
- 教科、道徳、学級会活動の授業は、1単位時間を45分とする。
- クラブ活動は、1単位時間を60分とする。
- 委員会活動を毎月1単位時間（60分）実施する。

● 学校行事一覧表

平成○年度　主な学校行事

月 日	曜	行事（4）	曜	行事（5）	曜	行事（6）	曜	行事（7）	曜	行事（8）	曜	行事（9）
1	土		月	映画教室	木		土	歌の発表会	火		金	始業式・大そうじ
2	⽇		火		金	移動教室6終	⽇		水		土	短宿授業始
3	月		㊛	憲法記念日	土		月	父母会(5.6)	木		⽇	
4	火		㊍	休　日日	⽇		火	〃 (1.2)	金		月	
5	水	春季休業日終	㊏	こどもの日	月	家庭訪問	水		土		火	短縮授業終
6	木	始業式・入学式	土	定期健康診断	火	〃	木		⽇		水	
7	金	大そうじ 短縮授業始	⽇		水		金	父母会(3.4)	月		木	
8	土		月		木	〃	土	地区児童会	火		金	父母会(3.4)
9	⽇		火		金		⽇		水		土	プール指導終
10	月	安全指導	水	安全指導	土	安全指導	月	短縮授業始 安全指導	木			
11	火		木		⽇		火		金		月	安全指導 父母会(5.6)
12	水		金	全校遠足	月	家庭訪問 プール指導始	水		土		火	〃 (1.2) 心と体の学習(1-2)
13	木	短縮授業終	土		火		木	避難訓練	⽇			〃 (3.4)
14	金	父母会(1.2)	⽇		水		金		月		木	〃 (5.6)
15	土	地区児童会	月		木		土		火		㊎	敬老の日
16	⽇		火		金		⽇		水		土	
17	月	父母会(3.4)	水		土		月		木		⽇	
18	火	〃 (5.6)	木		⽇		火		金		月	
19	水		金		月	心と体の学習 (3・4)	水	大そうじ 短縮授業終	土		火	
20	木	避難訓練	土		火	〃 (5・6)	木	終業式 学校合宿(5)	⽇		水	
21	金	離任式	⽇		水	〃 (1・2)	金	〃 (6) 夏期休業日始	月		木	
22	土		月		木		土		火		金	
23	⽇		火	避難訓練	金	避難訓練	⽇		水		㊏	秋分の日
24	月		水		土		月		木		⽇	
25	火		木		⽇	日曜参観日	火		金		火	
26	水		金		㊊	振替休業日	水		土		火	
27	木		土		火		木		⽇		水	
28	金		⽇		水		金		月		木	
29	土	みどりの日	月		木		土		火		金	
30	⽇		火		金		⽇		水		土	
31	月		水	移動教室6始			月		木			

365

月日	10 曜	行事	11 曜	行事	12 曜	行事	1 曜	行事	2 曜	行事	3 曜	行事
1	日	都民の日	水	演劇教室	金	個人面談始	月		木		木	心と体の学習(3.4)
2	月		木		土		火		金	教育懇談会	金	〃 (5.6)
3	火		金	文化の日	日		水		土		土	地区児童会
4	水		土		月		木		日		日	
5	木		日		火		金		月		月	心と体の学習(1.2)
6	金		月	音楽鑑賞教室(6) 父母会(1.2)	水		土		火		火	
7	土		火	〃 (5.6)	木		日	冬期休業日終	水		水	
8	日	運動会	水	開校記念日	金	個人面談終	月	始業式 大そうじ	木		木	
9	月	振替休業日	木		土		火	短縮授業始	金		金	
10	火	体育の日	金	安全指導 父母会(3.4)	日		水	〃 安全指導	木	安全指導	土	安全指導
11	水	安全指導	土		月	安全指導	木		金	建国記念の日	日	
12	木		日		火		金		土	振替休日	月	短縮授業始 父母会(1.2)
13	金		月		水		土	音楽鑑賞教室	日		火	父母会(3.4)
14	土		火		木		日		月		水	
15	日		水	心と体の学習(5.6)	金		日	成人の日	木		木	父母会(5.6)
16	月		木	〃 (1.2)	土	歌の発表会	火	父母会(1.2) 心と体の学習(1.2)	金		金	
17	火	遠足(1.2)	金	〃 (3.4)	日		水	〃 (5)	土		土	
18	水		土		月	短縮授業始	木	〃 (6)	日		日	
19	木	避難訓練	日		火	避難訓練	金	父母会(3.4)	月		月	
20	金	遠足(5)	月		水		土		火		火	
21	土		火		木		日		水		水	春分の日
22	日		水	避難訓練	金	短縮授業終 大そうじ	月	父母会(5.6)	木		木	短縮授業終 大そうじ
23	月		木	勤労感謝の日	土	天皇誕生日	火		金	避難訓練	金	卒業式
24	火	遠足(3.4)	金		日		水		土		土	修了式
25	水		土		月	終業式	木	避難訓練	日		日	春季休業日始
26	木		日	学芸会	火	冬期休業日始	金		月		月	
27	金	遠足(6)	月	振替休業日	水		土		火		火	
28	土		火		木		日		水		水	
29	日		水		金		月				木	
30	月		木	就学児検診	土		火				金	
31	火				日		水				土	

留意点　　教育課程の編成にあたっては、企画委員等の部で実施するのではなく、全教職員で1年間の教育活動の成果を反省し、改善点を中心に次年度の重点目標、経営方針を立て、十分審議した上で決定し、校長の名において教育委員長に届出る。

● 教育実習申請書

教育実習申請書

教頭	教務	教科

平成　年　月　日

下記の通り教育実習をさせて戴きたく、申請致します。

氏　　　名	性別	生　年　月　日	現　住　所
ふりがな	男 女	昭和　年　月　日生	〒 TEL　（　）
所属大学・学部・学科名	実習希望教科	実習希望期間	
		前期（6月）あくまでも 後期（9月）希望である	
高校卒業年次	在学中の学級担任名		
昭和　年3月卒業	1年；　　先生，2年；　　先生，3年；　　先生		

367

8 給食関係

●給食費のお知らせ

平成〇〇年〇月〇〇日

保護者各位

東京都立〇〇養護学校長
〇〇〇〇

学校給食会計の運営について

　新学期を迎え、お子様たちはそれぞれ入学・進級されお喜びのことと思います。
　さて、本年度給食費納入につきましては昨年同様、下記のとおり運営いたしますので、よろしくお願いいたします。

記

1、納入額

学　　　年	月　　額	年　　額
小学部1年から3年生	3,400	37,400
小学部4年から6年生	3,740	41,140
中　学　部	4,590	50,490
高等部・教職員	4,930	54,230

2、徴収方法

　年額を11等分し、4月から2月まで毎月28日に各保護者口座から自動振替により徴収いたします。

（自動振替取扱銀行　　○○中央信用金庫　　○○支店）
３、欠食の取扱
　　ア、連続５日以上欠食した時のみ取り扱います。
　　　　欠食届は保護者の申し出により、毎週水曜日までに翌週分を担任が係に提出します。
　　イ、宿泊を伴う学校行事の時も欠食として取り扱います。
　　ウ、校外学習（遠足・社会科見学）の時、交通スト・台風・大雪・流感などによる臨時休校の時は、返金せず給食に還元します。
４、欠食による返金
　　　返金は学期ごとに行います。
　　　　　　返金額は、小学部１年から３年生　　　200円（一食）
　　　　　　　　　　　小学部４年から６年生　　　220円（一食）
　　　　　　　　　　　中学部　　　　　　　　　　270円（一食）
　　　　　　　　　　　高等部・職員　　　　　　　290円（一食）
５、給食予定日数
　　４月（13回）・５月（20回）・６月（21回）・７月（13回）
　　９月（18回）・10月（21回）・11月（18回）・12月（17回）
　　１月（14回）・２月（19回）・３月（13回）
　　　　　　　　　　　　　　　　　　　　　　合計　　187回
※注　意
　　　欠食の届出は、前週の水曜日までとなっております。
　　　水曜日を過ぎてからの届出の場合、返金できないことがありますのでご注意下さい。

留意点　　タイトルは「給食費について」でもよい
　　　　　　「徴収」より「納入」か「集金」の方がよい。

● 給食費改定のお知らせ

平成○○年○月○日

保護者殿

○○○立○○学校長
○　○　○　○

　　　　　　　給食費改定についてのお願い

　陽春の候、いかがお過しでございましょうか。平素は学校給食の運営に御協力いただき誠にありがとうございます。
　景気は回復されつつあるとは云われていますが、依然として物価高が続き皆さま方のご家庭でも何かとご苦労の多い事と思います。
　さて学校給食においても、あいつぐ物価高、公共料金の値上げ、さらには牛乳に対する国の補助金が一部カットされる等食材料費への影響が著しく、現行の給食費では安全で栄養の豊かな給食を実施することは非常に困難となりました。
　そこで○○年度から下記のように月額で○○○円の値上げをさせていただきましたのでよろしくご了承のほどお願い申し上げます。

　　　　　　　　　　　　記
　　平成○○年度給食費（父母負担額）
　　　　○年生～○年生　　月額　　○○○○円
　　　　○年生～○年生　　月額　　○○○○円

　　※積算基礎　○～○年生　1食単価○○○円○銭×○○回÷11
　　　　　　　　○～○年生　1食単価○○○円○銭×○○回÷11

留意点　改定の理由とともに、根拠、明細についても書き、保護者が理解し易いようにすることが望ましい。

●給食費(据置)のお知らせ

平成〇〇年〇月

保 護 者 殿

〇〇市立〇〇〇〇小学校長
〇 〇 〇 〇

平成〇〇年度学校給食費(据置)についてのお知らせ

　陽春の候、ご家庭の皆様には、お健やかにお過ごしのことと存じます。
　平素、学校給食運営について深いご理解とご協力をいただきありがとうございます。
　学校給食は、児童に栄養のバランスのとれた食事を提供し、健康の保持・増進や体位の向上をはかるとともに、心身の健全な発達に役立てる教育活動の一環として行っています。
　学校給食に要する経費のうち、食材料費については、保護者の皆様から負担していただいておりますが、消費者物価が微増ながら上昇している折柄、食材料費への影響も心配されます。しかしながら皆様にこれ以上の負担をおかけしないように本年度の給食費は、急激な物価高騰でもない限り下記のように据置くことにしましたのでお知らせいたします。
　なお、本年度も牛乳1本当り5円18銭(月額約100円)の補助と光熱水費を始めとする事業費については、市で負担していることをあわせて申し添えます。

記

〇　平成〇〇年度給食費(父母負担額)

1年生～3年生	月額　3,050円
4年生～6年生	月額　3,350円

○　計　算　基　礎

区分\学年	実費一食単価	一食あたり市費負担額	父母負担額 一食単価	年間給食予定回数	年間給食月数（徴収回数）	給食費月額
1～3年生	187.51円	5.18円	182.33円	×184回	÷11回	3,050円
4～6年生	205.45円	5.18円	200.27円	×184回	÷11回	3,350円

○　転出入・その他の給食費について

1．転入・転出の場合

　　給食費は年間給食回数から割り出していますので、この場合も同様に4月からの給食回数に高学年1食200円、低学年1食182円をかけて徴収ないしは精算します。

2．長期欠席の場合

　　材料の発注の変更をしなければならないので、あらかじめ届出があり、10回以上連続して欠席した場合は、つぎの方法で返金します。

　　返金額＝1食単価×（欠席回数－2）　※1食単価は1．に同じ。

　　（届出当日と翌日分は食材料発注の都合により変更不可能のため、2食分を欠食回数から差し引きます。）

3．学習閉鎖の場合
　　欠食第1日目は変更不可能のため返金できません。
　　欠食第2日目より返金します。

　　返金の方法は原則として保護者の口座に振り込みます。

○　給食費は口座振込みです
　　給食費は口座振込みでお願いしています。口座振替依頼書は、なるべく早く学校へ提出してください。

留意点　　給食費は、値上りしない時でも毎年その額を知らせた方がよい。月額で集金する場合、その根拠と計算方法をわかり易く説明すること。

●給食中止のお知らせ

　　　　　　　　　　　　　　平成○○年○月○日

保護者殿

　　　　　　　　　　　　　○○○立○○学校長
　　　　　　　　　　　　　　　　○　○　○　○

　　　　　　給食中止のお知らせ

　晩秋の候、保護者の皆様にはますますご精進のことと思います。
　さて、○月○日、給与改訂の完全実施等の要求を目的として、自治体職員のストライキが予定されています。
　○○市でも○月○日午前中、職員がストライキに参加する模様です。
　授業その他の学校の活動は、平常通り行いますが、当日の給食はやむを得ず中止することにしました。
　つきましては、保護者の皆様には大変ご迷惑をおかけいたしますが、○月○日（○）は、児童に弁当をお持たせいただきますようお願い申し上げます。

留意点　　インフルエンザ等による学級閉鎖、給食宅の増改築などによる給食の中止も文面を変えて使用できる。
　　　ストライキの場合は、「違法」という言葉を入れない方がよい。

● 給食試食会のご案内

平成○○年○月○日

保護者　殿

○○○立○○学校長
○○○○

給食試食会のご案内

　春たけなわ、○○○小も職員、児童一同、希望にもえ○○年度のスタートをきりました。日頃の学校に対するご理解とご協力を感謝いたしますとともに、また今後ともよろしくお願い申し上げます。
　さて、下記のように第○回給食の試食会と、給食に関する懇談会を開きますのでご希望の方は、下記申し込み書にご記入のうえ、現金○○○円を添えて、担任の先生までお渡しください。○月○日までにお願いいたします。ひきかえに会食券をさし上げます。
　なお、学校給食についてのご質問や、ご意見がございましたら、下にお書きくださり、同封していただければ幸いです。

記

1　日　時　○月○日（○）　　12：25～1：00　配膳、試食片づけ
2　場　所　○○○○　　　　　1：00～2：00　こん談
　　　　　（雨天の場合は、会議室か家庭科室）
3　献　立　パン、牛乳、マーボーどうふ
　　　　　もやしのごまあえ
4　費　用　○○○円（当日欠席の場合は、返金できませんので、お含み
　　　　　おきください）

・・・・・・・・・・・・・・・・・・・・・・・・・・・　き　り　と　り　せ　ん　・・・・・・・・・・・・・・・・・・・・・・・・・・・
申し込み書

給食試食会に会費200円をそえて申し込みます。
・児童名（　　）年（　　）組（　　　　　　　）
・参加希望者名（　　　　　　　　　）

ご意見、ご質問など

留意点　　会場等の理由により定員をとるときは、その旨を記するとともに、オーバーした場合の措置（先着順、抽選等）も書いておくこと。

● 給食費についての調査のお願い

平成○○年○月○日

保護者殿

○○○立○○学校長

○　○　○　○

　　　　　　給食費についての調査のお願い

　学校給食の実施につきましては、日頃ご理解とご協力を頂きありがとうございます。学校では、給食担当者を中心として児童の健康の保持増進を考え、栄養価の面から毎日の献立、調理に創意工夫をしています。しかし、諸物価の値上がりにより現在の給食費では、これまでの食事内容を確保することができなくなってきました。

　そこで、詳細な検討を行い下記「資料」のような試算がなされました。この試算によりますと、月額○○○円の増額ということになりますが、このことについて保護者の方々のご意向を伺ってから、来年度の給食費を決定することにいたしました。

　御検討のうえ下記用紙によって、○月○日までに、ご意向をお示しくださいますようお願いいたします。

　　資料

	小　学　校	
	低 学 年	高 学 年

	現行	改定案	現行	改定案
副食費				
牛乳代				
パン代				
1食単価				
日　額				

··切り取り線··

給食費の増額は　1、賛成　2、やむを得なし　3、反対

留意点　　意見欄を設ける。
　　　　　　調査結果も知らせることが望ましい。

●給食費納入のお願い

平成○○年○月○日

保護者殿

○○○立○○学校長
○　○　○　○

　　　　　給食費納入のお願い
　いよいよ新学期も始まり、お子様にはそれぞれ御入学、御進級おめでとうございます。
　さて、本年度学校給食費について下記のとおり決定し実施してまいりますので御了解の上御協力下さいますようお願い申し上げます。

1、給食費　月額　○○○○円　（1食単価○○○円）

2、給食回数　年間○○○回

3、納入方法　(1)4月より翌年2月までの11回均等払（8月も納入）
　　　　　　(2)銀行口座により毎月○○日自動振替
　　　　　　(3)転出等の場合は御精算をお願い致しますので早めに担任の先生に御連絡下さい。
　　　　　　(4)期日までに振替が出来ない場合、通知をお届けしますので○○日までに銀行口座に入金お願いします。
　　　　　　(5)取扱銀行は○○銀行○○支店（電話○○○）です。

留意点　諸費納入にも使用できる。
　　　　　担当者名を入れてもよい。

● 給食費納入の督促

平成○○年○月○日

○年○組 _____
　　保護者殿

○○○立○○学校長
　○　○　○　○

給食費の納入のお願い

○月○日現在○月振替分の給食費が未納となっています。つきましては、下記金額を○月○日までに銀行口座に入金して下さるようお願い致します。
なお、ご不明の点がありましたら○○○○までご連絡下さい。

記

　　給食費　○月分　○○○円

※次回から毎月○日までに入金して下さるようお願い致します。
※取扱銀行は、○○銀行○○支店です。
　　営業時間　平　日　○時～○時
　　　　　　　土曜日　○時～○時
　　電話番号　○○○－○○○○

留意点　年組の次に、児童・生徒名を記入する。
「本状と行き違いのときはお許し下さい。」を入れてもよい。

●給食費決算報告

平成○○年○月○日

保護者殿

○○○立○○学校長

○　　○　　○　　○

時下ますますご健勝のこととお喜び申し上げます。
　さて、平成○○年度の給食費について、下記のとおり決算のご報告をいたします。
　なお不明な点がありましたら○○○○まで申し出て下さい。

記

平成○○年度給食費決算報告

収入総額　　○○○○○○円
支出総額　　○○○○○○円
差引残額　　　○○○○円

収入内訳

科　目	金　　額（円）	説　　明
繰越金		平成○○年度よりの繰越

給食費		児童分 _____ 教職員分 _____
雑収入		預金利子 試食会費 牛乳補助金 ○○○○○
合　計		

支出内訳

科　目	金　　額（円）	説　　　明
学校給食会		パン、牛乳他
物質　購入		魚、肉○○○○○
返　還　金		転出、返還
諸　支　出		移動教室の牛乳代
合　　計		

以上の通り報告いたします。
　　平成〇〇年〇月〇日
　　　　　　　〇〇〇立〇〇学校長　〇　〇　〇　〇

以上の決算を審査した結果、正確であることを認めます。
　　平成〇〇年〇月〇日
　　　　　　　〇〇市監査委員　〇〇　〇〇㊞

留意点　　時候等の挨拶は短かくてよい。
　　　　　　監査は、父母代表にしてもよい。
　　支出内訳は、一例である。

● 給食費の精算について

転　出　用
平成　　年　　月　　日

保　護　者　殿

○○市立○○○○小学校長
○　○　○　○

学校給食費の精算について

給食費　月　　額　　低学年　　　　中学年　　　　高学年
　　　　　　　　　3,300円　　　 3,550円　　　 3,800円

　　　　1食単価　　197.53　　　 212.40　　　 227.27

___年___組_____さんは___月___日付転出ですから、これまでの給食回数は___回です。したがって、これまでの給食費の総額は、
（1食単価）（給食回数）
_____円×_____回=_____円で、今まで_____円徴収していますので今回徴収・還付する額は
（総　　額）　　（徴収ずみ額）

_____円−_____円=[　　　　]円になります。

1．今回精算のため [　　　　] 円を徴収・還付します。

2．精算額が100円未満のときは徴収・還付ともしません。ご了承くだ

さい。

担当者　〇〇　〇〇

備　考

留意点　　同じ内容で転入者用も作成し、調整額納入に使用すると便利である。

9 研修関係

● 研究発表会ご案内

平成○年○月○日

各区市町村教育委員会教育長　殿
各小・中学校長　殿

　　　　　　　　　○○市教育委員会教育長　　○○　　○○
　　　　　　　　　○○市立○○小学校長　　　○○　　○○

　　昭和○年度　○○市教育委員会研究協力校
　　　研究発表会ご案内

　本校は、昭和○年度の校内自主研究をもとに、昭和○○年度は、○○市教育委員会研究協力校として、関係各位のご指導のもと体育科の実践研究をすすめてまいりました。
　このたび、下記の通り研究発表会を開催いたします。公務ご多忙とは存じますが、是非ご参会のうえご指導を助言を賜わりたくご案内申しあげます。

　　　　　　　　　　　記
1　研究主題　　自ら運動に取り組む子
　　　　　　　　　ボールを使った運動を通して
2　日　時　昭和○年○月○日（○）　午後○時～○時○分
3　会　場　○○市立○○小学校
　　　　　　　　〒○　　○○市○町1－25　　〒○○－○－○○

●研究会及び見学会ご案内

〇〇〇〇〇発第〇〇号
平成元年　〇月〇〇日

小学校長　殿

東京都公立小学校〇〇〇〇会
会　長　〇　〇　〇　〇

多摩地区学校〇〇研究会及び見学会の実施について

　このことについて、下記のとおり実施いたします。学期末、校務ご多忙のところ恐縮ですが、貴校〇〇〇〇の出張方よろしくお願い申し上げます。

記

1. 目　的　　市郡部各地区の帰国子女教育の比較研究を行い日常の学校教育に資する。合わせて、特色ある教育・施設に触れて学校教職員としての資質の向上を図る。
2. 日　時　　平成元年〇月〇〇日（〇）　9時30分～4時
3. 場　所　　〇〇市〇〇第〇小学校　視聴覚室
　　　　　　〇〇市〇〇〇〇〇-〇〇　☎〇〇〇〇-〇〇-〇〇〇〇
　　　　　　★〇〇〇〇線〇〇〇〇駅下車徒歩5分
　　　　　　★JR.〇〇〇〇駅北口・バス〇〇〇〇駅入口下車0分
　　　　　　（地図略）
4. 会次第　　(1) 開会挨拶
　　　　　　　　　副会長　〇〇市立第〇〇小学校　〇〇　〇
　　　　　　(2) 会長挨拶

　　　　　新会長　〇〇区立〇〇小学校　　〇〇　〇〇
(3)　講話
　　　「〇〇〇小における市事業・帰国児童生徒教室の歩み、
　　　現状、今後への提言」
　　　　　　　　〇〇〇帰国児童生徒教室設置校
　　　　　　　　〇〇第〇小学校長　〇〇　〇〇先生
(4)　研究協議
　　　「多摩各地区帰国子女教育の現状と課題」
　　　報告　調査理事
　　　　　　　　〇〇〇市立〇〇小学校　〇〇〇　〇
(5)　施設見学
　　　会場校学校施設及び隣接の〇〇市民公園
(6)　閉会挨拶
　　　総務　〇〇〇立〇〇第〇小学校　〇〇　〇〇

留意点　　授業参観を行う場合は、時間割、授業者、内容を記すこと。
　　　　　１日の研究会の場合は、昼食についても記し、学校で準備する
ときは、事前に参加者数を把握すること。

● 講師派遣依頼①

〇〇〇小発〇号
平成〇年〇月〇日

〇〇市立〇〇小学校
　　〇〇　〇〇

〇〇市立〇〇小学校
　　〇〇　〇〇　印

　　　　　　講師派遣のお願いについて
　日頃、本校の研究につきまして、ひとかたならぬご指導をいただき感謝申し上げます。
　本校では、本年度「体力を高めるための効果的な指導法」をテーマに体育の研究を進めておりますが、今回下記のように授業を通した研究会を開催いたします。
　つきましては、貴校の〇〇〇教諭からご指導をいただきたいと存じます。
　ご多忙とは存じますが、講師としてご派遣くださいますようお願い申し上げます。
　　　　　　　　　　　　記
1　日　時　〇月〇日（〇）　午後〇時～〇時
2　授業者　〇〇〇〇教諭　「器械運動－とび箱」
3　場　所　本校体育館

留意点　電話で事前連絡をきちんとしておく。

● 講師派遣依頼②

平成〇〇年〇月〇〇日

東京都立〇養護学校長
　〇〇〇〇　殿

都立〇〇養護学校長
　　〇　〇　〇　〇

講師派遣の依頼について

　新しい年を迎えました。貴職におかれましては、ますますご健勝のことと思います。
　さて、日頃本校教育に対しご協力いただきありがとうございます。このたび本校におきまして校内研究会を開くことになりました。つきましては貴校〇〇〇〇教諭を講師として派遣していただくようよろしくお願いします。

記

1、日　時　平成〇〇年〇月〇〇日（〇）
　　　　　　10：00〜公開授業
　　　　　　1：00〜研究討議
2、授業者　〇〇　〇〇教諭
3、場　所　〇〇養護学校〇〇分教室
4、内　容　・養護訓練を中心とした重心児の指導
　　　　　　・目的的な姿勢保持、転換、移動の力のつけかた

留意点　　事前に研究会の内容・実践・子どもの実態について資料等を送付しておくとよい。
　　　　　　報酬を支払う場合印鑑が必要となるので持参するように本人に連絡しておくこと。

校内研究会の講師依頼について

〇〇〇小発〇号
平成〇年〇月〇日

〇〇小学校
　教諭　〇〇　〇〇　殿

〇〇市立〇〇小学校
校長　〇〇　〇〇　印

校内研究会の講師依頼について

前略
　本校において、絵画についての校内研究会を下記により実施することになりました。
　つきましては、ご多忙とは存じますが、貴殿に講師としてご出席頂きたくお願い申し上げます。

記

1　日　時　〇月〇日（〇）
　　　　　　午後〇時〇分〜〇時
2　場　所　〇〇小絵画室
3　内　容　水彩、クレパス画の指導法

留意点　校内研究の、現在に至るまでの経過についての資料と、職員の指導して頂きたい希望も、同時に発送することが望ましい。

● 定例研修会通知

平成○年○○月○○日

各小・中学校長殿
　各事務職員殿

○○市公立小中学校長会長
　　○　○　○　○
○○市公立学校事務職員会長
　　○　○　○　○

定例○○研修会の開催について

このことについて下記により研修会を開催いたします。つきましては貴校事務職員の出張につき特段のご配慮をいただきたくお願い申しあげます。

記

1　日　時　平成○○年○月○○日（○）午後1時30分
2　場　所　市役所　○○○会議室
3　講　師　都教育庁　○○主事
4　演　題　社会保険について（年金関係も含む）

※質問事項がありましたら○月○○日までにメモでご連絡を○○○○までお願いします。

留意点　簡潔に要件のみを書けばよい。
　　　　　1カ月位前までに出すとよい。

● 研修会の日程変更

平成〇〇年〇月〇〇日

各小中学校長殿
　部員各位殿

〇〇市教育研究会長
〇　〇　〇　〇
〇〇〇〇〇部長
〇　〇　〇　〇

〇月例会の日程変更について

　先にお知らせした〇〇〇部〇月例会は下記のように変更になりましたので、部員の出席につきましてご配慮いただきたくお願い申し上げます。

記

1　日　時　　平成〇〇年〇月〇〇日（〇）
　　　　　　　午後2時〜4時
2　場　所　　東京都立〇〇養護学校
3　集　合　　午後1時半　〇〇〇

留意点　　変更理由を簡潔に記すこと。

● 研修会への出張方お願い

平成○○年○月○日

○○地区各小学校長　殿

　　　　　　　　　　○○地区　婦人校長会
　　　　　　　　　　　会長　　○○　○○

　　　　　研修会への出張方お願い

　キンモクセイの香りも高く、秋も深まってまいりました。先生にはますますご清栄のこととおよろこび申し上げます。
　さて、日頃より、婦人教師への格段のご理解、ご指導を賜り有り難く感謝申し上げております。私共も後輩の自覚をよびおこし研修により実力をつけるべく努力をつづけており、○○地区の教育のため貢献できる婦人教師づくりを目標に働きかけております。
　つきましては、本会第二回研修会を下記のように計画いたしましたので、御校婦人教師（とくに幹部教員）に、お奨め下さいまして、出張方をよろしくお願い申し上げます。

　　　　　　　　　　記
1　日　時　○月○日（○）　午後○時○分
2　場　所　○○教育センター
3　講　師　○○○○　先生
　　　　　元　○○小学校校長
　　　　　現　○○教員養成所長
　　　　　　○○市教育委員長
　　　－演題　"婦人教師にのぞむこと"－

留意点　　かかわりのある人に対しては、個人あての受講をすすめる添え書きをするとよい。

● 研究会の案内①

平成○○年○月○日

学　校　長　殿
○○○主任　殿

　　　　　　　　　　　　　　　○○市教育委員会　教育長
　　　　　　　　　　　　　　　　　　○　○　○　○
　　　　　　　　　　　　　　　○○市○○部世話人・○○学校長
　　　　　　　　　　　　　　　　　　○　○　○　○
　　　　　　　　　　　　　　　○○立○○○学校長
　　　　　　　　　　　　　　　　　　○　○　○　○
　　　　　　　　　　　　　　　　　　　　（公印省略）

　　　　　　平成○○年度東京都教育研究員（○○○○）
　　　　　　　研究報告会の開催について（ご案内）
　春の気配を感じる今日この頃、皆様には、益々ご健勝のこととお慶び申し上げます。
　さて、○○立○○○学校の○○○○教諭が、本年度、東京都教育研究員として下記の主題で研究を進めてまいりました。
　そしてこの度、表記の通り研究報告会を開催することとなりました。皆様にはご多忙の折とは存じますが、是非多数の先生方にご来校いただき、ご指導、ご助言を賜りたく、ご案内申し上げます。
　　　　　　　　　　　　　　記
１．研究主題
　　　　○○○○○○○
２．日　　時
　　　　平成○○年○月○○日（○）
　　　　午後○時○○分～○時

留意点　　件名欄の研究員のあとの（　）には教科名を入れる。

3．場　　所
　　　　○○立○○○学校
　　　　○○市○○丁目○○番地
　　　　電話　（○○○）○○○○
4．時　　程
　　　　　2：00　　2：30　　　　　　　　　4：00

　　　　　| 受　　付 | 研究報告・研究協議・講　　評 |

　　　　受付　研究報告　研究協議　講評
5．研究報告ならびに研究協議会
　　　　司　会　○○立○○○学校教頭　○　○　○　○
　　(1)　あいさつ　○○教育委員会　教育長　○　○　○　○
　　　　　　　　　○○市○○部世話人・○○学校長　○　○　○　○
　　(2)　研究報告　○○立○○○学校教諭　○　○　○　○
　　(3)　研究協議
　　　　司　会　　○○立○○○学校教諭　○　○　○　○
　　　　指導講師　東京都教育委員会　指導主事　○　○　○　○
　　　　　　　　　○○市教育委員会　指導主事　○　○　○　○
　　(4)　謝　辞　○○立○○○学校長　○　○　○　○
　　　※会場案内
　　　○○○○線○○駅○口下車
　　　○口駅前バス乗場より○○○○行
　　　○○○○下車徒歩○分
　　　（地　図）

● 研究会の案内 ②

1989年○月○○日

小・中・高等学校長殿
関 係 各 位 　殿

東京音楽○○研究会

第3回教職員合唱セミナーの御案内

　初夏の候、先生方にはますます御清栄のことと拝察いたします。
　さて、東京音楽○○研究会では、下記の予定で音楽の授業、クラブ指導、合唱コンクールに必要な合唱実技と指導法及び音楽教育研究について講座の開催を計画いたしました。
　貴校諸先生方の夏季休業中の研修のご計画にお加え下さいますよう、御案内かたがたお願い申し上げます。

記

1．日　時　8月21日(月)、22日(火)
　　　　　　8月20日(日)は入門講座
　　　　　　8月23日(水)は個別講座
　　　　　　午前9：30～午後4：00
2．会　場　『○○○-○-○　○○　○○』木作りのミニホール
　　　　　　○○市○町○-○○-○　○○○第2ビル1F
　　　　　　JR線○○駅　下車徒歩5分　TEL○○○○-○○-○○○○
3．目　的　合唱実技と指導法及び音楽教育法を研究し、指導者としての
　　　　　　力量を高める。

4．受講料　8,000円
　　　　　　但、入門講座3,000円、個人指導3,000円
5．定　員　50名　（定員になりしだい締め切ります。）
6．主　催　東京音楽教育研究会

【昨年の参加者の感想より】

1人1人丁寧にみて頂けてよかった。
先生の説明はとても分かりやすかった。
自分の問題点を改めて確認できた。
○○先生の指揮法、熱情にうたれた。
基本的な実技を、段階を追って丁寧に教えて頂き大変よかった。
指揮において、振る前の部分がいかに大切かを教えられた。

●申し込み　　　　　　　　　●会場案内
　下記の申込書にご記入の上事務
局へお送り下さい。
　事務局　〒○○○
　　　○○○○町○－○○－○
　　　　　○○○第二ビル
　東京音楽○○研究会
受講料は下記までお願い致します。

現金書留　事務局へ

銀行振込　○○銀行○○支店
　　　　　普通　○○○○○○　　　●問合先
　　　　　　　　　　　　　　　　TEL○○-○○○-○○○○
郵便振替　東京○-○○○○○　　〒○○○
　　　　　　　　　　　　　　　　○○○区○○○-○-○-○○
口座名義　東京音楽○○研究会　　　東京音楽○○研究会
　　　　　代表　○○○○○○

··キ　リ　ト　リ　線··

申込書	参加講座に○印を	入門講座　・　合唱実技　・　個別指導		
	氏　名		男・女	職種	教員 (小音専、小学担、中音専、中学担)、他
	自　宅	〒			Tel
	勤務先		学校　Tel	合唱指導	有 (クラブ、他)、無

留意点　　講座の内容を詳しく説明すること。講師についても経歴、実践事例などについて記すとよい。実技研修について持参物がある場合は、知らせておくこと。

●研究大会開催要項

○○年○○月○○日

東京都公立小学校長殿

東京都公立小学校○○○○会長
　　　○○○○○

平成○○年度東京都公立小学校○○○○会
創立○○周年記念研究大会の開催について

　このことについて別記要項のとおり開催することになりました。
　本年度は本会創立○○周年にあたり、研究活動の実をあげるとともに、特に東京都における○○○○の足跡を辿り、○○○○及び○○○○○○の将来像を追求する記念大会であります。
　つきましては、本研究大会を盛大にし、かつ実りあるものにしたいと存じますので、貴所属○○○○の参加について、特段のご配慮をたまわりますよう、お願い申し上げます。

創立〇〇周年記念研究大会開催要項

1．目　的　東京都における公立小学校〇〇〇年、本会創立〇周年にあたり、学校〇〇確立の歴史に学ぶとともに、学校〇〇の効率的執行及び情報公開を求める社会の動きに即応した諸問題を研究討議し、もって学校教育の充実に寄与し、学校事務職員の資質の向上をはかる。
2．主　催　東京都公立小学校〇〇〇〇会
3．後　援　東京都教育委員会
　　　　　　東京都公立小学校長会
4．期　日　平成〇〇年〇月〇〇日（〇）
5．会　場　東京都立教育研究所
　　　　　　〇〇区〇〇〇-〇-〇
6．参加者　東京都公立小学校に勤務する〇〇〇〇及び〇〇関係者
7．日　程　午前〇時〇〇分受付

9	10	11	12	1	2　　　3	4
受付	記念式典	記念講演	昼食	休憩	分　科　会	閉
					研　究　協　議	会

8．記念講演　　演題　「歴史に学ぶリーダー像」
　　　　　　　　講師　作家　　〇〇〇〇〇氏

9．分科会　　第一分科会
　　　　　　テーマ　「近接地内旅費請求事務の簡略－○○の場合」
　　　　　　発表者　葛飾区立小学校○○○○会
　　　　　　　　　　代表　○○区立○○○小学校　　○　○　○　○
　　　　　　助言者　○○○立○○小学校　　　　　　○　○　○　○
　　　　　　司　会　○○区立○○小学校　　　　　　○　○　○　○
　　　　　　記　録　○○区立○○小学校　　　　　　○　○　○　○
　　　　　第二分科会
　　　　　　テーマ　「○○市における情報公開制度と学校」
　　　　　　発表者　○○市立○○小学校　　　　　　○　○　○　○
　　　　　　　　　　○○市立○○学校　　　　　　　○　○　○　○
　　　　　　助言者　○○市立○○第○小学校　　　　○　○　○　○
　　　　　　　　　　○○市立○○小学校　　　　　　○　○　○　○
　　　　　　　　　　○○市立○○第○中学校　　　　○　○　○　○
　　　　　　司　会　○○市立○○小学校　　　　　　○　○　○　○
　　　　　　　　　　○○市立○○第○小学校　　　　○　○　○　○
　　　　　　　　　　○○市立○○第○小学校　　　　○　○　○　○
　　　　　　記　録　○○市立○○小学校　　　　　　○　○　○　○
　　　　　　　　　　○○市立○○小学校　　　　　　○　○　○　○
　　　　　特別分科会　創立○○周年本部企画
　　　　　　テーマ　「学校○○とわたくし－現在・過去・未来」
　　　　　　講　師　東京都○○○○教育長　　○　○　○　○氏
　　　　　　　　　　○○区小学校○○○○会長　○　○　○　○氏
　　　　　　司　会　都○○○　研究研修部長　　○　○　○　○
　　　　　　　　　　都○○○　広報部長　　　　○　○　○　○

留意点　　分会の内容については、テーマだけでなく概要を書くと参加者がより理解し易くなる。

● 研究会案内の配布依頼

1９○○年　○月○日

各区市教育委員会　殿

東京音楽○○研究会

「合唱セミナーの御案内」配付のお願い

　初夏の候、貴下におかれましてはますます御清栄のことと御慶び申し上げます。
　さて、日頃より当研究会への格段のご理解、ご指導を賜わりありがたく感謝申し上げます。私達は、先生方の合唱実技・指導法の力量を高めるために、いままで２回にわたり「教職員合唱セミナー」を設けてきました。幸いなことに、全都各地から参加され、好評を得ております。
　つきましては、今年度「第３回教職員合唱セミナー」を下記のように計画いたしましたので、貴教育委員会下の各校に「御案内」を配付して頂きますようお願い申し上げます。

記

1．日　時　８月21日（月）、22日（火）
　　　　　　但、入門講座は20日、個別指導は23日です。
2．場　所　『○○○-○-○○○○○』
　　　　　　○○市○町○-○○-○　　○○○第２ビル１Ｆ
　　　　　　TEL　○○○○-○○-○○○○
3．目　的　合唱実技及び指導法を研究し、指導者としての力量を高める。
4．受講料　8,000円

5．定　員　50名
6．主　催　東京音楽〇〇研究会

　　　　　　　　　　　　　問い合わせ先　TEL（〇〇〇）〇〇〇〇

　　留意点　　研究会のお知らせを地教委を経て各学校に送ってもらう場合は、「お願い」の文書に要項を添えて、少なくとも2カ月前までに送ること。

●研究会への職員派遣依頼

○○○学校長殿

　　　　　　　　　　平成○○年○月○日
　　　　　　　　　　東京都○○学校○○教育研究会
　　　　　　　　　　　会　　　長　　　○○○○

　　　　　○○担当教諭派遣のご依頼

　学期始めで、なにかとご多忙の毎日と拝察いたします。また日頃から本会の活動につきまして、何かとご援助を賜り厚く御礼申し上げます。
　さて、本会の活動の一部として、下記のような研究会を企画いたしました。何卒、○○担当教諭のご派遣につきましてご高配賜りますようお願い申しあげます。

○○担当教諭殿

　　　　　　　　　　東京都高等学校○○教育研究会
　　　　　　　　　　　○○　部長　　　○○○○

　　　　　　○　○　研究会のご案内
日　時　　平成○○年○月○○日（○）　午後○時－○時
場　所

留意点　　研究会の内容についての印刷物も同封するとよい。

●研究紀要送付の通知

　　　　　　　　　　　　　平成○○年○月○日

各学校長殿

　　　　　　　　　○○○立○○○学校長
　　　　　　　　　　　　　○　○　○　○

　　　　　　研究紀要の送付について

　早春の候、貴下におかれましては、ますますご清栄のこととお慶び申しあげます。

　さて、この度本校教職員で取り組みました「作文力の向上を目指して」の研修の成果がまとまりましたのでお送り申し上げます。

　私達なりには一生懸命に努力したつもりなのですが、不備の点が多いのではないかと恐れているこの頃です。今後の研究の指針と致したいと思いますので、是非ともご高覧いただき、ご叱正ご高評を賜りますようお願い申し上げます。

　貴校の、今後の一層のご発展をお祈り申し上げます。

留意点　　講師として招いた先生や、助言を頂いた方への礼状も忘れずに送ること。

● 研究紀要受領のお礼

平成〇〇年〇月〇日

〇〇〇立〇〇〇学校長
　　　〇　〇　〇　〇　殿

　　　　　　　〇〇〇立〇〇〇学校長
　　　　　　　　　　〇　〇　〇　〇

　　　　　研究紀要の受領について

　この度は、貴校研究紀要（〇年度　第〇号）をご送付下さいまして、まことにありがとうございました。
　本校で取り組んでいる研究主題とは異なりますが、方法等については大変参考になりました。今後とも本校の教育及び研修活動に大いに活用させて頂く所存でございます。

留意点　研究領域と同じ研究部の職員の感想や意見を同封できるように配慮していきたい。

●研究会の共催についての依頼

〇〇〇〇
平成〇〇年〇月〇日

〇〇教育委員会殿

〇〇市立〇〇学校長
〇〇〇〇

　　　　　　〇〇研究会の共催についてのお願い

　日頃の本市教育の推進についてのご努力に感謝申し上げます。
　さてこの度、本校では、数学科における基礎、基本を効果的かつ能率的に指導することについて下記のとおり〇〇研究会を開催することになりました。
　つきましては、研究会の主旨と内容にご賛同いただき、貴委員会と共催として頂くようお願い申しあげます。

　　　　　　　　　　　　　記
1　研究テーマ　　　　〇〇〇〇〇〇
2　日時　　　　　　　〇月〇〇日　午後〇時～〇時
3　場所　　　　　　　〇〇〇〇
4　研究の主旨と内容の概要　〇〇……………
5　講師　　　　　　　〇〇〇〇

留意点　講師名には、簡単な役職や著書名などをかくとよい。

●学校訪問についての依頼

〇〇〇〇発第〇〇号
平成〇〇年〇月〇日

〇〇〇立〇〇学校長殿

〇〇〇立〇〇〇学校長
〇　〇　〇　〇　㊞

学校訪問について（お願い）

　新学期を迎え、行事などで多忙なおりですが、貴下にはますますご健勝のことと存じます。
　さて、過日電話でお願いしました貴校訪問の件ですが、下記のように計画致しました。よろしくご教示下さいますようお願い致します。

記

1　日　　時　〇〇年〇月〇日（〇）　〇時ごろより
2　訪問人数　〇名
3　代表者　　〇〇市立〇〇学校　　職名　〇〇〇〇
4　訪問目的　〇〇〇〇〇について

留意点　事前に相手校としっかりと打ち合わせしておく必要がある。
　なお資料などは、相手校に頼んで、事前に送付して頂き、短い時間で成果があがるようにしておく必要がある。

●学校訪問の礼状

　　　　　　　　　　　　　　　　平成○○年○月○○日

○○○立○○○学校長
　　　○　○　○　○殿

　　　　　　　　　　　○○○立○○○学校長
　　　　　　　　　　　　　　　○　○　○　○

　秋も深まり、貴校ますますご繁栄のこととおよろこび申しあげます。
　先日、本校職員の訪問に際しましては、ご多忙にもかかわらず校長先生はじめ関係職員の丁重なご案内と貴重なご教示を賜り、誠にありがとうございました。厚く御礼申しあげます。
　ご教示賜りましたことを本校の教育活動に生かし、よりよい教育の創造に励む所存です。
　貴校の一層のご発展を祈念し、御礼申し上げます。

　　　　　　　　　　　　　　　　　　　　　　敬　具

留意点　　礼状は一日もはやく相手に届くようにしたい。

● 管外研修出張について(依頼)

〇〇年〇月〇日

〇市公立小学校長　殿

　　　　　　　　〇市公立小学校長会長　　〇〇　〇〇
　　　　　　　　〇市公立学校教頭会長　　〇〇　〇〇

　〇市公立小学校教頭会管外研修出張について（依頼）

　朝夕の冷気が一段と身にしみる候となりました。校長先生におかれましてはますますご健勝のこととお喜び申しあげます。
　日頃より教頭会の諸活動に深いご理解と暖いご指導を賜り厚く御礼申しあげます。
　さて、この度、教頭の資質向上をめざして、下記事項により管外研修を計画いたしました。つきましては、公務の多用の中恐縮でございますが貴校教頭先生の出張方ご高配賜りますようお願い申しあげます。

　　　　　　　　　　　記

1　主　旨　〇〇県〇〇市の公立小中学校の学校経営状況を参観し、自己
　　　　　　教育力の育成と向上をめざす学校経営について研究を深める。
　　　　　　さらに、地方の教育について視野を広げるとともに教頭相互の
　　　　　　人間関係をいっそう深め、四市の教育の質的向上に役立てる。
2　日　時　平成〇年〇月〇日（〇）〜〇月〇日（〇）
　　　　　　〇月〇日（〇）午後〇時上野駅発（白山1号）
3　目的地　(1)〇〇県〇〇市〇〇〇小学校
　　　　　　(2)〇〇県〇〇市立〇〇中学校
4　研修内容　(1)学校参観、学校経営について研修、情報交換

　　　　　(2)小学校、中学校の関連（児童から生徒への移行期の指導）
　　　　　(3)地方の教育の実態視察
5　宿泊所　〇〇県〇〇市〇〇　　〇〇ホテル（〇〇－〇－〇〇〇）

留意点　　　参観校の特色紹介の記事等があった時は貼布する。

●管 外 研 修 願

平成○○年○月○日

市立○○学校長
　○○○○　殿

○○市立○○学校
教頭　○○○○　印

○市公立小学校教頭会管外研修願

下記の管外研修に参加しますのでご許可願います。

記

1　目的・内容　○市公立学校教頭会管外研修
　　　　　　　地方の公立小中学校を参観し、学校経営について研究を深める。また自己教育力の育成と向上をめざす学校経営、児童から生徒への移行期の小中学校相互の関連等について研修し視野を広める。
　　　　　　　さらに教頭相互の人間関係をいっそう深め、四市の教育の質的向上に役立てる。
2　日　時　平成○年○月○日（○）〜○月○日（○）
3　目的地　(1)○○県○○市立○○小学校　校長　○○○○
　　　　　(2)○○県○○市立○○中学校　校長　○○○○
　　　　　　　　〈自山一号〉
4　コース　○月○日　上野（9：00）−○○（○：○）−○○（○：○）
　　　　　　○○小参観（○：○〜○：○）−○○（○：○）

　　　　　　○月○日　○○（8：30）－○○○－○○○－
　　　　　　川西中参観（○：○～○：○）－上田城跡－
　　　　　　上田（○：○）－上野（17：34）
5　　宿泊地　別所、花屋ホテル（○○○－○－○○）
6　　費　用　交通費　　　　○○○○円　　宿泊費　○○○○円
　　　　　　資料・見学費　　○○○円　　　計　　　○○○○円

留意点　　管外研修者が校長の場合は教育委員会あてになる。

●管外研修報告

○○市立 小/中学校長
　　　殿　　　　　　　　○○米市立小中学校
　　　　　　　　　　　　　教頭会長　○○　○○

○○○市立小学校教頭会
管外研修報告

　平成○年○月○・○・○日の3日間にわたり、管外出張に出させて頂きまことにありがとうございました。本年度は○○県南部の○○にある○○小学校（交通事情により○○二中を変更）と○○の○○市にある○○小学校を参観しました。共に百周年を迎えている伝統ある学校であり、信濃教育の生きた姿に触れることができました。
　両校視察の概要を下記のとおりご報告申し上げます。

　　　　　　　　　　　　記
1　参加者　20名（小○名　中○名）
2　日　程　○月○日（○）
　　　　　　○○発（7：00）－○○美術館見学（11：00～12：30）－○○小学校参観（○：○～○：○）－宿舎着（5：00）
　　　　　　○月○日（○）
　　　　　　○○発（○：○）－○○（○：○～○：○）－○○
　　　　　　○見学（○：○～○：○）－○○小参観（○：○～○：○）
　　　　　　－宿舎着（○：○）
　　　　　　○月○日（○）

○○市発（○：○）－○○○（○：○～○：○）－
            ○○見学（○：○～○：○）－○○米着（○：○）
3　視察の概要
(1)　学校名　○○県○○郡○○町立○○小学校
　　概要及び特色　　　　略
(2)　学校名　○○県○○郡○○町立○○小学校
　　概要および特色　　　略

留意点　　①概要については、各校の特色のみならず、市町村全体でかかえている問題に触れて記す。
　②特色は、児童の実態に触れながら、指向している方向についても記して後日の参考になるようにする。

● 管外研修要項

平成○○年○月○日

○市公立小学校教頭　殿

　　　　　○市公立小学校教頭会長　○○　○○
　　　　　同　　　　研修部長　○○　○○

　　　○市公立小学校教頭会管外研修要項

　朝夕の冷気が一段と身にしみる候となりましたが、ますますご健勝のことと存じます。
　さて、この度当教頭会では資質の向上をめざして下記要項で管外研修を計画いたしました。つきましては、公務多用とは存じますが、多数参加されますようお知らせいたします。

　　　　　　　　　　　記

1　主　旨　○○県○○市の公立小中学校の学校経営状況を参観し、自己
　　　　　教育力の育成と向上をめざす学校経営について研究を深める。
　　　　　　さらに、地方の教育について視野を広げるとともに教頭相互
　　　　　の人間関係をいっそう深め、○市の教育の質的向上に役立てる。
2　日　時　平成○年○月○日（○）　　午後○時
　　　　　平成○年○月○日（○）　　午後○時半
3　目的地　(1)長野県○○市立○○小学校（校長　○○○○）
　　　　　　　ＴＥＬ（○○-○-○○）
　　　　　(2)長野県○○市立西中学校（校長○○○○）
　　　　　　　ＴＥＬ（○○-○-○○）
4　コース
5　申しこみ　○○市教頭○○まで　○月○日までに申しこんで下さい。

　留意点　　出張の主旨については詳細に記載されることが望ましい。

● 実技研修会

　　　　　　　　　　　　　　　　　○○年○○月○日

○○市教職員各位

　　　　　　　　　　　　　　　　○○市教職員厚生会長
　　　　　　　　　　　　　　　　　○　　○　　○　　○

　　　　　　　　　第2回卓球大会

　昨年度盛況でした上記大会を下記の要領で行います。昨年同様楽しくやりたいと思います。若手の方からベテランの方まで多くの方の参加をお待ちしています。

　　　　　　　　　　　記

1．日時：○月○○日（○）　午後2時開始
2．場所：○○小体育館
3．種目：シングルス、ダブルス（どちらも男女の区別なしです。）
　　　　シングルスとダブルスに重複して出場することは出来ません。
　　　　時間の関係上、シングルスへの出場は1校2名以内でお願いします。ダブルスは制限なしです。
4．賞　：両種目とも1位～3位には賞が用意されています。
5．申し込み
　　　　参加される方は、下記の申込書に記入して○月○○日（○）までに交換便で　○○小　○○まで送って下さい。

··キリトリ線··

参加申込書

学校名	
シングルス	氏名
ダブルス	氏名
	氏名

留意点　　教職員のレクリエーション活動は、福利厚生事業の一環であり、理事者側が企画、運営すれば、公務災害保償の対象となるので事前の計画、取り組みが重要である。
　勤務時間外に、自主的に実施する場合は、保険に加入しておくこと。

●研修実施計画について

研修実施計画について
(東京都立学校事務職員等研修規則第4条第3項1号による)

　平成元年度第2四半期の東京都立学校事務職員等研修規則第4条第3項1号による研修について、下記により実施する。

記

1．研修実施期間　平成元年7月21日（○）から8月31日（○）までの期間で、原則として5日間以内とする。
2．研修実施日時　職員各自が所定の用紙により事前に研修実施を願い出て、その承認を得た職務に支障のない日時とする。
3．研　修　場　所　職員各自が所定の用紙により事前に研修実施を願い出て、その承認を得た研修に適する場所とする。
4．研　修　内　容　職員各自が所定の用紙により事前に研修実施を願い出て、その承認を得た研修に適する内容とする。
5．研修実施報告　所定の用紙により研修実施後、1週間以内に研修実施報告をする。

●研修報告書

研 修 報 告 書

校 長	事務長	係 員

東京都立○○高等学校長　○　○　○　○　殿

　東京都立学校事務職員等研修規則第4条第3項1号による研修について、下記により研修したので報告いたします。

　　平成元年　　月　　日
　　　　　　　　　　　研修者職氏名・印　主事（　　　　　）
　　　　　　　　　　　　　　　　　　　　氏名　　　　　　　㊞
1．研修期間・日時　平成元年　　月　　日（　）～　月　　日（○）
　　　　　　　　　　　　　　　　　　　　　　　　　　　　日　間

　　　　　　　平成元年　　月　　日（○）
　　　　　　　午前・後　　時　　分～　午前・後　　時　　分
2．研修場所

3．研修内容（別紙でもよい）

● 研修簿

研　修　簿（平成元年度第○四半期）
（東京都立学校事務職員等研修規則第○条第○項○号による）

　　　　　　　　　　　　　　　　　　　　東京都立○○高等学校

研修項目	研修期間・期日・時間	研修場所	校長	事務長	研修者職氏名・印	備　考
	月　～　日 ：　～　：					
	月　～　日 ：　～　：					
	月　～　日 ：　～　：					
	月　～　日 ：　～　：					
	月　～　日 ：　～　：					

10 PTA関係

●PTA総会のお知らせ①

平成○○年○月○日

会 員 各 位

　　　　　東京都 ○ ○ ○学校長 ○ ○ ○ ○
　　　　　同　父母と教師の会会長 ○ ○ ○ ○

　　　　父母と教師の会定期総会のご案内

新緑の候となりました。皆様にはご清祥のこととお慶び申し上げます。
さて、「父母と教師の会定期総会」を下記の通り開催いたしますので、ご多用中とは存じますが、是非ご出席くださいますよう、お願い申し上げます。

　　　　　　　　　　　記

日　　時　　平成○○年○月○○日（○）　午後1：30～2：30
場　　所　　本校大会議室
総会議題　　(1)平成○○年度事業報告　　(4)平成○○年度役員・監査・
　　　　　　(2)　〃　　　決算報告　　　　　各専門委員長の決定
　　　　　　(3)　〃　　　監査報告　　(5)平成○○年度事業計画案
　　　　　　　　　　　　　　　　　　　(6)　〃　　　予算案

　　　追記　1．このご案内と同時にお届けいたしました「平成○○年度
　　　　　　　決算書」、「平成○○年度予算案」その他をご覧の上、
　　　　　　　当日ご持参くださいますようお願いいたします。
　　　　　　2．ご出欠のお返事は、○月○日（○）までに、H・R担任
　　　　　　　へご提出ください。（ご欠席の方は、委任状を添えて）
　　　　　　3．恐れ入りますが、上履きをご持参ください。

・・・・・・・・・・・・・・・・・・・・・・・切り取り線・・・・・・・・・・・・・・・・・・・・・・・

○月○○日の総会に 出席／欠席 いたします。（どちらかに○をつけてください）
　　　　　年　　組　生徒氏名
　　　　　　　　　　会員氏名　　　　　　　㊞

・・

　　　　　　　委　任　状
　東京都○○○○学校父母と教師の会会長殿
総会に出席できませんので、権限の一切を委任いたします。

　　平成○○年○月○日
　　　　　　年　　組　生徒氏名
　　　　　　　　　　　会員氏名　　　　　　㊞

留意点　　ＰＴＡ規約にもよるが、学校長と連名とすることは問題となる場合がある。委任状については誰に委任するかを明確にしたい。（会長、総会議長など）

● PTA総会のお知らせ ②

PTA総会通知

平成〇年〇月〇〇日

PTA会員各位

東京都立〇〇高等学校PTA
会長　〇　〇　〇　〇

PTA総会のお知らせ

拝啓　新緑の候　ますますご清祥のこととお喜び申しあげます。
学校も新年度がスタートし、〇〇期生を迎えて勉学にスポーツに新しい取り組みを開始いたしました。さて、下記により平成〇年度PTA総会を開催いたします。公私ご多用中とは存じますがご出席くださいますようお願い申し上げます。

敬具

記

1. 期　　日　　〇月〇〇日（〇）午後
2. 日　　程
　　　　　(1)学級懇談会　2：00～3：00　　各学級教室
　　　　　(2)学年理事会　2：15～2：30　　A組教室
　　　　　(3)全体理事会　2：30～3：00　　会議室
　　　　　(4)総　　　会　3：00～4：30　　体育館

留意点　　総会成立要件（会員の1／5など）がある場合はこれも明示すること。

● ＰＴＡ役員会開催通知①

○○市立○○小学校
　　ＰＴＡ役員殿

　　　　　　　　　　　　　　　○○市立○○小学校ＰＴＡ
　　　　　　　　　　　　　　　　会長　　　○○○○

　　　　　　　　第○回　役員会開催について

　下記のとおり、平成○○年度第○回役員会を開催いたします。ご多忙のところ誠に恐縮に存じますがご出席方よろしくお願いいたします。

　　　　　　　　　　　　　記

　1　日　時　　平成○○年○月○○日（○）
　　　　　　　　午後○○時～○○時○○分

　2　場　所　　○○小学校　会議室

　3　議　題　　(1)　講演会開催について
　　　　　　　　(2)　地区子ども会報告について
　　　　　　　　(3)　通学路の変更について
　　　　　　　　(4)　その他

留意点　児童、生徒に手渡しされることが多い。届いたかどうか、出席できるかどうか、電話で確認をする方法を前もって決めておきたい。

●PTA役員会開催通知②

　　　　　　　　　　　　　　　　　　昭和〇〇年〇月〇日
PTA役員　各位

　　　　　　　　　　　　　　　　〇〇市立〇〇〇〇学校PTA
　　　　　　　　　　　　　　　　　　会　長　〇〇〇〇〇

　　　　　　　PTA役員会開催のお知らせ

拝啓　ますますご健勝のことと存じ上げます。
　新1年の皆様には、役員を早速お引受け頂きまして有難うございました。
　さて、下記により役員会を開催し、新年度の役員人事その他について、ご相談いたしたいと思いますので、ご参集下さいますようお願い申し上げます。

　　　　　　　　　　　　記
日　時　　平成〇〇年〇〇月〇〇日（〇）　午後〇〇時〇〇分より
　　　　　　　　　　　　　　　　　　　　　　〇〇時〇〇分まで
場　所　　〇〇中学校　会議室
議　題　　(1) 役員人事
　　　　　(2) 専門部人事
　　　　　(3) その他
　　　　　　　　　　　　　　　　　　　　　　　以　上

·············· きりとりせん ··············

新1年　PTA　役員希望調査票

年　組	ご氏名	希望役職名	希望専門部名

○でかこんで○○月○○日（○）までに担任の先生にご提出下さい。

留意点
・時間は始まりとともに終了時間を入れておくとよい。
・人事を決めるときは、事前に希望・意見を聞いておくとよい。

●ＰＴＡ役員会出欠席通知

平成〇〇年〇月〇日

〇〇市立〇〇〇中学校ＰＴＡ
　会　長　　〇〇　〇〇　殿

　　　　　　　　　　　　　学年　　　組
　　　　　　　　　　　　　役員氏名　〇〇　〇〇　印

　　　役員会の欠席通知

標記の件について（　　　　　　　）により第〇回役員会に出席できませんので議事の一切を（　　　　　　　）殿に一任いたします。
　　　　　　　　　　　　　　　　　　　　　　以　上
……………………き…り…と…り…せ…ん……………………

平成〇〇年〇月〇日

〇〇市立〇〇〇中学校ＰＴＡ
　会　長　　〇〇　〇〇　殿

　　　　　　　　　　　　　学年　　　組
　　　　　　　　　　　　　役員氏名　〇〇　〇〇　印

　　　役員会の出席通知

標記の件について第〇回役員会に出席いたします。
　　　　　　　　　　　　　　　　　　　　　　以　上

注：〇月〇〇日（〇）までに出欠の通知をご提出ください。
　　期限をお守り下さい。

留意点　　役員会開催通知に添付するか、事前に役員に数枚渡しておくとよい。
　　　理由欄には了め「病気」「私事」などを記しておくとよい。

● 運営委員会開催通知

平成〇〇年〇月〇日

運営委員各位

〇立〇〇学校ＰＴＡ
会長　〇　〇　〇　〇

第〇回運営委員会のお知らせ

木々の紅葉も深まり、冷たい風にのって、木の葉がひらひら地面に舞い降りてきます。例年よりも寒さがきびしいように思われます。
さて第〇回運営委員会を下記の通り開催いたしますので、是非ご出席くださいますようにご案内申し上げます。

記

日　時　　〇〇月〇〇日（〇）　ＰＭ２：００〜
場　所　　本校小会議室
内　容　　１．各学年、専門委員会報告
　　　　　２．Ｐ連報告
　　　　　３．Ｐ連研修会報告
　　　　　４．その他

※　役員の方は１時までにお集まりください。

留意点　可能なかぎり前もって当日の資料も添えられる方が望ましい。

● 理事会開催通知

　　　　　　　　　　　　　　　　平成〇〇年〇月〇日
理 事 各 位
　　　　　　　　　　　　東京都〇〇〇〇学校
　　　　　　　　　　　　　ＰＴＡ会長　〇　〇　〇　〇

　　　　　　　　　理事会のお知らせ

　下記により第〇回理事会を開きたいと存じます。
公私ともご多用中とは思いますがご出席ください。

　　　　　　　　　　　　記
　1．日　時　　〇月〇〇日（〇）　　13：15〜15：00
　2．場　所　　本校会議室
　3．議　題
　　　　　会長あいさつ
　　　　　学校長あいさつ
　　　　　学校の近況報告
　　　につづいて、次の議題を審議します。
　　　(1)　本年度活動計画について
　　　(2)　地区別懇談会について
　　　(3)　その他
　　　　　　　　　　　　　　　　　　　　以上

（注）全体理事会終了後、各学年別理事会（15：00〜）を開きます。
　　　尚、〇年理事は卒業記念行事準備の打ち合せもいたします。

留意点　　当日、時間に制約がある場合は、付記する方がよい。

●理事会・評議員会開催について

平成○年○月○日

理事・評議員　各位

都立○○高等学校ＰＴＡ
会　長　○　○　○　○

第○回理事会・評議員会開催について

　時下　皆様には　ますますご清栄のことと拝察致します。
　さて、第○回理事会・評議員会を、下記の通り開催致します。公私ともにご多忙のことと存じますが、万障お繰り合せのうえ、ご出席くださるようお願い致します。

記

1　日　時　　平成○年○月○○日（○）　　午後○時～
2　場　所　　会議室　（理事会）　　　　　午後○時～○時）
　　　　　　　食　堂　（評議員会）　　　　午後○時～○時）
　　　　　　　随　所　（各部ごとの評議員会　午後○時～　　）
3　内　容　　別　紙

…………………………キ　リ　ト　リ　セ　ン…………………………

出　欠　票

※　折り返しご返事下さい。　☎（○○○）○○○○　○○・○○
　　○月○○日（○）の理事会・評議員会に（出席・欠席）致します。
　　　　　　　理事・評議員　氏名＿＿＿＿＿＿＿＿＿＿＿＿＿
　　　　（＿＿年＿＿組＿＿番　生徒氏名＿＿＿＿＿＿＿＿＿＿）

留意点　　お知らせは１カ月位前に渡すようにすること。その際封筒に入れて保護者宛に出し、同じ封筒で出欠票を回収できるようにすると便利である。

別　　紙

　　　　　　　　　　　　　　　　　平成〇年〇月〇〇日
　　　　　　　　　　　　　　　　　都立〇〇高等学校ＰＴＡ
　　　　　　　　　　　　　　　　　会　長　〇　〇　〇　〇

　　　　　　　　理事会・評議員会次第及び時程

1　各部理事会　各部長選出　午後〇時〜　於会議室　部　長の司会進行
2　理事会　　　　　　　　　午後〇時半〜　　　　　副会長の司会進行
　　1）　新会長、副会長、会計、監事、の推薦　　　会　　　長
　　2）　新部長、学校側役員、の紹介　　　　　　　会　長・〇　〇
　　　　　　　　　　　　　　　　　　　　　　　　　　　（教頭）
　　3）　旧役員挨拶、新役員挨拶
　　4）　総会の準備と役割分担の決定　　　　　　　会　　　長
　　　　（会場準備と役割分担の決定）
　　5）　評議員会の進行について　　　　　　　　　〇　〇（教頭）
3　評議員会　　　　　　　　午後〇時〜　於食堂　　副会長の司会進行
　　1）　会長挨拶、校長挨拶
　　2）　新会長、新副会長、新会計、新監事の推挙　会　　　長
　　3）　新部長の紹介　　　　　　　　　　　　　　会　　　長
　　4）　旧役員・新役員挨拶
　　5）　事業報告　　　　　　　　　　　　　　　　副会長
　　6）　決算報告・審議、監査報告、予算審議　　　会　　　計

7) その他（総会の予定、質疑）
4 各部ごとの評議員会　　午後○時〜　　　　新部長の司会進行
　　場　所　学年部（会議室）　文化部（視聴覚室）
　　　　　　広報部（食　堂）　厚生部（家庭科教室）
1) 旧部長挨拶
2) 副部長（○人）推薦
3) 平成元年度　事業計画案　審議
4) その他
※各部会終了次第、散会となります。〜○時

　　　　　　　　　　　　　　　　　　　　　　　　以　　　上

留意点　　協議事項については、内容をわかり易く文章で説明し、参加者が事前に質問・意見を考えられるようにしておくことが望ましい。

●ＰＴＡ新旧役員懇親会のお知らせ

平成〇〇年〇月〇日

ＰＴＡ役員　各位

〇〇市立〇〇〇中学校ＰＴＡ
　　　　　　　　　有志代表　〇〇　〇〇

ＰＴＡ新旧役員懇親会のご案内

拝啓　ますますご健勝のことと存じ上げます。
　さて、毎年恒例になっております新旧役員皆様の懇親会を、下記のとおり開催いたしたく存じます。ご多忙のところ恐縮ですが万障お繰り合わせのうえ、ご参加くださいますようご案内申し上げます。なお、会場の都合もありますので、参加・不参加のご連絡を〇月〇日（〇）までに、クラス担任の先生までご提出願います。　　　　　　　　　　　　　敬具

記
1、日　時　　平成〇〇年〇月〇日（〇）18時より
2、場　所　　〇〇〇〇　　　ＴＥＬ
3、会　費　　〇〇〇〇円（当日会場で集金いたします。）
4、その他　　平服でご参加下さい。
　　　　　　（会場地図）

……………………………き…り…と…り…せ…ん……………………………
新旧役員懇親会申込書
　〇〇〇〇殿

　　　　　　　　　　___年___組
　　　　　　　　　　ご氏名_____

懇親会に　　1、参加いたします。
　　　　　　2、参加できません。

　　　　　いずれかの番号を○でかこんで下さい。

留意点　　呼びかけ人は、会長であっても、会の性格上「有志」とした方がよい。

●ＰＴＡ歓送迎会の案内

平成〇年〇月〇日

会員各位　殿

〇〇〇〇中ＰＴＡ
会長　〇〇　〇〇

ＰＴＡ歓送迎会のご案内

　例年により、総会終了後、歓送迎会を計画しております。転出・退職なさいました先生、新しくお迎えした先生、新会員、卒業会員の方々の歓送迎と会員相互の親睦の機会です。多数のご参加をいただけますようご案内申しあげます。

記

1．日　時　　5月14日（土）　総会終了後
2．場　所　　〇中特別活動室（1Ｆ）
3．会　費　　700円（申し込み書に会費をそえて5月11日（水）までに
　　　　　　先生へ提出してください。）
　　※おつりのないように、お金は封筒に入れてください。

………………………………きりとりせん………………………………

歓送迎会申し込み書

歓送迎会に参加いたします。
　　　＿＿年＿＿組
　　　　　会員氏名＿＿＿＿＿＿＿＿＿＿＿＿＿

留意点　　学校を会場として行う場合は、酒類について特段の配慮をすること。
　多くの会員が気軽に参加できるように、服装などが華美にならないように「平服でご参加下さい。」等を記すこともよい。
　ＰＴＡは、教職員と父母の組織であるから、会費は両者から集金すること。

●ＰＴＡ親睦のお知らせ

〇〇. 〇. 〇

会員のみなさまへ

東京都〇〇〇ＰＴＡ
会長　〇〇〇〇
文化委員会委員長　〇〇〇〇

紅葉の甲斐路バス見学会ご案内

　残暑きびしい折柄、会員のみなさまいかがお過ごしでいらっしゃいますか。文化部ではこの度日帰りバス甲斐路見学会を計画いたしました。秋の日ざしを浴びながら、武田家ゆかりの名勝をたずね、遠く過ぎ去った歴史の数々をしのびたいと思います。今回はマイクロバスで行きますので御気軽にみなさまお誘い合わせてぜひ御参加下さい。尚、紅葉の竜門峡を散策いたしますので身軽な服装（運動靴等）でいらして下さい。

記

(1) 日　　時　　〇月〇〇日（〇）　7時20分集合（時間厳守のこと）
　　　　　　　　　　　　　　　　　7時30分出発　雨天決行
(2) 集合場所　　〇〇駅南口（バスロータリー側）
(3) 講　　師　　本校　〇〇〇〇教諭
(4) 会　　費　　　　円（拝観料文化部で一部負担）
　　　　　　　昼食は天目山高山荘にて山菜料理をいただきます。
(5) コース　　　西武柳沢駅ー中央高速――勝沼インター―――放光寺
　　　　　　　―恵林寺―――大善寺―――大和村（昼食）―
　　　　　　　―瑞雲寺―――竜門峡（約40分散策）―――景徳院
　　　　　　　中央高速―――〇〇駅南口（〇〇時〇〇分頃）

(6)募集人員　　　　名（先着順）　バス〇台
(7)申込方法　　〇〇〇〇〇
　　　　　　　〇〇〇〇〇
(8)参加中止の時　申込み後参加出来なくなった方は〇〇（電話　　　）まで御連絡下さい。

● 地区別懇談・親睦会のお知らせ

○○区立○○中学校ＰＴＡ　　　　　　平成○○年○月○○日
　　会員各位
　　　　　　　　　　　　　　　○○区立○○中学校ＰＴＡ
　　　　　　　　　　　　　　　　　会長○○○○

　　　　　　　地区別懇談・親睦会のお知らせ

　ようやく初夏らしい陽気となり、皆様には益々ご清栄の事と存じます。
　さて、本年も地区懇談・親睦会開催の時期が到来いたしました。昨年は初めて開催いたしましたので、どのような結果になるのかと恐れておりましたが、多数のご父兄方のご出席をいただき成功裏に終りました。懇談会の時は幾分か固くなっておられたようでしたが、親睦会になると活発な意見のやりとりとなり、ご父兄方の学校への関心の深さをあらためて感じたしだいです。その後、ご父兄から様々なご感想をいただきました。
「親として子どもにどう対処すべきかと考えてしまう事が多々ありましたが、会に出席して親しく先生方及び他のご父兄方と話すうちに、自ずとそのような不安が薄らいでまいりました」ということです。今回も是非そのような会にいたしたいと存じますので、ご多忙中とは存じますが、多数のご父兄の方々がご参加下さいますことを願っております。ご夫妻でのご参加も歓迎いたします。

　　　　　○地区　　　○月○日　　会場　○　○　○　○
　　　　　○地区　　　○月○日　　〃　　○　○　○　○
　　　　　○地区　　　○月○日　　〃　　○　○　○　○
　　　　集合時刻はともに午後○時

留意点　　参加する教職員の氏名を入れた方がよい。

● 懇談会のお知らせ

3の1保護者殿

　　　　　　　　　懇談会のお知らせ

　　　　　　　　　　　　　　　　　3の1　学級部委員
　　　　　　　　　　　　　　　　　平成○年○月○日

　　　　　日　時　　○月○日（○）
　　　　　　　　　　午後○時～○時
　　　　　場　所　　○○団地

　○月もなかばがすぎ朝・晩は寒さを感じるようになりましたが皆様にはおかわりございませんか。
　さて、学級ＰＴＡ活動として、○月に○組、○組それぞれが懇談会をもつことにしました。
　夏休みのこと、二学期のこと（学級行事、ＰＴＡ行事等）そして、子どもたちのようすなどざっくばらんに話し合いたいと思います。お仕事をおもちのお母様方のことも考え、先生の協力をえて夜に行なうことに致しました。ぜひご出席ください。
　お父様の参加も歓迎いたします。なお、子どもだけになってしまうご家庭はお子さんを連れていらして下さい。
　※お茶がし代として○○円持参してください。

留意点　　発信者は、担任と連名の場合もある。

● 講演会のお知らせ

平成〇〇年〇月〇日

会員のみなさまへ

〇〇区立〇〇〇学校
PTA会長　〇　〇　〇　〇

講演会のお知らせ

　紅葉も深まり、冬仕度の季節となりました。会員のみなさまには、益々御清栄のことと存じます。

　さて、父母と教師の会では、下記の通り、講演会を企画いたしました。耳学問の多くなっている昨今、現場の先生から最先端のご研究の話を直接聞くことは、大変興味深く、為になることと思います。

　お誘い合わせの上、多数ご出席下さいますようお願い申しあげます。

記

　演題　〇〇〇〇〇
　講師　〇〇〇〇氏
　　　　経歴

　日時　12月8日（土）　1時半〜3時
　会場　視聴覚教室（スライド使用）

················キリトリ線················

12月8日の講演会に
　　　　出席、欠席　いたします　（いづれかに〇をおつけ下さい）
　　　　　　生徒氏名　　年　　組＿＿＿＿＿＿＿
　　　　　　　出席者氏名　　　　＿＿＿＿＿＿＿
11月20日迄に担任までお出し下さい。

留意点　　演題についての意義も書くとよい。

●講師派遣依頼

　　　　　　　　　　　　　　　　　　平成〇〇年〇月〇日
東京都〇〇〇〇学校長
　　〇　〇　〇　〇殿

　　　　　　　　　　　　　東京都〇〇〇〇学校
　　　　　　　　　　　　　　ＰＴＡ会長〇　〇　〇　〇

　　　　　　講演会講師の派遣について（依頼）

　時下益々ご清祥のこととお慶び申し上げます。
　さて、この度貴校教諭〇〇〇〇氏を本校ＰＴＡ講演会講師として下記のとおりご依頼致したいと存じます。
　貴校におかれましては何かとご都合がお有りのことと存じますが、何卒ご承諾下さいますようお願い申し上げます。

　　　　　　　　　　　　　記
日　時　　〇月〇日（〇）　午後〇時～午後〇時〇〇分
テーマ　　「………………」

留意点　場所、担当者名、電話番号を入れておくとよい。

●スポーツ活動のお知らせ

平成○○年○月○日

会員各位殿

　　　　　　　　　　　　東京都　○　○　○学校ＰＴＡ
　　　　　　　　　　　　　　会長　　　　○　○　○　○
　　　　　　　　　　　　○○○○会長委員長　○○○○

　　　　　　平成○○年度　"スポーツ活動"へのご案内

　皆様お変りございませんか。
　昨年は、テニス・軽体操・卓球・剣道などを内容に活動をすすめてまいりました。本年も、前年までの活動を一層充実させ、より多くの皆様の御参加を得て、健康増進と会員相互の親睦を深めてゆきたいと考えております。

　　　　　　　　　　　　記

1．日　　　程：毎月第○日曜日
2．時　　　間：午前１０時～午後３時（御希望の種目へ）
3．場　　　所：本校施設にて（テニス・コート、体育館、剣道場など）
4．参加資格：本会会員およびその家族
5．種　　　目：

A．硬式テニス	１０：００～１５：００	指　導	○○先生
B．軽　体　操	１０：００～１１：３０	〃	○○先生
C．卓　　　球	１３：００～１５：００	〃	○○先生
D．剣　　　道	１３：００～１４：００	〃	○○先生

6．参加費：○○○円（年間、開催当日にご持参下さい）

7．諸注意：①服装－いずれの種目も特に指定しません。動きやすいもので結構です。
　　　　　　軽体操、剣道は裸足で行います。
　　　　　②スポーツ保険－1,000円（原則として入っていただきます）
　　　　　③昼食－必要な方はご持参下さい。（和室にてお茶の用意があります。）
　　　　　④時間－各開始時間の少し早目にお出で下さい。
　　　　　⑤申し込み－ご希望の方は、下の申し込み書に御記入のうえ
　　　　　　　　　　　○月○○日（土）まで
　　　　　　　　　　各組担任・又は○○委員へ

………………………キ……リ……ト……リ………線………………………

　　　　　　　　○○年度"スポーツ活動"参加申し込み書（担任）

年　　組	生徒名	ご芳名	
〒	住所		TEL
Aテニス（初心、　ゲーム可）		C卓球（初心、　ゲーム可）	
B軽体操		D剣道（初心、　段）	○をつける
健康状態	異常なし	気になる所がある→	
ご意見ご質問など			

留意点　　定員制をとる場合はその旨の記入と、先着順か抽選かの記入をすること。

●展覧会への出品依頼

父母各位　　　　　　　　　　　　　〇〇年〇〇月〇〇日

　　　　　　　　　　　　　　〇〇市立〇〇中学校ＰＴＡ
　　　　　　　　　　　　　　　会長〇〇〇〇

　　　　　　　展覧会への出品依頼について

　秋冷の候となりました。皆様におかれましては、ますますご健勝におすごしのことと拝察いたします。
　さて、〇〇中学校展覧会は来る〇〇月〇日（〇）、〇日（〇）開催されます。昨年度から、この展覧会にＰＴＡ会員の作品も展示し、大変、好評を博しました。本年もこの伝統を受けつぎ、ＰＴＡ会員の展示コーナーを設けたいと思います。ふるって、ご出品下さるようお願い致します。
　ご出品にあたっては、下記の要領で進めたいと思いますので、よろしくご協力下さい。

　　　　　　　　　　　記

　１．出品申込み　　〇〇月〇〇日（〇）　　〇〇日（〇）
　　　　　　※出品申込み書は、別紙
　２．展示物搬入（展示物には必ず氏名を付けて下さい）
　　　(1)　日　時　１０月３１日（水）９：００～１２：００
　　　　　　　　※午後は、役員による飾りつけ、展示
　　　(2)　搬入場所　　会議室

○○市立○中学校父母と教師の会

```
         出品申込み              ○月○日（○）
                                 ○月○日（○）


  1．出品種類（絵画、書など）




  2．出品内容　　（どういうものか概略教えてください。
                　絵画・書などは分かっているから結構です。）




  3．大きさ
      縦　_____
      横　_____
      高さ（立体の場合）_____


      生徒氏名（　）年（　）組　　氏名
          父母氏名（　　　　　　　）

          ※担任の先生に提出してください。
```

留意点　　学校の展覧会にＰＴＡ会員の作品の展示も行うところが多くなった。学校側と十分な打ち合せが望ましい。

●テレビ放映のお知らせ

平成〇〇年〇月〇日

各　位

東京都立〇〇高等学校
校長　〇　〇　〇　〇

拝啓
　連日の猛暑、いかがおすごしでございましょうか、お伺い申し上げます。
さて、本校では昨年よりバレーボール（ママさんバレー）の公開講座を開設し、今年も継続して実施しております。この講座には生徒も多数参加しております。
　このたびこの講座の模様が東京都広報のＴＶ番組「〇〇〇〇」で取り上げられ、下記により放映されることになりました。なにとぞ御高覧賜りますよう御案内申し上げます。

敬　具

記

平成〇〇年〇月〇〇日（〇）
　　　午前１１：１５～１１：３０
〇〇テレビ　　（〇チャンネル）

留意点　内容によっては、「なお、ご感想やご意見があればお寄せ下さい。」と入れてもよい。

●ＰＴＡ料理講習会

平成〇〇年〇月〇日

保護者　各位

〇〇市立〇〇〇中学校ＰＴＡ
会　　長　　〇〇　〇〇
文化部長　　〇〇　〇〇

料理講習会のお知らせ

　ますますご健勝のことと存じ上げます。
　さて、文化部主催による料理講習会を下記のとおり計画しました。ご多用とは思いますが、ご参加下さいますようご案内いたします。

記

1、日　　時　　平成〇〇年〇月〇日（〇）午後〇時～〇時
2、場　　所　　家庭科室（南校舎一階）
3、講　　師　　　〇〇　〇〇　先生
4、講習内容　　手作りおやつ
5、参加費　　　200円

　なお、準備の都合上、ご出席くださる方は、＿＿月　　日（　）までに申込書を担任まで、ご提出ください。
※エプロンと上履をご用意ください。
※参加費は当日持参して下さい。　　　　　　　　　　　　以上

……………………………　キ　リ　ト　リ　セ　ン　……………………

申込書　　料理講習会に参加いたします。

年　　組　　生徒氏名＿＿＿＿○○　○○＿＿＿＿＿
　　　　　　　　　保護者名＿＿＿＿○○　○○＿＿＿印

留意点　　料理名を具体的に書いた方がよい。

●ＰＴＡバザー出品の依頼

平成〇〇年〇月〇〇日

ＰＴＡ　会員　各位

〇〇市立〇〇〇中学校ＰＴＡ
会　　長　　〇〇　〇〇

ＰＴＡバザー出品ご依頼について

　ますますご健勝のこととお喜び申し上げます。
　ＰＴＡ主催事業の一つとして例年どおりバザーを計画しました。
　つきましては、会員の皆様方のご家庭でご使用にならない品物をＰＴＡにご寄贈いただきたいと存じます。展示・即売させて頂き学校で生徒の活動の一助に使ってもらいます。会員の皆様方のご理解とご協力をお願いいたします。

記

1、品　　目　　限定しません
2、受付期間　　平成〇〇年〇月〇〇日（〇）〜〇月〇〇日（〇）
3、受付場所　　ＰＴＡ室
　　　　　　　（品物には、学年・組・会員氏名をつけて下さい。）
4、価　　格　　ご希望の価格がありましたら、ご記入下さい。
　　　　　　　その他は係員におまかせいただきます。
5、売り上げ　　売り上げについては事後ご報告いたします。
　　　　　　　使途は、生徒の活動の補助とさせて頂きます。
6、その他　　　恐れ入りますが、古着はご遠慮ください。
※ご不明の点は会長（ＴＥＬ〇〇〇―〇〇〇〇）または学校（☎〇〇〇―

○○○○)の教頭先生(副会長)までお問い合わせ下さい。

留意点　売上げ金の使途については、明確にすること。
学校運営費への補助はさけ、PTA活動自身への補助とする事が望ましい。

● バザー出品お礼

平成〇〇年〇月〇〇日

〇〇　〇〇　殿

〇〇市立〇〇〇中学校ＰＴＡ
会　長　〇〇　〇〇

バザー出品のお礼及び決算報告

　ますますご健勝のこととお喜び申しあげます。
　さて、ＰＴＡ主催事業の一つとしてバザーご出品して下さいましてありがとうございました。役員一同深く感謝いたしております。
　お蔭様をもちまして、多数のご出品をいただき、盛況のうちに終えることができました。
　今後とも、ＰＴＡの諸活動につきまして、引続きご協力を賜りますようお願い申し上げます。
　なお、売り上げ金につきましては、全額生徒会活動への補助金として支出させていただきました。

記

1、ご出品名
2、決算報告　　総出品数　　　　　〇〇〇点
　　　　　　　　総売り上げ額　　　〇〇〇〇〇円
　　　　　　　　生徒会への補助金額　〇〇〇〇〇円

留意点　　金額を明示し、不明確なところをなくす。

● 親子懇談会

平成○○年○○月○日

保護者各位

　　　　　　　　　　　○○市立○○中学校ＰＴＡ
　　　　　　　　　　　会　　　　長　○○　○○
　　　　　　　　　　　教養文化部長　○○　○○

　　　　　　親子懇談会のお知らせ

　拝啓、初冬の候、保護者の皆様には益々ご清栄のこととお慶び申し上げます。
　さて、教養文化部で例年実施しています親子懇談会を下記の要領で開催したいと存じますので多数ご参加下さいますようご案内申し上げます。

　　　　　　　　　　　　　　　　　　　　敬　具

　　　　　　　　　　記
1、日　　時：平成○○年○○月○○日（○）午後○時より
2、場　　所：視聴覚室
3、内　　容：「進路について」
　　　　　　　(1)　進路指導部の先生より
　　　　　　　(2)　卒業生の話
　　　　　　　(3)　懇談
※出欠票を○月○日（○）までに担任に提出して下さい。

…………………………キ　リ　ト　リ　セ　ン…………………………
　　　　　　　出　　欠　　票（どちらか○をつけて下さい）

親子懇談会に　出　席　します　　　年　組　番　氏　名：＿＿＿＿＿
　　　　　　　欠　席　　　　　　　保　護　者　氏　名：＿＿＿＿＿

留意点　　高校は、公立の普通高だけでなく、私立・国立・職業学校・定時制、就職など、実態に合わせて実施しその旨書くことが望ましい。

●体育祭のお知らせ

平成〇〇年〇〇月〇日

PTA 役員 各位

〇〇市立〇〇〇中学校PTA
会　長　〇〇　〇〇

体育祭参加のご案内

　残暑きびしい候、会員のみなさまいかがお過ごしでしょうか。
　さて、来る〇〇月〇日（〇）に、体育祭が開催されます。
　当日は、PTAの事業の一環として、体育祭に参加したいと存じます。
　会員のレクレーションと相互の親睦を深めるためにも、ご来場を賜りたくご案内申しあげます。

記

1、日　　時　　〇〇月〇日（〇）〇時～〇時
2、場　　所　　本校校庭
3、種　　目　　〇〇〇〇の地区対抗リレー
4、その他　　(1)雨天の場合は　　月　　日（　）になります。
　　　　　　　(2)PTA種目は〇〇時〇〇分頃になる予定です。
　　　　　　　(3)PTA種目は、得点には加えられません。
　　　　　　　(4)動きやすい服装でご参加下さい。

留意点　事前申し込みが必要な場合は、申し込み書をつける。
　　　　　PTA保険に入っていることを明記しておくとよい。

●ＰＴＡ活動計画書(届)

　　　　　　　　　　　　　　　　　　　　　　〇〇年〇月〇〇日

〇〇小ＰＴＡ会長様

　　　　　　　　　　　　　　学級名
　　　　　　　　　　　　　　地区名　〇地区〇〇班
　　　　　　　　　　　　　　代表者名　〇〇〇〇

　　　　　　学級・地区活動計画書（届）

　このことについて下記のとおり実施しますのでお届けします。
1、ねらい
2、実施予定日・時　　〇〇年〇月〇〇日（〇）〇時〇〇分～〇時〇〇分
　　　　　　　　　　　雨天の場合　決行・中止・延期〔　月　　日（　）〕
3、場所　・校内　　校庭・体育館・教室（　　）9：00～12：00
　　　　　・校外　　自然公園・集会所（グリーンハイツ）6：30～8
　　　　　　　　　　：00
　　　　　・届出　　済・未届（予定日　　月　　　日）
　　　　　　　　　（届出先・校内―教頭、自然公園―市環境課、グリーンハイツ―管理事務所）
4、活動内容
　　　　　　（時間）　├─┼─┼─┼─┼─┼─┼─┼─┼─┼─┼─┤
　　　　　　（活動）
　　　　　　（場所）
5、利用交通機関
6、参加予定者　　・児童数〇〇名
　　　　　　　　・父母数〇〇名

・その他○○名   合計○○名
7、責任者   実施・引率責任者 ○○○○
          養護担当者   ○○○○
8、実地踏査（校外で活動するとき）
    (1)日時   ○月○日（○）○時○分～○時○分
    (2)実踏者   ○○○○
    (3)実踏のコース・時間（休憩場所・昼食場所・トイレ等）

    (4)危険箇所・対策（安全対策・人員配置等）

9、費用
       1人当   児童○○○円（内訳   ）
              父母○○○円（内訳   ）
       合計   円（内補助金額   円）
10、その他

留意点　　事故防止のためにも計画書を作成することが望ましい。
事後の反省になり、又次年度の計画等の参考にもなる。

●PTA活動報告書

　　　　　　　　　　　　　　　　　　○○年○月○日
○○小PTA会長様
　　　　　　　　　　学級地区名　　○○地区○班
　　　　　　　　　　代表者氏名　　○○○○

　　　　　　　　学級・地区活動報告書

　このことについて下記のとおり実施しましたのでご報告します。
1、実施日・時　　○○年○月○日（○）　○時○分～○時○分
2、参加者数　　・児童数○○名
　　　　　　　・父母数○○名
　　　　　　　・その他　○名　　　　合計○○名
3、感想（別紙添付でも可）

4、反省（含、次年度への申し送り）

5、変更点（計画書に変更があったとき、場所、活動内容、交通機関、費用等）

6、その他　　・事故　無・有（有の場合は別途届出のこと）
　　　　　　・防火・戸締・片付・清掃　　済・未（　月　日）
　　　　　　・器物破損　　無・有（有の場合は別途届出のこと）

留意点　片付けをしっかりするためにチェック欄を設けるとよい。

● 交通安全のお願い

　　　　　　　　　　　　　　　　　　　　　　平成○○年○月○日
○○○警察署長
　○　○　○　○　殿
　　　　　　　　　　　　　　　　　　　○○立○○○学校長
　　　　　　　　　　　　　　　　　　　　　　○　○　○　○
　　　　　　　　　　　　　　　　　　　同上ＰＴＡ会長
　　　　　　　　　　　　　　　　　　　　　　○　○　○　○

　　　　　　　　交通安全指導の講話と実施指導のお願い

　貴職におかれましてはますますご健勝のことと存じます。
　さて、○月○日から行われます春の交通安全運動の一環として、下記のように交通安全の実施指導を行いたいと思います。つきましては交通担当官をご派遣くださり、講話をして下さるようお願い申しあげます。

　　　　　　　　　　　　　　記
　1　日　　時　平成○○年○月○日（○）　○時から○時まで
　2　場　　所　校庭
　3　対　　象　本校児童　全員　　約○○○名
　4　内　　容　(1)交通安全一般に関する講話
　　　　　　　　(2)横断歩道のわたり方の実施指導
　　　　　　　　(3)自転車の使用についての交通ルール、および実施指導
　　　　　　　　(4)自転車の安全点検

留意点　　自転車の安全点検では、自転車店に協力を願い、点検、簡単な修理及び整備について指導をしてもらうとよい。

● 夏休みの子供の交通事故防止

平成〇〇年〇月〇〇日

PTA会員各位

〇〇中PTA会長〇〇〇〇

夏休みにおける子供の交通事故防止についてのお願い

　謹　啓
　盛夏の候、皆様には益々ご清栄のこととお慶び申し上げます。
　平素は、学校教育の全般にわたり深いご理解とご協力を賜り厚くお礼申し上げます。
　さて、間もなく夏休みが実施されますが、例年この期間中には、暑さのための倦怠感も増すほか、夏休み等の解放感から、特に、子供の交通事故の増加が懸念されるところであります。どうか、夏休みに入る直前にもう一度、「交通事故防止について」児童、生徒にご指導とあわせて、皆さん方に対しても特段のご留意を賜りたくお願い申し上げる次第であります。
　最近の子供の交通事故は、自転車による飛び出し事故が大変多くなっているほか、中学生によるバイクの無免許運転、暴走行為による重大事故があとを絶たずに発生しております。
　どうかこれらの情勢をご認識いただき、各家庭におかれましては、児童の交通事故防止について特段のご配慮を賜りますようお願い申し上げます。
　　　　　　　　　　　　　　　　　　　　　　　　　　　　敬　具

留意点　学校では生徒に直接指導することが重要である。
　　　　　特にバイクについては、被害だけでなく、加害者になり得ることに注意を喚起させること。

● 事故防止のお知らせ

平成○○年○月○日

ＰＴＡ会員各位

○○○○小学校

会長　　○○○○

"痴漢に注意"

　新学期早々当校に露出狂と思われる男性が出没しました。４日の２０分休み、給食室横の門の近くに現われ、６年生女子がすぐ教員室に知らせましたが逃げられました。
　ジーンズのズボンとベスト、白のＴシャツ姿の30〜40代の男性とのこと。
　とりあえずお互いに注意しあいなるべくひとりで行動しない、何かあったら大声で助けを求めること等各家庭でお子さんに注意して下さい。
　最近は女児ばかりでなく男児対象の事件もみうけられます。みんなで注意しあいよりよい環境を作りましょう。

留意点　被害者の人名を記したり、特定できる文章だと、かえって被害者の人権を侵害することにもなるので十分注意する必要がある。

● 転出入者へのお知らせ

　　　　　　　　　　　　　　　　　　　　　　　○○年○月○日
○　年　○　組
○○○○様
　　　　　　　　　　　　　　　　　　　　　○○○小ＰＴＡ会長
　　　　　　　　　　　　　　　　　　　　　　　　○○○○

　　　　　　　　　ＰＴＡの加入・転出について

　ＰＴＡ会費は、月額100円となっています。
　ＰＴＡの加入日が、月の途中の場合は翌月から、初日の場合はその月から納入していただくようになっています。
　又、転出（含脱退）については、転出日の月以降分を返還することになっています。（但し、月の末日の場合は翌月以降分を返還します。）
　○○○○様については、○ヵ月分、計○○○円を納入・返還することにさせていただきますのでよろしくお願いいたします。
　尚手続きは、会計が銀行の口座振替にて行います。
　　　　　　　　　　　　　　　　　　　　　担当　ＰＴＡ会計
　　　　　　　　　　　　　　　　　　　　　　　　○○○○

留意点　　時候のあいさつなどは入れず、用件のみでよい。

● 調査の依頼

平成○○年○月○○日

保護者各位

○○市立○○小学校ＰＴＡ
会　　　長　　○○○○

調査にご協力のお願い

　秋の深まりが感じられるこの頃ですが、皆さまにおかれましては如何お過ごしでしょうか。
　さて、○○小ＰＴＡでは、大都市の児童・生徒についての理解を深めるため、平成○○年から○年周期で、子ども基本調査を実施してまいりましたが、今年はその第○回目にあたります。調査の内容は、お子さま自身とあわせて、保護者の方にも、お子さまのことや日々の生活についてのお考えをお聞きし、これからの施策の基礎的な資料として役立てたいと考えております。調査の主旨をご理解いただき、ご協力くださいますようお願いいたします。
　この調査は、○○○○○○研究会（代表：○○○・○○大学教授）に委託しておりますが、不審な点やわからない箇所などがございましたら、直接下記○○○○○までお問い合わせください。
　なお、調査は無記名ですし、ご協力いただいたことで、あなたやお子さまにご迷惑をおかけすることは決してございません。その点ご安心くださり、あなたのお考えを率直にお答えください。

　　　　　　　　担当　○○○○
　　　　　　　　ＴＥＬ○○（○○○）○○○○

記入上の注意
1、ご主人などご家族のかたに相談なさらず、あなた自身の考えをお答えください。
2、質問中「お子さん」とあるのは、この調査票を持参したお子さんのことです。
3、なお、おかあさんがおいでにならないご家庭の場合は、日頃主に「しつけ」をしている方（お父さまを除く）がお答えくださるようお願いします。

お書きいただいた調査票は、父親用といっしょに添付した封筒に入れて、封をした上で、お子さんを通じて担任の先生にお渡しください。担任の先生からは、封をしたまま、〇〇市に渡していただきます。

留意点　結果については報告書を出したり、報告会を設けたりするとより理解が得られる。

●役員選挙のお知らせ

　　　　　　　　　　　　　　　　　　平成○○年○月○日
　会員各位　　　　　　　　　　○○○第○中学校父母と教師の会
　　　　　　　　　　　　　　　　　会　長　　　　○○　○○
　　　　　　　　　　　　　　　選挙管理委員長　　○○　○○○

　　　　　　　　役員選挙についてお知らせ

　平成○○年度父母と教師の会役員、会計監査の選挙を下記の通り実施いたします。（候補者推せんに御協力ありがとうございました）
(1)投票日時　○月○○日（○）午前○時より午前○時○○分まで
(2)投票場所　・職員室前投票箱（２階）
　　　　　　・保健室前投票箱（１階）
(3)開票日時　○月○○日（○）午前○時○○分より
(4)開票すべき役員の人数（父母側のみ）
　　　　　役員──６名（役職は選出後互選によりきめる）
　　　　　会計監査──２名
(5)選挙方法（ア）投票用紙に役員６名以内会計監査２名以内に○印をつけて下さい。（無記名投票です）
　　　　　（イ）投票用紙の所定の部分にかるくのりづけして、会員本人か、生徒にもたせ、投票箱に入れて下さい。
(6)その他　（ア）役員及び会計監査、両方に選出された方については役員候補を優先させていただきます。
　　　　　（イ）投票用紙の候補者名は、学年、クラス順にいたしました。
　　　　　（ウ）一世帯あたり、一票としますので、低学年の方に持たせて下さい。

- 1年間、会の運営の中心になっていただく人を選ぶことですから、○月○○日（○）を忘れずに、投票して下さい。

留意点　　当選の要件を明記した方がよい。また投票の秘密を保障するために投表袋に入れて持参させることが望ましい。

● 立候補届

父母と教師の会（ＰＴＡ）役員・会計監査立候補届

立候補者氏名　　　　　　　　㊞
　所属学級　　　年　　　組
　所属地区
私は今般（役員会計監査）に立候補いたしたいと思いますのでお届けいたします。
　　平成〇年〇月〇日
選挙管理委員長殿

（立候補の主旨）

（Ｐ・Ｔ・Ａ経歴その他）

父母と教師の会役員・会計監査候補者推せん届

　　学年　　　組
　　推せん者
　私は今般左記の方を役員会計監査に推せんしたいと思いますのでお届けいたします。

◎会計監査候補			◎役員候補		
氏名	学年・組	推せん理由	氏名	学年・組	推せん理由

平成〇年〇月〇日
選挙管理委員長殿

　※〆切は〇月〇〇日です。

● 会計決算報告

平成○○年度　会計決算報告

1. 収支決算　　平成○○年○月○日～平成○○年○月○○日

| 収　入 | 1,592,709 | 支　出 | 1,268,828 | 差引残高 | 323,881（次年度へ繰越） |

2. 収入の部

費　目	○○年度予算額	決算額	増減額	備　考
会　　費	1,190,000	1,221,400	31,400	1,400×871　500×4（途中転入）
繰越金	354,994	354,994	0	
雑収入	5,000	16,315	11,315	利息、祝金
合　計	1,549,994	1,592,709	42,715	

3. 支出の部

款	項	目	節	予算額	決算額	執行残高	備　考
PTA費	運営費	会議費	総会費	100,000	98,000	2,000	総会資料
			委員会費	45,000	39,980	5,020	各委員会費、会場費
			選挙管理委員会費	10,000	10,000	0	諸経費
		需要費	消耗品費	80,000	52,100	27,900	更紙、ファックス、ホチキス他
			印刷費	180,000	162,300	17,700	会員名簿印刷代、封筒印刷代
			備品費	5,000	2,600	2,400	朱肉、選挙投票箱2個
		事務費	事務費・通信費	40,000	54,498	△14,498	ファイル、切手、電話代
		小　計		460,000	419,478	40,522	
	活動費	活動費	広報活動費	180,000	146,208	33,792	広報（○○○○）印刷代、諸経費
			文化活動費	100,000	65,780	34,220	講演会講師謝礼、研修会、コーラス
			学級活動費	164,000	166,163	△2,163	各学年活動費
			地区活動費	60,000	56,092	3,908	地区別小集会費用、その他
			研修費	10,000	3,000	7,000	2名参加（P連）
			渉外活動費	70,000	70,980	△980	学校記念行事祝金、P連
		福祉費	慶弔費	70,000	61,000	9,000	転退任職員記念品代、祝金
			生徒福祉費	160,000	146,960	13,040	卒業生308名、新入生258名
		分担金	分担金	30,000	28,167	1,833	市P連、北北中P、都中P各分担金
		小　計		844,000	744,350	99,650	
		保険料		85,000	85,000	0	PTA保険100円×850名
		予備費		160,994	20,000	140,994	バレー部男子○○大会祝金
		合　計		1,549,994	1,268,828	281,116	

上記の通り平成○○年度会計決算報告を致します。

○○○第○中学校PTA　　会　長　○　○　○　○　㊞
　　　　　　　　　　　　　　　　会　計　○　○　○　○　㊞
　　　　　　　　　　　　　　　　　〃　　　○　○　○　○　㊞
　　　　　　　　　　　　　　　　会計監査　○　○　○　○　㊞
　　　　　　　　　　　　　　　　　　　　　○　○　○　○　㊞

留意点　支出品目については、具体的に詳細に記すこと。
PTA運営のための会計であるので、学校への「寄付」「援助」等については入れないようにすること。

11 事務関係

●教材費の納入についてのお願い

平成○○年○月○日

保護者殿

　　　　　　　　　　　　　　　○○○立○○学校長
　　　　　　　　　　　　　　　　　　○　○　○　○

　　　　　　　教材費の納入について

　桜も花ひらき、風さわやかな季節となりました。
　さて、当校では教材費の徴収は銀行の口座振替にしていますのでよろしく御協力お願いいたします。

　　　　　　　　　　　　記
1　教　材　費　月○○○円×○回＝○○○○円
　　　　　　　（4月から翌年2月まで）
2　支出予定　ドリル・ワーク　　○○○円
　　　　　　　図工実習材料　　　○○○円
　　　　　　　家庭実習材料　　　○○○円
　　　　　　　遠足代（春・秋）　○○○円
　　　　　　　社会科見学費　　　○○○円
　　　　　　　○○○○○○　　　○○○円
3　納入方法　毎月○日に、保護者名儀の口座より学校の口座に振替えられます。
4　取扱銀行　○○銀行○○支店
5　その他　　残金不足などで振替えができないときは、児童を通して"お願い"のメモをお渡しします。
　　　　　　　なお、ご不明の点がございましたら○○○○までお問い合わせください。

留意点　　給食費、PTA会費等学校納入金をまとめてもよい。学年毎でなくともよい。
　　　　　　担当者名を入れる。

●諸費納入手続についてのお願い

平成〇〇年〇月〇〇日

保護者各位

〇〇市立〇〇中学校長

〇〇　〇〇

学校納付金の納入方法・手続について

　本校の給食費、修学旅行積立金、生徒会費、教材費、Ｐ．Ｔ．Ａ会費等を保護者のみなさまが学校に納入されるには、次の二通りの方法があります。
　　１、保護者の銀行預金口座から、毎月自動的に口座振替をして納入する。
　　２、学校から配布された学校納付金振込用紙で、毎月銀行から口座振込をして納入する。
　保護者のみなさまのご都合により、どちらかの方法をお取りください。自動振替取扱銀行（別掲）に預金口座のある方は、１、の自動振替の方法をとられた方がより便利です。
　以下それぞれの納入手続について、ご説明申し上げます。

学校納付金振込用紙による納入方法をおとりになる場合

１、学校から児童生徒を通して保護者に「学校納付金納入通知書」（以下振込用紙綴という）が届けられます。
２、納入手続
　(1) 振込用紙綴と現金を取扱銀行へご持参のうえお振込みください。
　(2) 取扱銀行は振込用紙（振込金受取書、振込通知書、振込依頼書の三連紙）の振込金受取書に収納印を押して返してくれます。

3、取扱銀行
  振込用紙綴の表紙の部分に印刷されている銀行、相互銀行、信用金庫、信用組合、農業協同組合の本支店です。
4、納入日
  毎月の納入は学校できめられた振込指定日（振込用紙綴の表紙に印刷してあります）までに振込んでください。なお、前納も差支えありません。
5、お願い
  (1) 振込用紙に書きこまれていることを訂正しないでください。
  (2) 他の振込用紙を使用しないでください。
  (3) その他振込用紙の表紙の注意をよくお読みください。
  (4) 振込通知書は、機械で読みとりますので折りまげたり、汚さないようにお願いいたします。

　　　　口座振替による納入方法をおとりになる場合（自動振替）
1、自動振替取扱銀行（別掲）に普通預金、総合口座、当座預金の預金口座をお持ちの方は、自動振替にしてください。また預金口座のない方でも新しく口座をお持ちになれば、ご利用になれます。（口座名はできるだけ保護者名としてください。）ＮＨＫ受信料、ガス電気料金等の公共料金の自動支払いと同じ方法ですから、便利で手続も簡単です。
2、自動振替を銀行に依頼するには
  (1) 学校から配布される「学校納付金口座振替依頼書」と「学校納付金納入通知書」及び「預金通帳と届印」、「本説明書」を取扱銀行へ持参して手続をしてください。
  (2) 振込用紙綴を銀行に持参するのは生徒児童の番号である「個人個

ード」を口座振替依頼書に記入、確認するうえに必要なためです。
　　　したがって手続がすみますと以後振込用紙は使用できませんので、
　　　未使用分は破棄してください。
3、手続に際して
　(1) 手続をする際、その月の納入分まで振込用紙によって納入を終了
　　　してください。
　(2) 「学校納付金支払方法変更届」が受付銀行から東京都教育信用組
　　　合へ20日までに送付されますと、翌月の振替日から自動振替が開
　　　始されます。
4、振替について
　(1) 振替日は、毎月4日（休日の場合は翌日）となります。
　　　なお、振替が出来なかった場合は20日が再振替日となります。
　(2) 自動振替がスムーズにできないと未納になりますので振替日の前
　　　日までに預金残高が不足しないようご留意ください。
　(3) 万一残高不足等で振替が出来なかった場合は翌月の振替日に未納
　　　分を加算して振替ますので、振込等をせず預金口座にご入金して
　　　おいてください。
5、自動振替取扱銀行（下記銀行の本支店）
　　　　　富士銀行　　太陽神戸銀行　　三和銀行　　三菱銀行
　　　　　第一勧業銀行　　三井銀行　　大和銀行　　住友銀行
　　　　　協和銀行　　埼玉銀行　　北海道拓殖銀行　　東海銀行
　　　　　東京都民銀行　　横浜銀行　　東京相互銀行　　都内全信用金庫
　　　　　千葉銀行　　ときわ相互銀行　　大生相互銀行　　都内信用組合
　　　　　国民相互銀行　　都内全農業協同組合

6、お願い
 (1) 自動振替の手続をした後は学校から特別の指示がない限り絶対に振込用紙による振込はしないでください。
 (2) 自動振替は当初手続をして頂きますと卒業まで継続されますので学年が変りましても再手続、金額の連絡等の必要はありません。
 (3) 転校等により自動振替を停止したい場合は、その旨取扱銀行に申し出て解約の手続をしてください。

留意点　担当者名、電話番号を記すこと。
　　　　　書類の記入例を添付するとよい。

●銀行振替のお願い

平成〇年〇月〇日

保護者各位

〇〇市立〇〇〇〇小学校長

〇 〇 〇 〇

銀行振替についてのお願い

　当校では給食費、教材費の納入は銀行の口座振替にて行なっていますが、下記のことにご協力お願いいたします。

記

1．振替金額
　　（予定）

	振替金額	給食費	教材費	備　考
1年	3,840	3,300	540	5月〜2月
2年	3,700	3,300	400	4月〜2月
3年	3,950	3,550	400	〃
4年	4,150	3,550	600	〃
5年	4,400	3,800	600	〃
6年	5,800	3,800	2,000	〃 含卒対費

※4月分と5月分はまとめて、5月27日に振り替えます。
※1年生の4月分は、給食費の500円のみで、5月分から定額（　　　円）となります。
※振替回数は、11回（1年は10回）です。

2．振替方法
　1）毎月10日までに入金をして下さい。
　　★振替日は、毎月11日です（当日が銀行休業日の場合は翌日）
　　※ただし、4．5月分はまとめて5月27日に振替となりますので、5月26日までに入金して下さい。
　2）定例日（毎月11日）に振替ができなかったとき（預金残高不足などで）
　　★児童を通して通知を出しますので、26日までに入金して下さい。
　　★この場合の振替日は、27日になります。
　　※27日に振替ができなかった場合は、保護者の方が直接銀行に出向いて学校の口座に振り込むことになりましたのでご注意下さい。
　　（銀行の都合により変更）
3．転出される時
　　★定例振替日（毎月11日）の1ヵ月以上前までに学校にお知らせ下さい。
　　★転出時に精算をします。
　　　　　　　過納の時→保護者口座に返金します。
　　　　　　　不足の時→学　校　〃　振り込んで下さい。
4．転入された時
　　★銀行で口座を作り、振替依頼書を提出して頂きます。（○○銀行○○支店にて）
　　★最初の月は、銀行で学校口座に振り込んで下さい。原則として翌月より定例日に振替
5．手続き
　1）すでに（○○銀行○○支店に）口座のある方は、

「口座振替依頼書」の提出をして下さい。
2）今回口座をつくられる方は、
　　まず、○○銀行○○支店で通帳を作っていただき「口座振替依頼書」を提出して下さい。
3）提出先
　①　すでに口座のある方は○月○○日（○）までに、「口座振替依頼書」に記入のうえ事務室に提出して下さい。
　②　今回口座をつくられる方は、○月○○日（○）までに「口座振替依頼書」に記入のうえ○○銀行○○支店に提出して下さい。そのとき通帳をつくって下さい。（印鑑持参）

　　　　　　　　　　　　担当　○　○　☎○○－○○○○

○○銀行○○支店　☎○○－○○○○
　（地　図）

留意点　　新学期からスムーズにスタートできるようにするために、新入児童については入学説明会で協力を訴えて、入学時までに手続きを完了しておくと便利である。
　教材費については父母負担を軽減する配慮・取組みが重要である。
　年度当初教材費の予算について計画を立て、保護者に理解と了承を得ておくこと。

●納入方法の変更について

平成〇年〇月〇〇日

保護者各位

〇〇市立〇〇〇〇小学校長
〇　〇　〇　〇

教材費・給食費等の納入方法変更について

　菜の花、チューリップの花が咲き乱れ、緑も1日1日濃くなってきました。さて、本校では給食費、教材費等は〇〇銀行〇〇支店の振替システムにて納入して頂いていましたが、今年度より取扱い機関を変更させて頂きたくお願い致します。

記

1．変更の主な理由
　①銀行のサービスが低下（例　払い戻し、支払いの度に銀行に行くように）
　②振替システムの問題点（例　振替月額が定額のため立て替えや遅払に）
　③単行指定の利点が喪失（例　以前あった門前の出張所、7時までの営業）
2．取りまとめ金融機関
　　東京都教育〇〇〇〇　〇〇支店
　　TEL　〇〇〇〇-〇〇-〇〇〇〇
　　※現在市内の全中学校が利用しています。

3．取扱い銀行（下記の本支店）
　　　　富士銀行　　三井銀行　　大和銀行　　ときわ相互銀行
　　　第一勧業〃　　太陽神戸〃　　三菱〃　　　東京　　〃
　　　　　協和〃　　　埼玉〃　　　住友〃　　　大生　　〃
　　　　東京都民〃　　横浜〃　　　東海〃　　　都内全信用金庫
　　　　　千葉〃　　　三和〃　　北海道拓植〃　都内信用組合
　　　※振り込み用紙の場合は、他にもあります。
4．振替費目
　　　給食費、教材費、卒業積立金、ＰＴＡ会費
5．納入方法（以下のどちらかの方法をおとり下さい）
　　①振り込み用紙「学校納付金納入通知書」で直接金融機関にて納入
　　②銀行等の預金口座より自動振替にて納入
6．納入日
　　　振替日は、毎月4日（休日の場合は翌日）となります。
　　　残高不足等で振替できなかった場合は20日が再振替日となります。
7．取扱手数料
　　　誠に申し訳ありませんが手数料として児童1人206円（内6円は、
　　　消費税です）掛かります。（年間）
8．納入金額
　　①給食費　1．2年　3,300円（1年生の4月は、550円）
　　　（月額）3．4年　3,550円
　　　11回　5．6年　3,800円
　　②教材費　学年によって違います。また、月により金額が異なる場合
　　　　　　があります。（例　4．5月各1,000円、6～2月各200円）
　　　　　　　教材費の内容は、ワーク．ドリル．遠足．社会科見学．演

劇教室．音楽教室．実習材料．ノート．鉛筆代等です。
9．振替回数
　　4月〜2月までの11回となります。
　　※振り込み用紙による納入は、前納もできます。
10．その他
　　①転校の時は、25日までに連絡を頂ければ翌月より振替停止となります。
　　②精算は、3月に行ないます。（3月の父母会で決算報告をします。）
　　③手続きは、5月からとなります。（後日用紙、説明書を配付します。）
　　④第1回目の振替は、5月末日となります。
　　※お問い合わせは事務室　○○までお願い致します。
　　　　　TEL　○○−○○○○

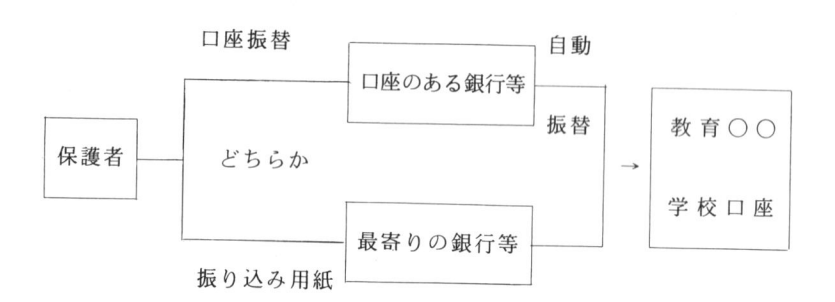

```
                  口座振替              自動
                        ┌──────────┐
                        │口座のある銀行等│
          ┌─────────┤          ├──┐  振替
┌────┐│どちらか  └──────────┘  │      ┌────┐
│保護者├┤                                  ├─→│教育○○│
└────┘│          ┌──────────┐  │      │学校口座│
          └─────────┤最寄りの銀行等│──┘      └────┘
                        └──────────┘
                  振り込み用紙
```

留意点　　納入方法の変更がある場合は、父母会等で文書をもとに説明するとよい。又、書類の記入例を入れて誰にでも分かるように記すこと。

●諸費納入の督促

平成〇〇年〇月〇日

保護者殿

〇〇〇立〇〇学校長
〇　〇　〇　〇

諸費の納入について（お願い）

　このことについて、学校の台帳によりますと〇月〇日現在、下記のとおり未納になっています。〇月〇日までに納入してくださいますようお願いいたします。
　なお、ご不明の点がありましたら〇〇〇までご連絡ください。

　　　　　　　　　　　記
　　　　〇年〇組　　生徒氏名　〇〇〇〇
　　　　給食費　　　〇月分〜〇月分　￥〇〇〇
　　　　教材費　　　〇月分〜〇月分　￥〇〇〇
　　　　　　　　　　　　　合計　￥〇〇〇

留意点　係名または担当者名を入れる。

●入金のお願い、返金のお知らせ

　　　　　　　　入金のお願い

　学校納付金の振り替えは、預金残高の不足でできませんでした。20日が再振り替え日となりますので、19日までに預金口座にご入金して下さい。
　（当日が銀行の休務日の時は、翌日となります。）

　　　　　　　学校納付金の返金分のお知らせ

　　　年　　組　　　　　様
　　　　　　　　　　　　　　　　　　　○○○○小学校

　学校納付金が、二重振り込みとなりましたので返金させて頂きます。尚、返金は小切手にて行なわさせて頂きます。なるべく早く小切手と預金通帳を金融機関に持参されて現金化されるようお願いします。

　　　　　年　　月　　日
　　　　　　　　　　　問い合わせ先
　　　　　　　　　　　○○○○-○○-○○○○（○○）

留意点　　「入金のお知らせ」は封筒に入れて保護者に渡すことが望ましい。
　返金は事故防止と事務合理化のため小切手で行うと便利であるが、保護者が不慣れなこともあるので、換金方法についてわかり易く説明すること。

●教材費追加支出について

平成○年○月○日

保護者　様

○○○○学校長

○○　○○

教材費追加支出のお願い

　日ごとに秋も深まってまいり、朝夕は寒ささえ感じる昨今となりました。皆さまには、益々ご清栄のこととお慶び申し上げます。
　さて、6月の日曜参観の時お話ししましたが、学校、学年の学力実態と全国との比較等を把握し、今後の教育にいかすために「学力分析診断テスト」を実施しました。
　本来なら公費で支出すべきものですが、予算不足のため申し訳ありませんが父母負担とさせていただきたくご理解、ご協力お願い致します。
　尚、納入方法は学年教材費に追加し、銀行振替とさせていただきます。年度当初にお知らせできず、ご迷惑をお掛けしたことをお詫びいたします。

　※　実施学年は、2年生から6年生までです。
　※　実施教科は、国語と算数です。
　※　必要経費は、1人当り360円です。

留意点　教材費等学校納入金の支出品目が計画と違った場合は、内容と目的を記して報告し、了承を得ること。

● 教材費の精算について

　　　　　　　　　　　　　　　　　　　　　　　年　　月　　日

　　　　年　　　組
　　　　　　　様保護者殿
　　　　　　　　　　　　　　　　　○○市立○○○○小学校長
　　　　　　　　　　　　　　　　　　　　○　○　○　○

　　　　　　　　学年教材費の精算について

これまでの教材費の振替額は、１ヵ月　　　円×　　回＝　　　　円
となります。
教材費として支出した額は、　　　　　円ですので、今回納めていただく・
お戻しする額は、
　（振替額）　　　円－（支出額）　　　円＝　　　　円となります。
　※納めていただく場合　「○○○小　　年教材費　　　」No.
　　　　　　　　　　　まで振り込んで下さい。
　※お戻しする場合　　保護者の口座に振り込みます。
　★振り込みのために若干の日を要しますのですぐには口座解約をしな
　　いで下さい。
　★支出内訳

留意点　　転出者がでた場合は、担任→教務→各担当（事務、給食など）
　　　　とスムーズに連絡ができるようにしておくこと。
　　転出の連絡を受けた担任は、転出の月日、転出先の学校名、住所、転居先の
　住所、電話番号等を正確に記録しておくこと。その際、教材費、給食費の精算
　について知らせておく。

● 集金のお知らせ

平成〇〇年〇〇月〇〇日

高等部〇年保護者各位

東京都立〇〇養護学校
高等部〇年

アルバム代集金について

　秋も深まり、朝晩の冷え込みが一段と厳しくなってまいりましたが、いかがお過ごしでしょうか。
　さて、高等部〇年では、〇月の保護者会でもお話して御了解を得ましたように、来年3月の卒業の時に記念になるようにと、アルバム作りを計画しております。つきましては、その費用、1冊5,000円（見込み）を、5か月の分割で納入していただきたいと思いますので、御協力を宜しくお願い申し上げます。
　尚、納入していただいたお金は、修学旅行の通帳を使って積み立てます。また、内容につきましては、学年全体で思い出に残るような一コマを中心にしますのでアルバムを受け取る本人の写っていない写真も多くあると思いますが御了承下さい。

留意点　年度当初に計画し、了承を得てから集金をするとよい。

●給付金支給のお知らせ

平成○○年○月○日

保護者殿

東京都立○○養護学校
校長　○　○　○　○

就学奨励費支給のお知らせ

12月に入り朝夕冷えこみがきびしくなってまいりました。
さて、2学期分（7月～11月分）の就学奨励費を下記のようにお渡ししますので、よろしくお願い致します。

記

1　日　時　　　平成○○年○○月○日（○）
　　　　　　　　午前11時～午後1時
2　場　所　　　体育館
3　持参するもの　印かん（忘れないようお願いします）
　　　　　　　　なお、当日受領できない場合は前もってご連絡下さい。　○○○○（○○）○○○○　担当　○○

留意点　銀行振替にて支給する場合も保護者に通知する方がよい。

● 工事への協力依頼

平成○○年○月○日

保護者各位

○○立○○小学校長

○　○　○　○

　　　　　　校舎改装工事についてのお願い

　きびしい暑さのうちに一学期もおわろうとしていますが、皆様にはいかがお過ごしでしょうか。学校では学期末を迎えいそがしい日を送っております。

　さて、本校の校舎（木造部分）第二期工事につきましては、父母のみなさまにもご心配をおかけして参りましたが、昨日教育委員会より工事着手の正式な通知がありました。下記のとおりの工事日程ですので、お知らせいたします。

　なお、工事中児童の学習その他不便をおかけいたしますが、しばらくの間ご協力いただきたくお願いいたします。また、校庭の一部が資材置場となりますが、児童の安全確保を第一に万全を期していきます。ご理解を頂くとともにご家庭でもお子さまにご注意くださるようお願い申しあげます。

　　　　　　　　　　　　記

1　工事期間　・○月○日～○月○日まで　　足場設定
　　　　　　　・○月○日～○月○日まで　　改装工事
2　工事内容　校舎及び体育館
　　　　　　　普通教室20教室、特別教室（理科室、図書室、音楽室、

家庭科室、図工室、視聴覚室)、管理室（校長室、職員室、保健室、放送室、事務室、主事室）

留意点　　図示するとわかり易い。

● 移動教室のお知らせ

　　　　　　　　　　　　　　　　平成○○年○月○日
○年生保護者殿
　　　　　　　　　　　　　　○○○立○○学校長
　　　　　　　　　　　　　　　　○　○　○　○

　　　　　　　　　移動教室集金のお知らせ
　深緑の候、日ましに夏を感じさせるこのごろです。
　さて、本年度も山の移動教室を、実施します。つきましては、父母負担○○○○円を添えて申し込んで下さい。
　　　　　　　　　　　　記
１、　費用　　父母負担分　　○○○○円
　　　　　　　　　　　　　　内訳
　　　　　　　　　　　　　　夕食費　　○○○○円
　　　　　　　　　　　　　　朝食費　　○○○○円
　　　　　　　　　　　　　　昼食費　　○○○○円
　　　　　　　　　　　　　　牛乳代　　○○○円
　　　　　　　　　　　　　　添乗費　　○○○円
　　　　　　　　　　　　　　見学料　　○○○○円
　　　　　尚公費負担分は、○○○○○円（バス代○○○○円、宿泊費○○○○円、しおり代○○○円、保険○○○円）です。
２、申込期日　○月○日（○）と○月○日（○）
　　　　　　　○時～○時　事務室
３、その他①申し込み後の不参加はできるだけ早く、直接担任に連絡して下さい。

②就学援助を受けている方は、既に保護者の口座に振りこんでありますのでご確認下さい。

……………………………切り取り線……………………………

下の1，2のどちらかを○で囲んで下さい。

1、移動教室費用○○○○円を添えて参加申し込みをします。

2、下記理由により参加できません。

　　　　　領　収　書
　　　移動教室参加費用として○○○○円領収しました。

　　　　○月○日
　　　　会計担当
　　　　　○○○○印

　　　　　　　　　　＿＿＿＿殿

　○年＿組＿番　生徒氏名＿＿＿＿＿＿＿＿
　　　　　　　　保護者名＿＿＿＿＿＿＿㊞

留意点　　実施要領を書いてもよい。

● 修学旅行の決算報告

平成〇〇年〇月〇日

第〇学年保護者殿

〇〇〇立〇〇〇学校長

〇　〇　〇　〇

　時下、ますますご健勝のこととお喜び申しあげます。
　去る〇月に実施しました修学旅行の費用について、下記のとおり決算のご報告をいたします。
　なお、返還金は、別紙受領書により〇〇〇〇からお受け取りください。
　不明な点がありましたら〇〇〇〇まで申し出てください。

記

〈収入の部〉
　〇〇〇円×〇〇人＝〇〇〇〇円　　（〇年〇月〜〇年〇月）……A
〈支出の部〉
(1)　〇〇〇円×〇〇人＝〇〇〇〇円　（参観者の分）
　　内訳（1人当り）
　　　　交通費　　　　〇〇〇円　　（〇〇　〇〇）
　　　　宿泊費　　　　〇〇〇円　　（〇泊分）
　　　　昼食費　　　　〇〇〇円　　（〇回分、〇日〜〇日）
　　　　拝観・入場料　〇〇円　　　（〇カ所）
　　　　しおり代　　　〇〇円
　　　　その他　　　　〇〇〇円　　（□□□□）
(2)　〇〇〇円×〇人＝〇〇〇円（解約者負担分）

内訳（1人当たり）
　　　　解約手数料　〇〇〇円（　　　　）
　(1)+(2)=〇〇〇〇円……B
〈収支の差＝残額〉
　A－B＝〇〇〇円
　参加者への返還金
　　　　〇〇〇円×〇〇人＝〇〇〇円
　　　　　収入　　支出
　　　　（〇〇〇円－〇〇〇円＝〇〇〇円　1人当り返還金）
　不参加者への返還金
　　　　〇〇〇円×〇人＝〇〇〇円
　　　　　収入　　支出
　　　　（〇〇〇円－〇〇〇円＝〇〇〇円　1人当り返還金）

(別紙)
　　　　　<u>平成〇〇年度修学旅行費の返還金受領書</u>
　金〇〇〇円　確かに受領しました。
　平成　　年　　月　　日
　　　　　　　　　（　年　　組）
　　　　　　　　　　保護者氏名　　　　　　㊞

〇〇〇立〇〇〇学校長殿

●催物会計報告

○○学園会計報告　○○. ○. ○.

　夏休みにはいって早々に行なわれた○○学園は、楽しいうちに、有意義な生活経験をさせることができ、無事終了いたしました。
その際、下記のとおり精算しましたので、ご報告いたします。

月　日	摘　要	受　入	支　払	備　考
○・○	積　立　金	○○○○○○		○○○×○○
〃	賄　　費		○○○○	○○×○○
〃	交　通　費		○○○○	○○○×○○
〃	菓　子　代		○○○○	○○○×○○
〃	同　送　料		○○○	
〃	花　　火		○○○	
〃	同　送　料		○○○	
〃	牛　　乳		○○○○	1人当り2本分
〃	果　　物		○○○○	トマト、スイカ プリンスメロン
〃	キャンプ ファイヤー		○○○	薪、石油代
〃	フイルム代 現　像　代		○○○○	学校保管用スライド　カラー、 白黒写真
〃	不 参 加 者 払　戻　金		○○○○	2名分
〃	雑　　費		○○○○	通信費、帰り 荷物車代など。
		○○○○○○	○○○○○	
○・○	払　戻　分		○○○○	1人分　○○円

残金は、積立金に繰り入れさせていただきます。
以上の通り、ご報告致します。
平成〇〇年〇月〇日　　　　　〇年担任　〇　〇、〇　〇、〇　〇
〇年保護者殿

※　はじめマスのつかみどりを計画しましたが、時間的に無理でしたので、中止しました。そのかわりと申しては、すじがちがうのですが、足柄峠で写した写真が、よく撮れていましたので、記念として引きのばし、全員にお渡しすることにいたしました。
　カラーの大判ですので、〇〇円いたします。残金、〇〇円から支出しますので、積立金には、〇円繰り入れることになります。ご了承ください。

留意点　　実施報告と一緒でもよい。

●特別予算申請

　　　　　　　　　　　　　　　　○○○○発第○○号
　　　　　　　　　　　　　　　　平成○○年○月○日
○○市教育委員会殿
　　　　　　　　　　　　　　　○○○立○○学校長
　　　　　　　　　　　　　　　　　○　○　○　○㊞

　　　平成○○年度予算特別配当について（申請）

標記の件について下記のとおり申請いたしますので、よろしくお取りはからいくださいますようお願い致します。

　　　　　　　　　　記
1、費目　　　〔項〕小（中）学校費　〔目〕学校管理費　〔節〕需要費　〔説明〕消耗品費
2、金額　　　○○○○○○円
3、申請理由
　　　本校は永年の夢でありました校舎改築がお陰様で実り、昨年6月より子どもたちは新しい充実した環境のもとに生活しております。
　　　ところが学校運営上新しい悩みが生じております。特に、古い木造校舎の維持には低廉な水性ワックスで間に合ったものが、鉄筋化に伴い新しい床には1缶12,200円もする樹脂ワックス、6,000円もする剥離剤、新しい掃除用具、また生徒出入口へのマット設置、便所水洗化に伴う汚物入れ缶の設置等々の出費が重なり、

さらに、プレハブ校舎移転の際にも多くの消耗品類を費やさざるをえませんでした。加えて、最近の紙類、石油製品の異常な値上げに直面し、ＰＴＡ費による援助も要請しておりますが、全くのお手上げ状態にあります。
　つきましては、年度末をむかえて
更紙　　200〆　　　　144,000円
ファックス原紙　10箱　56,000円
中質紙　10〆　　　　 18,000円
輪転機インク１箱（36本）27,000円
電子コピー用紙　　　　30,000円
掃除用具　　　　　　　20,000円
文具・雑貨類　　　　　 5,000円
　を必要とします。年度途中誠に恐縮に存じますが何卒予算措置をお願い致したく申請致します。
4、経理状況
　　なお、今年度の予算執行状況は次のとおりです。

留意点　具体的に述べる。
　　　　経理状況、執行計画についても述べる方がよい。

● 予算増額申請

○○○○発第○○号
平成○○年○月○日

○○市教育委員会殿

○○○立○○学校長
○　○　○　○㊞

平成○○年度予算消耗品費の増額配当について（申請）

標記の件について下記のとおり増額配当の申請をいたしますので、よろしくお取り計らいくださいますようお願い致します。

記

1、予算費目
　〔項〕小（中）学校費　〔目〕学校管理費　〔節〕需要費
　〔説明〕消耗品費

2、申請金額　○○○○○○円

3、申請理由
　本校は木造校舎であり防火、防災には特に力を入れており、消火器薬品教育、表示板、針金等に8万円を要しました。輪転機は耐用年数もすぎ不調のため、更紙の無駄も多く既に○○を使用し在庫も底をつこうとしています。また、掃除用具も消耗が激しく追加する必要があります。このままでは父母より徴収せざるを得ない状況です。

つきましては、管理運営上からも美観の点からも、用紙、掃除用具類等の購入のために是非上記増額配当をいただきたく何卒ご配慮のほどよろしくお願い致します。

4、経理状況

　既配当額　　　執行済額　　　支出予定額　　　差引不足額

○○○○○○円　○○○○○○円　○○○○○○円　○○○○○○円

留意点　　申請文は、上級行政機関に対して、許可、認可、補助指定等一定の行政行為を求める場合に用いる文書である。
　形式が定められていない場合は、往復文書の形式による。
　標題は、「○○について（申請）」でよい。申請に法的根拠がある場合はそれを示す。あて先は、氏名を省略してもよい。

● 就学援助のお知らせ

平成〇〇年〇月〇日

保護者　殿

〇〇〇立〇〇学校長
〇〇〇〇

就学援助のお知らせ

　新学期がはじまって〇日、児童は日々精いっぱいの努力をしております。
　さて、教育費の補助制度をごぞんじでしょうか。これは、就学援助法（就学困難な児童及び生徒に係る就学奨励についての国の援助に関する法律）にもとづくもので、経済的理由により就学が困難なご家庭のお子さんも等しく教育が受けられるよう学用品費、学校給食費などについて、援助しようとするものです。
　この援助をご希望の方は、申請書を学校に請求したうえで、必要事項を記入して、又必要書類を添付してご提出ください。
1　援助が受けられる方
　イ）生活保護を受けている方
　ロ）同居の家族全員の前年の収入が、下に示した表に該当する方（大体の目安です。家族構成・年令等で相違があります。）
※ただし、住居以外に不動産を所有している方、住居を新築、購入したり、新築・改築中の方は対象とはなりません。

家族数	家族構成	総収入額	月　　収
2人	母・子（6歳）	約2,560.000 円 以下	約213,000 円 以下
3人	母・子（9歳小3） 子（6歳）	約3,382,000 〃	約281,000 〃
3人	父・母・子（6歳）	約2,943,000 〃	約245,000 〃
4人	父・母・子（6歳） 子（4歳）	約3,465,000 〃	約288,000 〃
4人	父・母・子（9歳小3） 子（6歳）	約3,725,000 〃	約310,000 〃
5人	父・母・子（9歳小3） 子（6歳）子（4歳）	約4,213,000 〃	約351,000 〃
6人	父・母・子（12歳小6） 子（9歳小3）子（6歳） 子（4歳）	約5,092,000 〃	約424,000 〃

※ここでいう総収入額とは
イ）給与所得者の場合、全ての収入額で、ボーナス等が含まれ、税金や

社会保険料が控除される金額です。
　ロ）自営収入の場合、人件費及び仕入を伴う場合の仕入額を除いた全ての収入額です。
　ハ）その他、年金、恩給、利子、配当、パート・内職収入、親戚知人からの援助等、全ての収入金額。
○月収とは、「年間総収入額」を12カ月で割った額です。
○次の場合は、以下により算出した金額を表記目安に、プラスして下さい。
　イ）住居が借家の場合　基準額×12カ月×1.8倍
　　　（ただし、家賃が37,600円を超える場合は37,600円が家賃額）
　ロ）母子家庭の場合　基準額×12カ月×1.8倍
　　　基準額　○児童1人の場合
　　　　　　　○児童2人の場合　　裏面表中に加算済
　　　　　　　○児童3人以上1人増すごとに740円を加える。

2　援助がうけられるもの（生活保護を受けている家庭は○の費用がうけられます）
　◇学用品費　通学用品費　○年度1年生　8,300円
　　　　　　　　　　　　　その他の学年　9,950円
　◇新入学児童用品費（○年度　15,000円）
　◇給食費（実費）　◇副教材費　◇校外学習費（実費）
　◇移動教室費（実費）　◇卒業記念品（アルバム・文集）費（実費）
　◇医療費（学校保健法で定められた学校病の治療に要する費用）
　　これらの費用を学年に応じて援助します。

3　申請手続き
　イ）申請受付　平成○年4月1日より平成○年4月30日まで
　　　　　　　　以降も随時受付け
　ロ）場　　所　○○学校事務室
　※イ）の期間までに申請し認定された方は4月1日から、その後に申請し認定された方はその月から適用されます。

4　注　　意
　イ）認定は年度ごとにおこないますので、今まで就学援助を受けていた方もあらためて申請してください。
　ロ）生活保護を受けている方は、申請する必要はありません。

以上のことでわからないことがありましたら、○○学校事務室（電話○○－○○○○）担当○○○○にお問い合わせください。

留意点　年度当初に全家庭数対象に知らせることが望ましい。
　　　　　適用の要件は、できるだけ具体的で詳細なことが望ましい。
　申請書も一緒に配布したり、希望するか否かを全家庭に問う方法など工夫するとよい。

● 施設設備の申請

　　　　　　　　　　　　　　　　○○○○発第○○号
　　　　　　　　　　　　　　　　平成○○年○月○日
○○市教育委員会殿
　　　　　　　　　　　　　　　　○○○立○○学校長
　　　　　　　　　　　　　　　　　　○　　○　　○　　○㊞

　　　　　　体育館水銀灯設置のお願い

　日ごろから、本校の教育条件の整備について、ご配慮を賜り、まことに、ありがとうございます。
　また過日○月○○日には、ご来校頂きましたことを、厚くお礼申し上げます。
　本校では以前から学校開放を実施しており、最近では、体育館の利用も盛んとなり、利用された地域住民の方々に大変喜ばれております。
　しかし、施設利用時間が、部活動終了後ということもあり、午後6：30以降となります。
　その為、体育館照明も非常に暗いことは当初から利用者の方々に指摘を受け、バレーボール等の球技の際には、けが人も出たことがあります。
　本校体育館は、三方を校舎に囲まれ、あまり立地条件が良くないこともあり、雨天の時は、授業中でも照明が必要な位に暗くなってしまいます。
　しかし、その照明も非常に暗いと担当の教員から改善を望む声が、再三出されており、教育課程を進める上で、安全指導の面からも、照明設備は、必要と思われます。
　二年程前、施設課で現場を見ていただいた時にも暗さを認められました

が、変電施設を設けないことには、今以上に電気容量を増やすのは無理であるので、校舎改築まで待って再度申請するよう指導を受けました。
　市教育委員会のおかげをもちまして、〇〇年度には新校舎が完成し変電施設も整備されました。そこで変電施設が整った今、利用される方々が安心して使い易く、また生徒達にとっても便利で安全な体育館になるよう、何卒御高配下さいますよう宜しくお願い致します。

|留意点|具体的に述べる。
添付書類は詳細なものが望ましい。
見積書も添付するのが望ましい。

修 繕 工 事 申 請

〇〇〇〇発第〇〇号
平成〇〇年〇月〇日

〇〇市教育委員会殿

〇〇〇立〇〇学校長
〇　〇　〇　〇 ㊞

教室床Ｐタイル修繕工事申請書

　日ごろ本校の教育活動に多大のご援助を頂き厚くお礼申し上げます。
さて平成〇年及び〇年に建設されました鉄筋校舎の床Ｐタイルがこの冬になって剥げはじめ、現在では教室によっては半分以上、階段もほぼ全面（総面積200m^2）にわたっております。さらに清掃時に電気掃除機を使用しますと簡単に剥がれるほどＰタイル材及び接着剤が老朽化している状態です。
　雨天の日など、床がぬれて生徒が転倒すると危険でもありますので、何卒、至急修理していただけますよう宜しくお願い申し上げます。

留意点　　添付書類として、図面、写真、見積書をつけることが望ましい。

● 通学路の整備についての依頼

〇〇〇〇発第〇〇号
平成〇〇年〇月〇日

〇〇市〇〇〇課殿

〇〇市立〇〇〇学校長
〇 〇 〇 〇 ㊞

通学路の整備について（お願い）

　このことについて、下記のとおり通学路の一部を整備していただきたくお願いいたします。

記

1　整備をお願いする道路　　別添図面の朱書の道路
2　理　由
　　上記の通学路は、本校生徒の約〇％（〇〇〇人）が利用していますが、最近交通量の増大により、いたみが激しく、かつ、未舗装のため、でこぼこがひどくなってまいりました。このため雨天の際はそのたまり水が車によってはねられ衣服等を汚すことが多々あります。
3　お願いする措置
　　生徒が安全・容易に通学するための歩道・ガードレールの設置および舗装等道路の整備。

添付書類
　　学校付近図　〇部

留意点　具体的に記載する。
　　　　　図面を添付する。

●物品寄贈の礼状

　　　　　　　　　　　　　　　平成〇〇年〇月〇日
〇〇株式会社社長
　　　〇　〇　〇　〇殿
　　　　　　　　　　　　　〇〇立〇〇学校長
　　　　　　　　　　　　　　　〇　〇　〇　〇

　拝啓　早春の候、貴社ますますご清栄のこととお喜び申し上げます。
　さて、先日児童用図書を寄贈していただきまことにありがとうございました。
　おかげさまで、大変よい学習ができますと、職員、児童一同深く感謝しています。
　早速拝眉のうえ御礼申しあげるべきところですが、まずは書面にてお礼を申し上げます。
　　　　　　　　　　　　　　　　　　　　　敬具

留意点　なるべく早く送ることが望ましい。
　　　　　子供の声、感想などを入れるとよい。

● 請　願　書

(表紙)

平成○○年○月○日

○○学校校舎建設促進に関する請願

○○市議会
議長　○　○　○　殿

(本文)
一、請願趣旨
　○○○○○○○
一、○○○○○
　○○○○○○
一、理由
　○○○○○○○

紹介議員　○　○　○　㊞

請願人代表
○○市○○○町○丁目○番○号
○　○　○　㊞

留意点　請願者の資格は、個人、法人、外国人、またそこの自治体の住民でなくても制限はない。
　紹介議員は、1人以上制限はない。
　「邦文を用い、請願の趣旨、提出年月日、請願者の住所氏名、押印、紹介議員の署名または記名押印」があればよい。

● 陳 情 書

(表紙)

〇〇〇〇〇に関する陳情書

(本文)

〇〇〇〇〇について

陳情の趣旨

一、〇〇〇〇〇

一、〇〇〇〇〇

理由

〇〇〇〇〇
〇〇〇〇〇
〇〇〇〇〇
〇〇〇

以上の理由により陳情いたします。

平成〇〇年〇月〇日

〇〇市長 〇〇〇〇 殿

〇〇〇立〇〇学校PTA会長 〇〇〇 ㊞

留意点　　陳情書には、議員の紹介はいらない。
　　　　　　形式はないが、請願書に準じて作成する。
　　　標題をつけ、趣旨、理由は簡潔に記す。

● 委 任 状

　　　　　　　　　　　　　　　○○市○○町○○番地
　　　　　　　　　　　　　　　　○　　○　　○　　○
私は、上記の者を代理人と定め、次の行為を委任します。
　　　　　　　　　　　記
1　○○○○に関する件
2　○○○○に関する件

　平成○○年○月○日

　　　　　　　　　　　　　　　○○市○○町○○番地
　　　　　　　　　　　　　　　　○　　○　　○　　○　㊞

留意点　　委任状は、代理権授与の契約で、特定の者に対し、一定の事項を委任することを示す文書をいう。

●照　会　文

　　　　　　　　　　　　　　　　　　　　○○発第○○号
　　　　　　　　　　　　　　　　　　　　平成○○年○月○日
○○○立○○学校長殿
　　　　　　　　　　　　　　　　　○○○立○○学校長
　　　　　　　　　　　　　　　　　　　○　○　○　○　㊞

　　　　　　　○○○○について（照会）

　○○○○について、貴校の規則がありましたら、当校の○○○○の参考にしたいと思いますので、御多忙中恐縮に存じますが、下記の様式により御回答ください。
　　　　　　　　　　記
　1　回答書式
　　　別紙の回答用紙による。
　2　回答希望期限
　　　○月○日（○）
　3　回答先　（住所、学校名、担当、電話番号）

留意点　照会の意図を明確にした方がよい。
　　　　照会事項が複雑な場合は、回答用紙を送付したり、記入例を付ける。
　　あて先の氏名は略してもよい。
　　文体は「ます」体とする。

● 回 答 文

　　　　　　　　　　　　　　　　　○○発第○○号
　　　　　　　　　　　　　　　　　平成○○年○月○日
○○○立○○学校長殿
　　　　　　　　　　　　　　　○○○立○○学校長
　　　　　　　　　　　　　　　　　○　○　○　○　㊞

　　　　　　　○○○○について（回答）

　平成○○年○月○日付○○発○○号で照会のあったことについては、下記のとおりです。
　なお、当校の○○○規則を１部お送りしますから参考にして下さい。
　　　　　　　　　　　　　記
　１　○○○○について
　　　　○○○○○○
　２　○○○○について
　　　　○○○○○○
　３　○○○○について
　　　　○○○○○○

留意点　　標題は、通知、照会、依頼等の文書の標題と同じものを用いる。
　　　　標題の末尾に（回答）と記す。「平成○○年○月○日○○発○○号に対する回答」としてもよい。
　　　文体は「ます」体とする。回答事項は、できるだけ箇条書にし、簡潔に記す。

報 告 文

〇〇発第〇〇号
平成〇〇年〇月〇日

〇〇市教育委員会殿

　　　　　　　　　　　〇〇〇立〇〇学校長
　　　　　　　　　　　　　〇　〇　〇　〇　㊞

　〇〇〇の実績について（報告）

　当校における平成〇〇年第1回半期における〇〇〇〇の実績は、下記のとおりです。

記

1　〇〇〇〇〇〇〇
2　〇〇〇〇〇〇〇

留意点　　報告は、通常私人から官公庁に知らせる場合、下級庁（職）から上級庁（職）に知らせる場合、受任者から委任者に知らせる場合になされる。
　法令、契約等で形式が定められている場合は、その形式を用いる。

● 証 明 文

　　　　　　　　　在 職 証 明 書

　　　　　　　　　　　　住所　○○○○○
　　　　　　　　　　　　氏名　○○○○
　　　　　　　　　　　　生年月日　昭和○○年○月○日生

　上記の者は、平成○○年○月○日の日から平成○○年○月○日まで、本校教諭として在職していたことを証明する。

　平成○○年○月○日

　　　　　　　　　　　　　○○○立○○学校長
　　　　　　　　　　　　　　○　○　○　○　㊞

留意点　　特定の事実又は法律関係の存在を公に証明するための文書である。
　身分証明書、合格証書、修了証書、免許状等があるが様式化されていることが多い。

● 復　命　書

　　　　　　復　命　書
　　　　　　　　　　　　　　　平成〇〇年〇月〇日
〇〇〇立〇〇学校長
　　〇　〇　〇　〇　殿
　　　　　　　　　　　　　教諭　〇　〇　〇　〇　㊞
　平成〇〇年〇月〇日から〇日まで、〇〇〇〇研修のため近接地外出張について、下記のとおり復命いたします。

　　　　　　　　　　記
　1　研修事項
　　　〇〇〇〇〇〇〇
　2　出張先
　　　〇〇県〇〇市立〇〇学校
　3　出張期間
　　　平成〇〇年〇月〇日から〇月〇日まで
　4　概要

留意点　　2人以上が同一内容について復命するときは、連名で書く。内容が長くなるときは、別紙とする。要点を箇条書きする方がよい。資料を添付するとよい。

●答　申①

　　　　　　　　　　　　　　　　　　　平成〇〇年〇月〇〇日
東京都〇〇区教育委員会
委員長　　〇〇　〇〇殿

　　　　　　　　　　　　　　　東京都〇〇区立小中学校
　　　　　　　　　　　　　　　〇〇〇〇〇審議会長
　　　　　　　　　　　　　　　　　〇〇〇　〇〇

　　　　　　　答申

　平成〇〇年〇月〇〇日に諮問をうけた3項目（別紙参照）のうち、「諮問事項2」について次のとおり答申する。

　　　　　　　記
　本区の通学区域は戦後新制中学校の発足により、明治時代から伝統的に形成されたものが修正され、それが基盤となっている。
　さらにその後の人口の急増期に、学校の新設が必要となり、やむをえず狭小な敷地に学校が建設され、その都度既存の校区を分割して通学区域の修正が行われて来た。
　その結果、学校規模や通学区域について適切な対応が困難となり、学校同士が隣接して設置されたり、通学区域における学校の所在の偏りによって、通学距離に適正を欠くという状況が随所に生じてきた。（続く）

留意点　最初に概要を記し、次頁から順次詳細に書くこともよい。

● 答申②（中間報告）

平成○○年○月○○日

東京都○○区教育委員会
委員長　○○　○○○○殿

　　　　　　　　　　　　　　　　　　東京都○○区立小中学校
　　　　　　　　　　　　　　　　　　　○○○○審議会長
　　　　　　　　　　　　　　　　　　　　　　○○　○○

　　○○区立小中学校における○○○○について（中間報告）

　平成○○年○月○○日に貴職より諮問のありました、「区立小学校及び中学校の○○○○に関すること」につきまして、基本的考え方、現状と問題点および○○○○の考え方について取りまとめたので報告します。

留意点　　審議が長期にわたり報告まで期間がかかる場合は、途中に中間報告をすることが望ましい。

●申　請

　　　　　　　　　　　　　　　　　　元市企財第　　　号
　　　　　　　　　　　　　　　　　　平成元年　　月　　日
東京都　　　　　殿
　　　　　　　　　　　　　　　○　○　市　長　（職名）
　　　　　　　　　　　　　　　○　○　○　○　印

　　平成元年度○○○○補助金の交付について（申請）

　平成元年度○○○○補助金を下記により交付されるよう申請します。

　　　　　　　　　　　記

1　申請額　○○○○○○○円
2　補助事業の内容　別紙のとおり
3　○○○○○○○○○○○○

●私事旅行願

平成　年月日

　　　　　　私　事　旅　行　願

○○市立○○学校
校長　○○○○殿

　　　　　　　　　職名_____氏名_____印
下記の通り研修旅行をいたしたく、お願いいたします。

　　　　　　　　　記
1、目　的
2、期　間　　平成　　年　　月　　日から
　　　　　　平成　　年　　月　　日まで
3、目的地

4、宿泊地（住所・ＴＥＬ）その他

留意点　　帰省やレクリエーションなどの旅行については、休暇届を出させ、連絡先を報告させること。

●転任者関係書類送付書

転任者関係書類送付書

　　　　　　　　学校長様　　　　　　平成　年　月　日
　　　　　　　　　　　　　前所属名
　　　　　　　　　　　　　前所属長名

1. 転任者

職名		フリガナ 氏　名		発　令 年月日	平成　年　月　日

2. 転位者関係書類目録

名　称　及　び　部　数		備　考
1. 履歴カード	1通	
2. 出席簿謄本（前年度分）	1通	
3. 出勤簿謄本（前々年度分）	1通	
4. 休暇・職免等処理簿謄本	1通	
5. 指定週休日等指定簿（原本）	1通	
6. マスターカード（写）	1通	
7. 都電算用職員番号ゴム印	1通	
8. 職員別給与簿（写）（前年度分）	1通	
9. 源泉徴収票		
10. 扶養控除等（異動）申告書（原本・市内異動者のみ）	1通	
11. 児童手当受給者台帳（市内異動者のみ）	1通	
12. 共済組合・互助組合原簿（写）	1通	
13. 共済組合資金貸付決定通知書	通	
14. 東京都教職員互助組合貸付金償還整理票		
15. 東京都教職員互助会退職互助事業現職会員証	1通	
16. 積立年金保険契約原票（互助組合）	1通	
17. 日野市教職員互助会会員台帳（市内異動者のみ）	1通	
18. 財産形成貯蓄控除預入依頼書他（所属所控）	通	
19. 給与口座振込依頼書（写）	1通	
20. 職員健康診断書（B）	通	
21. 市町村立義務教育諸学校、校長・職員 　　　　　　　　　結核健康診断書（A）	通	
22. 電算報告書提出依頼書（　　　　　　）	通	
23. 氏名ゴム印	通	
特記事項　　4月支給特勤手当等の内容 　　　　　　名称 　　　　　　回数（日数）		
前位校 連絡先	所在地	電話	担当者

※　○印のみ今回送付

●住居手当等不支給証明書

　　　　　住宅手当等不支給証明書

　　　　　　　　住　　　所
　　　　　　　　氏　　　名
　　　　　　　　生年月日

　上記の者について、住居手当又は、これに類する手当を支給していないことを証明いたします。

　　　　　　　　　　　　　　　　平成　　年　月　日

所　在　地
名　　　称
代表者氏名　　　　　　　　　㊞
電話番号　　☎

●育児休業証明書

育 児 休 業 証 明 書

　本校教諭　　　　　は、平成　年　月　日から平成　年　月　日まで育児休業の予定である。

　その間、月額　　　　円の育児休業給のみ支給される見込である。なお、給料等級は、小中教○等級　　号給である。

以上、証明する。

　　　　　　　　　　　　　　　　　　　平成　年　月　日
　　所　在　地
　　名　　称
　　代表者氏名　　　　　　㊞
　　電話番号　　☎

● 扶養手当不支給証明書

扶養手当不支給証明書

住　所
氏　名
生年月日

氏　　名	続　柄	生年月日	備　　考

上記の者について、扶養手当を支給していないことを証明いたします。

　　　　　　　　　　　　　　　　　　　平成　年　月　日

所　在　地
名　　称
代表者氏名　　　　　　　　㊞
電話番号　　　☎

●消耗品注文表

消耗品購入注文表					月　日	
学年、教科		注文者		納品希望日	月　日	
品　　名	規格	数量	単価	金　額	業者名
1						
2						
3						
4						
5						
合　計						

※ 納品希望日の一週間前までに提出を！（品名が分らない物は現物を）

運動会
展覧会　記念品注文表

学年	品　目	数　量	単　価	金　額	確　認
1年					
2年					
3年					
4年					
5年					
6年					
合計					

※単価は納入価1人200円（定価250円）でお願いします。
※○月○日（○）までに事務室に提出して下さい。

●備品購入要望書

備品購入要望書

教科等名：　　　　　　　　　担当者名：

希望順位	品名	カタログ（会社名・頁）	規格	数量	単価	金額	備考
1							
2							
3							
4							
5							
6							
記入例	デジタル温度計	ウチダ100P	D 613	2	220,000	440,000	記録を残すため
合計							

※〇月〇〇日（〇）までに提出して下さい。

留意点　要求するに当たっては、現有備品の確認（数量、使用可能か等）も合わせて行うとよい。

品名だけでなく、カタログ名、ページ及び使用目的を記入するようにした方がよい。

● 消耗品購入要望書

消耗品購入要望書

教科等名　　　　　　　　　　　　担当者名

希望順位	品　　名	カタログ名・頁	規格・番号	数量	単　価	金　　額	備　考
1							
2							
3							
4							
5							
6							
7							
8							
9							
10							
11							
12							
13							
14							
15							
16							
17							
18							
19							
20							
記入例	ピンセット	ケニス253頁	小, 150-50	20	170	3,400	
合　　計							

※○月○○日（○）までに提出して下さい。

留意点　　消耗品の1つ1つについて洗い出すのは、大変な作業である。昨年度の実績（品名、**数量**、**金額**等を参考資料として担当に呈示して記入するとよい。

● 教室備品点検表

教室	ラジカセ	カッター	テープ台	鉛筆硝り	オルガン	水　槽	花　瓶	備　考
1-1								
1-2								
2-1								
2-2								
3-1								
3-2								
4-1								
4-2								
5-1								
5-2								
6-1								
6-2								
視聴覚								
音　楽								
理　科								
図　書								
家　庭								
図　工								
保　健								
職　員								
合　計								

教室備品等点検表　19〇〇.〇〇.〇〇.

留意点　学期毎に点検を行ない、破損している物品は修繕し、不足している物は充足すること。

　事故防止と学習・生活の保障のため施設設備の点険も定期的に行ない、不備な箇所は、早期に営繕すること。

● 備品台帳

番号	品名	規格・メーカー	購入先	単価	数量	購入年月日	保管場所	国庫番号	廃棄年月日	備考

留意点 　備品カード等は、事務室で保管するが、台帳もしくは分冊として全職員に配布して、利用し易いようにするとよい。
　置き場所も記しておくと便利である。又、教材室等には、ラベル等でわかり易く整理するとともに、保管備品の一覧表等を提示するとよい。

● 旅行届

旅 行 届

平成　年　月　日

東京都立○○高等学校長殿

　　下記のように旅行したいのでお届けいたします。
　　　　第　　学年　　組　生徒氏名 _____
　　　　　　　　　　　　　保護者氏名 _____ ㊞
　　　　　　　　　　　　　住　　所 _____

旅 行 月 日	平成　年　月　日　～　　月　日
旅行の目的	
旅行先（行程）	
保護者同伴の有無	同行する　・　同行しない
授業料確認	第　　回分まで納入済（通帳等で確認して下さい）

★クラス担任に旅行届を出して許可を得てください。きりとり線より左半分を担任に渡し、右側の確認欄に印鑑をもらってから事務窓口に提出してください。

旅客運賃割引証（学割）発行願

担任確認

クラス・生徒氏名	第　　学年　　組　　　　　　　　（　　才）
住　　　　所	
身分証明書番号	No.
旅　行　月　日	平成　　年　　月　　日　〜　　月　　日
旅　行　の　目　的	
旅　　行　　先	
乗　車　区　間	駅から　　　駅まで（片道・往復・周遊）
必　要　枚　数	枚　（一人年間2枚まで）

この欄は生徒は記入しないこと

（収受印）　　旅客運賃割引証発行願受付兼発行決定簿

番号	割印						
		保存年限　5　年		分類記号　　−			
		本件について	決　定	平成　年　月　日			
		決定する。	起　案	平成　年　月　日			
		決定権者	担当者	文取主任	公印照合		

● 身分証明書再発行願

身分証明書再発行願

東京都立〇〇高等学校長　殿　　　　　　　　平成〇年〇月〇日

下記の事由により、身分証明書の再発行をお願いいたします。

　　　　　　　　　　　　　保護者氏名　　　　　　　印

　　　記

学年・組	全・定　第　学年　組	身分証明書番号	
氏　　名	（男・女）		
生年月日	昭和　　年　　月　　日（　　才）		
住　　所			
理　　由	（紛失した場合は、日時・場所等をわかる範囲で記入）		担任確認

※ 写真を添付した身分証明書を添えて、担任の確認を得てから事務室に提出する事

身分証明書申請受付兼再発行決定簿

保存年限	年	分類記号	
本件について決定する。	決定	平成　年　月　日	
	起案	平成　年　月　日	
決定権者	文取主任	担当者	公印照合

発行年月日	平成　年　月　日
再発行番号	
割　　印	

●住所変更届

校　長	事務長	担　任	担　当

住 所 変 更 届

平成　年　月　日

都立○○高等学校長　殿

第　　学年　　組　　番

生徒氏名　＿＿＿＿＿＿＿

保護者氏名＿＿＿＿＿＿＿㊞

　私は下記のとおり住所を変更しま　たので、住民票記載事項証明書・身分証明書を添えてお届します。

記

1. 変更月日　　　年　月　　日より
2. 新　住　所　（〒　　　）
　　　　　　　＿＿＿＿＿＿＿＿＿＿＿＿＿＿＿＿＿
　　　　　　　電話番号＿＿＿＿＿＿＿＿＿＿＿＿＿
3. 旧　住　所　＿＿＿＿＿＿＿＿＿＿＿＿＿＿＿＿＿
4. 事　　　由　＿＿＿＿＿＿＿＿＿＿＿＿＿＿＿＿＿
　　　　　　　＿＿＿＿＿＿＿＿＿＿＿＿＿＿＿＿＿
　　　　　　　＿＿＿＿＿＿＿＿＿＿＿＿＿＿＿＿＿

住民票記載事項証明書

| 住所 | | 世帯主 | |

　　　年　月　日　　　　　　　　　　　　　　から　転入／転居

氏　名	生　年　月　日	現住所を定めた 年　月　日	続　柄
	年　　月　　日	年　　月　　日	世帯主
	年　　月　　日	年　　月　　日	
	年　　月　　日	年　　月　　日	
	年　　月　　日	年　　月　　日	
	年　　月　　日	年　　月　　日	
	年　　月　　日	年　　月　　日	
	年　　月　　日	年　　月　　日	
	年　　月　　日	年　　月　　日	
	年　　月　　日	年　　月　　日	

上記の事項は住民票に記載があることを証明する。

　　　　年　　月　　日

　　　市(区)町村長氏名　　　　　　　印

● 改姓届

学校長	教　頭	事務長	担当者

改　　姓　　届

東京都立〇〇高等学校長　殿

　　　　　第　　学年　　組
　　　　　氏　名 ＿＿＿＿＿＿＿＿
　　　　　　昭和　　年　月　日生

　上記の者、　　　　　　　　　　により下記の通り改姓いたしましたので、お届け致します。

　　　　　新　姓　名 ＿＿＿＿＿＿＿＿
　　　　　新　姓　名 ＿＿＿＿＿＿＿＿

　　　　　　昭和　　年　月　日
　　　　　　保護者氏名　　　　　　　印

● 通学区間変更届

事務長	担 当	担 任

平成　年　月　日

通学区間変更届

東京都立〇〇高等学校長　殿

　　　　　　　　　　　　　第　　学年　　組　　番
　　　　　　　　生徒氏名　_____
　　　　　　　　保護者氏名　_____㊞

私は下記のとおり通学区間を変更しましたので、お届け致します。

　　　　　　　記

理　由		
身分証明書番号	第　　　号	
生年月日・年齢	年　月　日生　満　歳	
住　所	〒	
変更年月日	年　月　日から	
通学区間	変更前	交通機関名　□→□→□→□→□
	変更後	交通機関名　□→□→□→□→□

●本籍変更届

校　長	事務長	担　任	担　当

　　　　　　　　　本　籍　変　更　届
　　　　　　　　　　　　　　　　　平成　　年　月　日
都立〇〇高等学校長　殿
　　　　　　　　　　　　　　　　　第　　学年　　組　　番
　　　　　　　　　　生徒氏名＿＿＿＿＿＿＿
　　　　　　　　　　保護者氏名＿＿＿＿＿＿　印

　私は下記のとおり本籍を変更しましたので、戸籍謄本を添えてお届けします。

　　　　　　　　　　記

1　変更月日　　昭和　　年　　月　　日より
2　新　本　籍　＿＿＿＿＿＿＿＿＿＿＿＿＿＿＿＿＿
　　　　　　　　＿＿＿＿＿＿＿＿＿＿＿＿＿＿＿＿＿
3　旧　本　籍　＿＿＿＿＿＿＿＿＿＿＿＿＿＿＿＿＿
4　事　　　由　＿＿＿＿＿＿＿＿＿＿＿＿＿＿＿＿＿
　　　　　　　　＿＿＿＿＿＿＿＿＿＿＿＿＿＿＿＿＿

● 保護者変更届

校　長	事務長	担　任	担　当

　　　　　　　　保　護　者　変　更　届
　　　　　　　　保　証　人
　　　　　　　　　　　　　　平成　　年　　月　　日
都立○○高等学校長　殿
　　　　　　　　　　　　　　第　　学年　　組　　番
　　　　　　　　生徒氏名　_____
　　　　　　　（新）保護者氏名_____　印

下記のとおり　保護者　の変更をしましたので、お届します。
　　　　　　　保証人

　　　　　　　　　　　記
1　新保護者　住　　所_____
　　保証人　　氏　　名_____印
　　　　　　　生年月日　明・大・昭　　年　　月　　日生
　　　　　　　電話番号_____
2　旧保護者　住　　所_____
　　　　　　　氏　　名_____
3　事　由　　　　　_____
　　　　　　　　　_____

　備　考　(1)保護者変更の場合は、住民票を一部添付の上提出すること。
　　　　　(2)この届は担任の確認印を受領後、事務室に提出すること。

● 授業料納入(入金)のお願い

　　　　　　　　　　　　　　　平成　　年　　月　　日
　　　　　　　　　　　　　　　事　務　連　絡
保護者　殿

　　　　　　　授業料納入（入金）のお願い

　　学年　　組　　　　　殿の授業料等について、　　月　　日の自動引落しで、第　　回分～第　　回分が引落しできませんでした。
　よって未納になっておりますので、下記金額等を確認のうえ、<u>期限までに指定口座に入金をお願いいたします。</u>

　　　　　　　　　　　　　記
・期限　　　　　年　　月　　日（次回引落し日の　　日前）
・入金する金額

	未　納　分			次回	
	第　回分	第　回分	第　回分	第　回分	
授 業 料					
ＰＴＡ会費					
生 徒 会 費					
積 立 金					
小　　　計					入金金額合計

＊注意＊
　期限までに入金がなく、延納願の提出等保護者より納入に関する連絡がない場合は、授業料等徴収条例施行規則6条により生徒出席停止等の処置を行うこともありますのでご承知ください。

　　　　　　　　　　　　　東京都立〇〇高等学校　事務室
　　　　　　　　　　　　　ＴＥＬ　（〇〇〇）－〇〇〇〇

留意点　事務室の担当者が決まっている場合は記載しておくとよい。

●授業料等の未納について(督促)

　　　　　　　　　　　　　　　　平成　年　月　日

保護者　殿

　　　　　　　　　　　　　　東京都立〇〇高等学校長
　　　　　　　　　　　　　　　　　〇　〇　〇　〇

　　　　　授業料等の未納について（督促）

　学年　組 ＿＿＿＿＿＿ 殿の授業料が、　月　日現在第　回分より未納です。至急銀行等より納入して下さい。納入を済ませた方は、確認のため納入通知書を事務窓口に提示して下さい。

　　☆納入期限　平成　年　月　日
　　（納入通知書提示期限　年　月　日）

	未　納　分				
	第　回分	第　回分	第　回分	第　回分	
授 業 料					
ＰＴＡ会費					
生 徒 会 費					
積 立 金					
小　　計					未納金額合計

★　やむを得ない事情により納入できない場合は、同封の延納願に記入の上事務窓口へ提出して下さい。
　期限までに納入通知書の提示がなく、保護者より延納願等納入に関する連絡がない場合は、授業料等徴収条例施行規則第6条により生徒出席停止等の処置を行うこともありますので御承知下さい。
★　不明な点は授業料事務担当者　○○までご連絡下さい。
　　☎○○－○○○－○○○○

● 授業料・諸費延納願

授業料・諸費延納願

　　　　　　　　　　　　　平成　　年　　月　　日

東京都立○○高等学校長殿

　　　　　　　　　　　　第　　学年　　組
　　　　　　　　生徒氏名　＿＿＿＿＿＿＿
　　　　　　　　保護者氏名＿＿＿＿＿＿＿　印

上記の者につき、下記の通り延納いたしたくお願いいたします。

　　　　　　　　　　記

1．延納の月・回　　　　月・回分〜　　月・回分
2．延納金額　　　　　　　　　　　　　　　円
3．納　入　日　　　平成　　年　　月　　日
4．事　　　由　＿＿＿＿＿＿＿＿＿＿＿＿＿＿＿＿
　　　　　　　＿＿＿＿＿＿＿＿＿＿＿＿＿＿＿＿

留意点　　納入日欄を忘れずに記載すること。
　　　　　　提出期限を明記するとともに、延納の要件を列記し該当にレチェックで記入できるようにするとよい。

● 授業料等納入連絡票及び納入確約書

授業料等納入連絡票及び納入確約書

　別紙のように御連絡した未納分が納入済であったり、期限までに入金できるときは「連絡票」へ、やむをえない事情により納入が遅れる場合には理由を明記の上「確約書」へ記入して　　月　　日までに事務窓口まで提出して下さい。

　　　　　　　　　　　　　　　　　　　　平成　　年　　月　　日
東京都立〇〇高等学校長　殿
　　　　　　　　　　　年　　組　生徒氏名＿＿＿＿＿＿
　　　　　　　　　　　　　　　保護者氏名＿＿＿＿＿＿㊞

納　入　連　絡　票

（納入済または期限までに納入予定の場合）

下記のとおり指定口座へ（納入済・納入予定）ですのでご連絡します。

※どちらかに〇を付けて下さい。

・入金年月日　　平成　　年　　月　　日
・入金金額　　　第　　～　　回分　￥

納　入　確　約　書

（納入が遅れる場合）

　下記の授業料等未納分及び次回納入分について、下記の期日には入金いたしますので、納入期限を延ばしてくださいますようお願いいたします。

- 未納授業料等　第　　～　　回分　¥
- 納入予定分　　　月　日　第　回分　¥
　　　　　　　　　月　日　第　回分　¥
　　　　　　　　　月　日　第　回分　¥
　　　　　　　　　月　日　第　回分　¥
- 理由（できるだけ詳細に）

　　　　　　　　　　　　　　　　　　　　　　　　　　
　　　　　　　　　　　　　　　　　　　　　　　　　　
　　　　　　　　　　　　　　　　　　　　　　　　　　
　　　　　　　　　　　　　　　　　　　　　　　　　　

留意点　事務担当者名、電話番号を入れておくとなおよい。

●授業料未納者一覧　兼　督促状発送簿

学年　組担任　先生	供覧	校長	教頭	担任	事務長	係

授業料未納者一覧　兼　督促状発送簿

　　月　　日現在下記の生徒の授業料等が未納となっております。保護者宛に督促をいたしますが、生徒の家庭的・経済的事情等担任の方で把握している事がありましたら、事務担当者までご連絡ください。

生徒氏名	未納回分	未納金額	督促状況

※○印は、口座振替により納入している生徒です。

留意点　校内文書だが担当者を記載しておくと親切である。

●長期滞納者の督促確認

長期滞納者の督促確認

平成　年　月　日

① 生　徒　氏　名　　　年　　組　_____
② 保護者　住　所　_____
　　　　　氏　名　_____
③ 未納回数　　　_____回（○○年度 第　回～　回）
④ 単　　価　　　_____円
　　　　　　　　　　内訳　授業料　　　　円
　　　　　　　　　　　　　諸会費　　　　円
⑤ 未納金額　　　_____円
⑥ 督促経過

昭和○年○月○日	
昭和○年○月○日	
昭和○年○月○日	
昭和○年○月○日	
昭和○年○月○日	
昭和○年○月○日	
昭和○年○月○日	
平成○年○月○日	

⑦ 今後の取り組み

_____

●授業料減免申請について

授業料減免申請について

　授業料の納入が困難と認められる生活保護受給世帯、生活保護受給世帯と同程度の世帯については、申請により授業料の全額または半額を免除する制度があります。
　下記のとおり、該当する世帯の必要書類をそろえて、○月○日（○）までに、事務室窓口へ提出してください。提出が遅れると○月からの免除ができませんので、期限を守って下さい。

記

＜必要書類＞
　◎　生活保護受給世帯
　　　ア．授業料減免申請書
　　　イ．生活保護受給証明書
　◎　生活保護受給世帯と同程度の世帯
　　　ア．授業料減免申請書
　　　イ．世帯状況調書
　　　ウ．住民票記載事項証明書
　　　エ．収入を証明するもの
　　　　・平成○○年度分の源泉徴収票
　　　　・　　〃　　　　確定申告写し
　　　　・その他年金・児童（扶養）手当等についても収入金額のわかるものを添付して下さい。
　※住宅を借りている場合には、賃貸借契約書の写し等を提出して

下さい。
　　※提出された書類をもとに、都の認定方法に従って計算し、免除・
　　　減額の決定をします。
　　※後日、計算する際に必要な証明書（母子健康手帳、診断書等）を
　　　提示していただく場合もあります。

　授業料免除が決定したら、4月25日までに、授業料免除決定通知書を保護者宛送付します。免除後の納入金額もそのときにお知らせします。
　以上のことについて質問がありましたら、事務担当までご連絡ください。
　東京都立〇〇高等学校　　事務担当　〇〇　TEL　〇〇〇-〇〇〇〇

留意点　　認定基準を参考に載せておくとよい。
　　　　　　権利ではあるが、プライバシーに関することもあるので慎重に取り扱い、添付書類についても、保管の必要性がないものについては返却すること。

●授業料免除決定通知書

　　　　　　　　　　　　　　　　平成　　年　　月　　日

_____　殿

　　　　　　　　　　　　　東京都立〇〇高等学校長
　　　　　　　　　　　　　　　　〇　〇　〇　〇

　　　　　　授業料免除決定通知書

　平成　　年　　月　　日付で申請のあった　　年　　組生徒_____
_____の授業料免除について、審査の結果下記の通り決定したので通知します。

　　　　　　　　　　記

1　免除期間　平成　　年度　　第　　回～第　　回
2　免除金額　¥_____（一回につき　　　　円×　　　回）
　　　　　免除内容　授　業　料　¥　　　　　（1回）
　　　　　　　　　　ＰＴＡ会費　¥　　　　　（1回）
3　その他　　免除後は、学校徴収金を納入していただきます。
　　　　　　　一回につき　　　　円×　　回
　　　　　　　　内訳　生徒会費　¥_____
　　　　　　　　　　　ＰＴＡ会費　¥_____
　　　　　　　　　　　積　立　金　¥_____

留意点　認定にならなかった人についても通知を出し、理由を記すとよい。

● 授業料減免申請者一覧

授業料減免申請者一覧

クラス	生徒氏名	保護者名	減免可否	減免の授業料	減免金額	減免理由
-				〜　　回		
-				〜　　回		
-				〜　　回		
-				〜　　回		
-				〜　　回		
-				〜　　回		
-				〜　　回		
-				〜　　回		
-				〜　　回		
-				〜　　回		
-				〜　　回		
計　人				延べ　　回		

留意点　適当な箇所に年度を入れておくとわかりやすい。

● 授業料減免申請(更新)について

授業料減免申請（更新）について

　　年　　組　　　　　　さんの授業料は、今年度減免しましたが、来年度も引続き免除を希望される場合は、更新手続きが必要です。
　下記のとおり、該当する世帯の必要書類をそろえて、4月11日（○）までに、事務室窓口へ提出してください。提出が遅れると4月からの免除ができませんので、期限を守って下さい。

記

＜必要書類＞
　◎　生活保護受給世帯
　　　ア．授業料減免申請書
　　　イ．生活保護受給証明書
　◎　生活保護受給世帯と同程度の世帯
　　　ア．授業料減免申請書
　　　イ．世帯状況調書
　　　ウ．住民票記載事項証明書
　　　エ．収入を証明するもの
　　　　・平成○○年度分の源泉徴収票
　　　　・　　〃　　　確定申告の写し
　　　　・その他年金・児童（扶養）手当等についても収入金額のわかるものを添付して下さい。
　※住宅を借りている場合には、賃貸借契約書の写し等を提出して下さい。

※提出された書類をもとに、都の認定方法に従って計算し、免除・減額の決定をします。
　※後日、計算する際に必要な証明書（母子健康手帳、診断書等）を提示していただく場合もあります。

　授業料免除が決定したら、4月25日までに、授業料免除決定通知書を保護者宛に送付します。免除後の納入金額もそのときにお知らせします。
　以上のことについて質問がありましたら、事務担当までご連絡ください。
　　東京都立〇〇高等学校　　事務担当　　〇〇　TEL　〇〇〇-〇〇〇〇

留意点　　通知と一緒に申請書を同封して郵送すると親切である。

● 施設使用許可申請書

許可第　　　号

決裁					合議	
校長	許可	不許可	教頭・主事	管理主任	係	担当

東京都教育財産（学校施設）使用許可申請書

東京都立〇〇高等学校長　　　　殿
　　　申　請　者　　　　　　　㊞

下記により東京都立〇〇高等学校の施設を使用したいので、許可されるよう申請します。

記

使 用 目 的	
使 用 期 間	〇月〇日〇時〇分より、〇月〇日〇時〇分まで（〇曜）　　　　　　　　　　（〇曜）
使 用 施 設	校庭・食堂・会議室・教室（〇〇〇〇番）その他（　　　　）。
附 帯 設 備	
使用者名簿	団体の名称	
	住所氏名	電話
	他の連絡先	電話
	使用人員	男　　名、女　　名、合計　　名
備　　考	

引継者	所	見

注　1　使用目的を具体的に記入すること
　　2　使用施設は名称を記入すること
　　3　<u>申請者は一週間前提出すること</u>

留意点　1週間前が休祝日等になった場合の措置を明記しておくこと。

(東京都教育財産管理規則（昭和40年３月東京都教育委員会規則第４号）15条)

・・

東京都教育財産（学校施設）使用許可書　第　　　号
　　　　　　　殿
　　　東京都立〇〇高等学校長　　　　　　㊞
平成　　年　　月　　日付申請の学校施設使用の件下記の条件を付して許可します。

記

1．使用施設申請書の通り、使用許可施設以外に立入らぬこと。
2．使用期間　　月　　日　　時　　分より　　月　　日　　時　　分まで
3．使用者は使用許可書を警備員又は担当職員に提示し指示に従うこと。使用後は警備員又は担当職員に引継ぐこと。
4．火気には特に注意し、吸殻入の設備のある一定場所にて喫煙すること。
5．使用制限
　① 使用者は使用財産について形、質の変更をしてはならない。
　② 使用者は使用財産を第三者に使用させてはならない。
6．損害賠償
　① 使用者はその責に帰する理由により使用財産の全部又は一部を滅失し又は損したる時は、その損害を賠償する。
　② 使用者はこの許可書で定める義務を履行しないで損害を与えた時

　　　　は、その損害を賠償する。
7．原状回復
　①　使用者は使用期間が満了した時は、又は使用許可を取消された時は、使用財産を原状に復し返還する。
8．使用許可取消し、又は変更
　①　使用財産を公用、又は公共用に供するため必要となった時は、取消し、又は変更する。
　②　許可条件に違反した時は、取消し、又は変更する。

留意点　　使用後の引継ぎは必ず明記しよう。
　　　　　　この他に許可条件に付することがある場合は追加記載すること。
　整理・片付け・清掃等について具体的項目を列記しチェックできるようにするとよい。

●休日、クラブ指導伝票

休日（土曜日午後・日曜日等）クラブ指導伝票

校　長	教　頭	事務長	係

顧問氏名		印	クラブ名	
指導日時	○月○日（○）○時○分～○時○分（○時間）			
	○月○日（○）○時○分～○時○分（○時間）			
	○月○日（○）○時○分～○時○分（○時間）			
	○月○日（○）○時○分～○時○分（○時間）			
	○月○日（○）○時○分～○時○分（○時間）			
	○月○日（○）○時○分～○時○分（○時間）			
	○月○日（○）○時○分～○時○分（○時間）			
	○月○日（○）○時○分～○時○分（○時間）			
	○月○日（○）○時○分～○時○分（○時間）			

○か月分をまとめて、その月の○○日までに教頭へ提出して下さい。

●証明書発行台帳

証明書発行台帳

発行番号	発行年月日	卒業年（学年組)	氏名	証明書の種類			決定		
				修成績調査書	在権	各見他	校長	事務長	担当

●指定店に関する覚書き

学用品の指定店に関する覚書き

　東京都立〇〇高等学校長（以下甲という）と、　　　　　　　　　（以下乙という）は、甲乙両者協議の上、円滑に次記の指定品が供給できるように下記の通り覚書きを交換します。

　指定品の内容

記

１．乙は、指定品の供給に当たり、東京都立〇〇高等学校（以下本校という）生徒の学校教育指導上について配慮し、生徒の学校生活上の便宜と安全衛生に留意するものとする。
２．乙は、本校の名誉を守り、教育用品の販売という社会的な使命を負う責務を自覚して、地域社会の学校を守り育てるよう協力するものとする。
３．乙は、指定店の表示を教育的な配慮を以て表現することが出来る。
４．乙は、本校生徒が指定品を何時でも使用できるように手配して、供給するように努めなければならない。
５．乙は、指定品の仕入れ価格に変動があったときは、仕入れ先の理由書と価格表を甲に提出して、指定品の販売価格について甲と協議するものとする。
６．甲は、指定品の変更をするときは、乙の仕入れに影響を及ぼすことについて配慮するものとする。
７．乙は、新一年生の入学前に指定品を販売するときは、学校の指示に従い、指定された場所で整然と親切丁寧に行うものとする。

8．新一年生にパンフレット配布する場合は、乙の負担により作成するものとする。
9．甲と乙は、この覚書きに明記されていないことも、信義に基づいて誠実に履行するものとする。
10．この覚書きの有効期間は、平成〇〇年〇〇月〇〇日から平成〇〇年〇〇月〇〇日までとする。

　　　平成　　年　　月　　日
　　　　甲　東京都〇〇区〇〇〇－〇〇－〇
　　　　　　東京都立〇〇高等学校長　　〇　〇　〇　〇
　　　　乙

留意点　　指定品は良い物品を安価で購入できるために設けるのであるから、他品目、市価を充分に調査した上で認定すること。

●供給価格について

　　学校指定用品（学用品）の供給業者・供給価格等について

１．学校指定用品（学用品）の品目等
　　(1)　上履き用靴
　　(2)　体育館用靴
２．供給業者
　　　　　○○○店
　　　　　　○○区○○○－○－○
　　　　　　　TEL　○○○－○○○○
３．供給価格
　　(1)　上履き用靴　　　＠1,120－
　　(2)　体育館用靴　　　＠1,780－
４．供給期間　　平成○年○月○○日から
　　　　　　　　平成○年○月○○日まで
５．学用品指定店に関する覚えがき
　　　　別紙の通り
６．その他

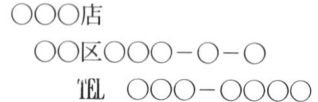

留意点　　学校によって指定品目がちがうので実態に合わせて記載すること。
　　業者に対して、購入予定数を連絡し、期間内にストックしておくよう依頼するとよい。

12 しおり・規約

●入学の手引(小学校)

入学の手引　　　　　　　　　　　〇〇市立〇〇〇〇小学校
　　　　　　　　　　　　　　　　　〇〇〇〇（〇〇）〇〇〇〇

１．入学までに身につけておきたいこと

①安全な生活
◎家から学校までの通学路と、だいたいの所要時間をおぼえておく。
◎必要な交通規則をおぼえておく。
◎登下校の時は、通学路以外の道は通らない。
②日常の生活
◎便所へ、ひとりで行けるようにしておく。
◎学用品の出し入れ、衣服の着がえができるようにしておく。
　衣類は、自分で脱ぎ着できるようなものにしてください。
◎自分の名前をひらがなで書けるようにしておく。
◎自分の姓名、家の住所、電話番号、父母の名がいえるようにしておく。
◎先生への用事や用便などを、はっきりいえるようにしておく。

２．健康なからだを・・・・・

Ａ．健康な心と体づくり
□リズムのある生活を（快便・快食・快眠）
□薄着に心がけよう（衣服の調節・皮ふへの刺激）
□外で遊ばせよう（反射神経・体力を育てる）
□早期治療を（虫歯・鼻炎など）
Ｂ．学校管理下での傷病の処置
◇所在、連絡先をはっきりと

健康カード・環境調査書の記入は、くわしく

◇日本体育学校健康センターの手続き

学校管理下でのけがの通院で、三千円以上の治療費が、かかった場合。給付は、約五ヶ月後で三割から四割です。

◇学校伝染病・登校停止

伝染病は、集団生活の中で恐しい存在です。早く発見し、医師の診断のもとに治療をうけてください。

治ゆするまでは、登校停止となります。

登校の際「治ゆ証明書」を学校に提出してください。

（市内の医師は、無料発行。用紙は医師の方で持っています。）

登校停止のめやす	
病　名	登校停止の期間
インフルエンザ	解熱後二日を経過するまで
麻疹	解熱後三日を経過するまで
流行性耳下線	耳下線の腫脹が消失するまで
風疹	主要症状の消失するまで
百日咳	特有の咳が消失するまで
急性灰白髄炎	急性期の主要症状が消失するまで
ウィルス性肝	主要症状の消失するまで
水痘	すべての発疹が痂皮化するまで
咽喉結膜熱	主要症状が消退した後二日経過
伝染性紅斑	医師の指示により登校（リンゴ病）

※伝染性紅斑については、治ゆ証明書不要

3．学用品・ふくそう・もちもの

▽教科書
　無償です。入学式のあとで配布します。
▽文房具など（家で用意するもの）
　ふでばこ・えんぴつ（B三本ぐらい、赤一本）・下じき・上ばき入れ・ランドセル・上ばき
▽文房具など（学校で用意するもの）
　ねんど・ねんど板・色えんぴつ・ノート・クレヨン・名札・通学帽子など（費用のいるものは、後日担任から連絡します。）
▽その他
　体育着・絵の具等は、担任の指示により、後日ご用意いただくことになっています。
　持ち物は、どんな小さいものでも必ず名前をはっきりと書いてください。（油性ペン・ひらがな）
　一年生の給食・・・四月末の三日間給食のオリエンテーションが行われ給食に慣れるよう指導します。
　五月からは、完全給食が行われます。
◎食事は、二十分位で、できるようにしておく。

4．入学式

◎○月○日（○）午前○時○○分（受付午前○時より）
◎○○○○小学校　体育館
　　入学式→教室での指導→記念撮影

◎当日の持ちもの
　入学通知書
　上ばき（児童も、父母も忘れずに）
　教科書などを入れるもの
◎留意事項
　お子さんの所属学級は、当日プリントでお知らせします。それを見て、受付においでください。
　入学式に、病気その他で欠席する場合は、必ずお知らせください。
　入学前に転居され、他校に入学する場合は、送付する書類がありますので必ず学校へきてください。

留意点　　新入学児童保護者説明会のときに、手引きを作成し渡すこと。手引きを作成するときには、担当者がよく話し合い、できるだけ1つの冊子にまとまるように内容を検討しておくこと。
　通学路、学校納入金の手続についても入れておくとよい。また学校の教育の現状や生活指導、行事などの概要についても書いておくと信頼が増す。

● 入学のしおり（中学校）

　　　　　　　新入生保護者の皆さまへ

　　　　　　　　　　　　　　校　長　　○○○○

　手塩に掛けて育てられたお子様も、いよいよ、めでたく小学校を卒業され、4月から○中へ入学されることになり、心よりお喜び申し上げます。

　○中もかつては、校内暴力、非行の嵐に合い、大変な思いをいたしました。しかし、家庭・地域・学校が、お互いを信頼し合い、子供達の健全育成を旗印に頑張ったおかげで、今日の○中を見るに至りました。○○○名の集団なので、まだ少々問題が残っていることも事実ですが、教職員一同、心を一つにして努力する所存です。今後益々のご協力、よろしくお願いいたします。

　さて、あと2ヶ月で○中入学式を迎えるわけですが、より充実した中学校生活を送るために、次の3点についてご留意下さい。

① <u>基本的生活習慣を身につける。</u>
　　朝起きてから夜寝るまで規則正しい生活をすること。寝る・食べる・勉強する・遊ぶ等、このあたりまえのことを、けじめをつけて繰返す毎日が大切です。家庭での在り方の基本を、今一度考えてみてください。

② <u>勉強する習慣を身につける。</u>
　　何と言っても学校は勉強する所です。勉強がわからないと学校生活は退屈し、非行の要因ともなります。入学式までに文字どおり「小学校の課程を終了したことを証する」の中味を身につけて欲しいと思います。

③ <u>家庭が子どもにとって安らぎの場であること。</u>
　　家に帰ったらほっとする。外での出来事を家の人に話す。多少のわがままも言えるなど、暖かい明るい家庭であって欲しいと思います。そのために親が聞き上手になることが大切です。

〇中は、生徒の自主活動が活発であり、部活動が盛んです。市内はもとより、都大会・関東大会・全国大会へたくさん出場し、良い成績をあげています。運動会・〇〇〇祭・合唱コンクール等の行事にも大変燃えますし、各種ポスター、少年の主張、読書コンクール等、各方面から高い評価を得ています。学習の面でも一時間一時間の授業を大切にし、着実に実力を身につけつつあります。

　落着いた環境、規律正しい学校、意欲的な教育活動が展開されている現在、〇中職員の並々ならぬ教育に対する情熱と、生徒一人ひとりに愛情を持って接する姿勢があることは、私の一番誇りとするところです。

　ご不審な点は、率直に申し出、家庭と学校が信頼と言う一本の太い絆で結ばれてこそ、今後〇中の発展があると信じます。

　ＰＴＡ活動にも積極的に参加され、一度でも多く学校へ足を運ばれることを望んでおります。

　　　　　Ⅰ　学　校　の　概　要

１．教　育　目　標
　　自主的・自律的な生徒
　　　・高めあう　　学力
　　　・きたえあう　からだ
　　　・みがきあう　心
２．教育目標を達成するための基本方針（具体的方針）
　①　学習指導
　　１．学ぶ心を開かせる授業の工夫（授業研究）を推進する。

2．授業の規律を確立し、授業に集中させる。
　　3．自ら学び教え合い、学び合う態度を追求する。
　　4．余力あるものを鍛え、伸ばし、高め合う力をつけて全体の財産にする。
　② 道　　徳
　　人間尊重の精神を基本とし、実践的課題にとりくませ、判断力、行動力を育てる。
　③ 生活指導
　　1．リズムある学校生活の確立を図る。
　　2．規則を考え守る力をつける。
　　3．生徒が互いに高めあう力をつける。
　　4．誇れる上級生、学ぶ下級生の関係を作る。
　　5．安全指導を徹底し、命を大切にする心を育てる。
　④ 特別教育活動
　　1．生徒会活動、学級活動を通じて、生徒の自治力をつける。
　　2．話し合いの場を大切にし、きめたことを実行することの重さを教える。
　　3．差別、いじめ、暴力のない学級、学校づくりに生徒自らがとりくむ姿勢で育てる。
　　4．行事を通して実践力を養い、スポーツに親しみ、文化活動に参加し、心と体の健康を高める。
　　5．クラブ、部の活動の質を高め、全体の財産にする。
　⑤ 進路指導
　　単なる受験、就職指導にとどまらず、将来の自立のための人生指導の一つとしてとらえ、適切な指導と助言につとめる。

⑥　環境整備
　　１．美化意識を育て、その習慣化を図る。
　　２．清掃方法を改善し、校内美化の運動を強める。
　　３．施設・用具を大切にし、さらに改善の方向を探る。
⑦　地域・父母
　　１．地域に根ざした教育を追求する。
　　　　（○○○でなければできない教育の追求）
⑧　職　　員
　　１．生徒、父母、地域社会との信頼関係を築き、その上に立った指導を進め、地域の人々と共に地域の学校をつくる姿勢を追求する。
　　２．生徒一人一人を手塩にかける姿勢を堅持し、差別やあきらめを厳しく拒否する。
　　３．創意工夫に満ちた教育を求め、研修を深め、全職員の財産にする。
　　４．各種会議を通じ、共通理解をはかり指導を進める。
　　５．適正な学校評価を行い、教育の充実と向上につとめる。
３．**職員組織**（平成○年度）
　　　　校　長　　○○　○○　　　　教　頭　　○○　○○
４．**学級編成**（平成○年度）
　　　１年＝○学級　２年＝○学級　３年＝○学級　計＝○○学級
５．**日課時程**
　　・登　校＝７：５０～８：２５
　　・授　業＝８：３０～２：２５（月水金）　８：３０～３：２５（火木）
　　　　　　　８：３０～１１：５０（土）
　　・下　校＝３：３０（月水金）　　３：５０（火木）
　　　　　　　１２：２０（土）一般生徒

部活動＝6：45（夏季4月～9月）　　6：00（冬季10月～3月）
6．**特別活動**
(1)　学級会活動と学級指導……週授業時程の中に1時間と放課後に活動
　　部活動

　　　　　　　　　　　　　　　　　　　　　　　平成　　年度

番号	クラブ名	活動日	活動場所	顧問教諭
1	写　　　真	月　水　金	特別準備室	○○
2	放　　　送	月　水　金	放　送　室	○○・○○
3	テ ニ ス	月火水木金土	○○○コート	○○・○○
4	陸 上 競 技	月火水木金土	校庭	○○
5	バレーボール（男）	月火水木金土	校庭・体育館	○○
6	バレーボール（女）	月火水木金土	校庭・体育館	○○
7	卓　球（男）	月火水木金土	体育館・○○センター	○○
8	卓　球（女）	月火水木金土	集会室	○○・○○
9	バドミントン	月　水　金	体育館	○○・○○
10	剣　　　道	月水木金	体育館・○○センター	○○・○○
11	野　　　球	月火水木金土	校　庭	○○・○○
12	サ ッ カ ー	月火水木金土	校　庭	○○
13	水　　　泳	月火水木金土	プール	○○・○○
14	バスケット（男）	月火水木金土	体育館・校庭	○○・○○
15	バスケット（女）	月火水木金土	体育館・校庭	○○・○○
16	演　　　劇	金	3－4舞台	○○・○○
17	美　　　術	月火水木金土	美術室	○○
18	書　　　道	木　金	教　室	○○・○○
19	華　　　道	金	教　室	○○
20	ボランティア	土、休日	校　外	○○
21	英　　　語	火　木	特活室	○○・○○

(2) 生徒会活動

　生徒会は、全生徒をもって組識し、生徒の学校生活の改善と向上を図り、生徒活動における諸活動の連絡調整に関する活動を行う。

　生徒会の組識

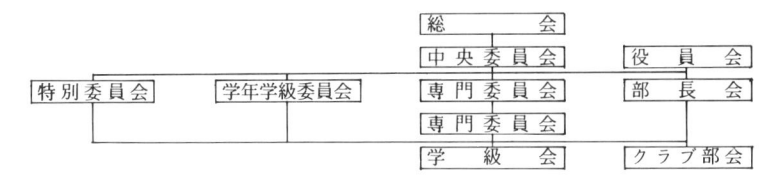

```
                              ┌─総　　　会─┐
                              ├─中央委員会─┤    ┌─役　員　会─┐
┌─特別委員会─┬─学年学級委員会─┼─専門委員会─┤    ├─部　長　会─┤
                              ├─専門委員会─┤
                              └─学　級　会─┘    └─クラブ部会─┘
```

7. 授業時数（平成〇年度）

教科 学年	国語	社会	数学	理科	音楽	美術	保体	技・家	英語	三年選	道徳	学活	クラブ	計
1	5	4	3	3	2	2	3	2	3	0	1	1	1	30
2	4	4	4	3	2	2	3	2	3	0	1	1	1	30
3	4	3	4	4	1	1	3	3	3	1	1	1	1	30

8．卒業生進路（平成〇年度）

進路別\性別	全日制 普通	全日制 職業	全日制 高専	全日制 小計	定時制	各種学校・専修学校	就職	未定	合計
男	114	23	1	138	6	11	5	4	164
女	98	19	0	117	0	4	4	1	126
計	212	42	1	255	6	15	9	5	290

9．学校のおもな行事（平成〇年度）

月	行　事
4	始業式　入学式　身体測定　クラス写真撮影　ツベルクリン接種と判定　BCG接種　X線撮影　歯科検診　耳鼻科検診　授業参観と保護者会　家庭訪問　避難訓練
5	生徒会総会　スポーツテスト　内科検診　日脳予防接種(2)　眼科検診　検尿　中間考査　修学旅行(3)　学力診断検査(1)
6	移動教室(2)　遠足(1)　脊柱検診(1)　心臓検診(1)　日曜授業参観　モアレ検診
7	期末考査　避難訓練　球技大会　保護者会　終業式　水泳指導
9	始業式　防災訓練　水泳大会　風疹予防接種（2女）　文化活動発表会（〇〇〇祭）
10	生徒会役員選挙　インフルエンザ予防接種　中間考査　運動会　音楽鑑賞教室(1)
11	開校記念日　インフルエンザ予防接種　避難訓練　遠足(1)
12	マラソン大会　父母面談　期末考査　終業式
1	始業式　百人一首大会　避難訓練
2	新入生父母説明会　合唱コンクール（1、2）学年末考査
3	安全指導　演劇教室　合唱コンクール(3)　球技大会　卒業式　保護者会　修了式

Ⅱ　入学式について

1．日　時　平成〇〇年〇月〇日（〇）
　　　　　　受付……8：30～9：10　　開式……9：30～
　　　　　　　　※保護者の方は9：20までに会場にお入り下さい。
2．会　場　本校体育館
3．入学式当日持参するもの
　　(1)　就学通知書　　(2)　上ばき　　(3)　筆記用具
　　(4)　教科書を配布しますので、教科書を入れる袋
4．入学式当日は、保護者の方が付添って来て下さい。

Ⅲ　入学前に確認しておくこと

1．教科書・生徒手帳・ネームプレートは、無償給付です。
2．ノート、その他の文房具類は、特に所定のものはありませんが、教科の先生の指示を受けてから、買い求めてください。
3．昼食について
　　本校では、給食がありません。したがって、昼食は必ず家庭で準備し弁当として持たせてください。
4．貴重品類について
　　時計・その他の貴重品や不必要な現金は持参させないでください。
5．自転車通学について
　　原則として自転車による通学は特別の区域在住の生徒、または特別事情のある生徒以外は許可しておりません。

6．服装について
  (1) 通学服は、次のようになっています。
   ① 男子＝詰襟学生服（黒か紺系色）　　夏季＝上衣をぬいで襟付き白シャツ
   ② 女子＝スーツ型学生服（紺系色）　　夏季＝上衣をぬいで白ブラウス
   ③ 男子は右襟に組章を、左襟に校章を、女子は左胸に組章と校章のついた布台をつけることになっています。
   ④ 男女とも寒い場合、シャツ、ブラウスの上にセーター及びトレーナーを着用できるが、上着の代わりに着て登校はできない。
   ⑤ 色は、黒・紺・グレイ・茶色のスクールセーター類とする。
  (2) カバンは、男子は白肩かけカバン、女子は手下げカバン、男子の場合手さげカバンでもよい。
      男女とも補助バッグは学校で紹介するスクールバッグとする。
  (3) 下ばき＝運動靴（体育実技時の靴も兼ねる。運動に適した靴を用意する。）
  (4) 上ばき＝本校指定のものに限ります。学年色（赤）のライン入りを使用し、前部とかかとの部分に組・氏名を記入する。
  (5) 体育館ばき＝本校指定のものに限ります。上ばき同様学年色（赤）のライン入りを使用し、かかとに組・氏名を記入する。
  (6) 体育着　① 冬季…男女とも、トレーニングシャツ・トレーニングパンツ
            ② 夏季…男子＝短パンツ・半そでシャツ
                    女子＝ブルマー・半そでシャツ
      体育着は、体育クラブの活動の場合も使用します。なお、体育着は

すべて本校指定のものとなっています。販売日・金額等は最後の頁をご覧ください。

7．その他
(1) 諸費用の負担（実習、実験、補助教材費及び遠足等の費用）は最寄りの銀行を通して振り込む方法で納入することになります。（9頁をご覧ください。
(2) 入学式当日、式後、各教室で学級担任と保護者会があります。その際、下記のものをお渡しします。
　① 校章バッチ　男子＝180円　　女子＝280円
　　（父母と教師の会よりお祝い）
　② クラスバッチ……110円
　③ バッチ布台及びピン……20円
　④ ネームプレート……60円（市より無償）
　⑤ バッチ・ネームプレート等は必ずつけるようになっております。紛失したり破損したりした場合は、○○○運動具店で販売しておりますので購入して下さい。
　　その他　男・女ボタン＞50円、(小)2ヶ30円、男子襟カラー80円も販売しております。
(3) 靴　下──学生らしい白無地・紺・グレイ色とし、女子は白ソックスを原則とし、ワンポイント・細いラインも派手でないのはよい。
(4) 下　着──白生地肌シャツ。前部に、組・氏名を記入する。
(5) 名　札──胸の名札は、登校したらきちんとつけ、学校にいる間ははずさない。
　　　　　　暑い日に上衣をとる時も、名札はきちんとつける。（一

　　　　　学期だけ）
(6)　頭　髪――男女とも前は眉に髪がかからない。横は耳にかぶらない。うしろは襟にかからない学生刈り。横から下にさがる場合は編むか束ねる。
(7)　所持品――①　学習用具以外持ってこない。
　　　　　　　②　自分の持ち物には、すべて校名、組・氏名をはっきり書いておく。
　　　　　　　③　所持品は原則として持ち帰るが、スケッチブック、製作途中の教材、雨天や用具の多い教科のため、持ち帰り不可能の場合は、各自責任をもって整理袋に入れるなどして整頓しておく。
(8)　学　習――①　始業のチャイムが鳴ったら自分の席に着き、学習の準備をして静かに先生を待つ。また、学習係の指示に従い学習する。
　　　　　　　②　始めと終わりのあいさつはきちんとしよう。
(9)　休み時間―①　昼休み時間以外は、遊び時間ではない。頭を休めたり、次の授業の準備をしよう。
　　　　　　　②　晴天の時には、昼休みは学級ボール等を使って元気に運動場で遊ぼう。
　　　　　　　　（ボール使用規定による）
(10)　昼　食――①　食べ物を買いに外出することは認めていない。
　　　　　　　②　愛情弁当を家から持ってくる。菓子パン類はさけること。
(11)　礼　儀――①　登下校の際にはおたがいに挨拶しよう。
(12)　その他――①　通学服男子襟ホックのかけられるものはきちんとす

る。
② ホックのかけられないようなシャツ・トックリセーターなどは着用しない。
③ 男子通学服のズボンは◯◯◯・◯◯◯◯での注文の時のものを標準とする。
④ スリッパは、原則として学校では貸し出さない。
⑤ 下ばきはもちろん、上ばきも靴のかかとを踏まない。
⑥ 登校時刻に遅れないようにする。（毎週月曜日には朝礼があります）
本校では五分前に登校することになっています。
⑦ 赤電話の使用については……緊急の場合のみとし、あそび電話、長電話はひかえる。
⑧ 忘れ物はしないように。やむを得ず忘れ物を届けてもらう際は、◯年◯組氏名を紙片等にかいて張りつけるようにして届けてもらう。
⑨ 証明書類を事務室に依頼する場合は、午前中に申し込んで、下校時に受領する。
⑩ 学校学生・生徒旅客運賃割引証（ＪＲ）の交付について

生徒が片道100キロメートルを超えて旅行する場合に発行します。この場合全体の距離の２割の割引乗車券の購入ができます。必要が生じた場合は交付願の用紙がありますから事務室へ申し出て下さい。

交付願の用紙には必要事項を必ず保護者が書いて捺印して（担任の先生の印も押してもらって）事務室へ

提出して下さい。(生徒が書いたものは、受付けしません)
- ○ 100キロ未満の区間の申し込みはさけて下さい。
- ○ 割引証は生徒本人以外は使用できません。
- ○ 乗車券を購入するときは生徒手帳を持参して下さい。
- ○ 休業中の学割申込をする場合は期限内に申込んで下さい。

⑪ 学校諸費用ならびに納入について
◎ 各学年で使用する教材費、修学旅行、移動教室への積立金を分割制で納入していただきます。(1年生合計約4万円)
◎ 諸費用の納入方法は東京都教育信用組合へ振込システムによる方法で行います。
　イ．納入方法1　振込用紙を使用して振込む方法
　　「学校納入金納入通知書兼振込み用紙つづり」をお渡しいたしますので氏名を確認して下さい。個人コード番号は卒業するまで同じ番号になります。(取扱銀行名も明記されています。)
　　「学校納付金の納入方法、手続について」は別紙プリントをご覧下さい。入学後配布します。
◎ 上記「学校納付金納入通知書兼振込み用紙つづり」「学校納付金の納入方法、手続きについて」および、現金を取扱銀行に持参して振込んで下さい。
　ロ、納入方法2　保護者の預金口座から自動的に振替

えて納入する方法
　　　「学校納付金納入通知書兼振込み用紙つづり」
　　「学校納付金の納入手続きについて」　「学校納付
　　金口座振込依頼書」　「預金通帳」　「印鑑」
　　「初回分の振込金」
◎　自動振替される方は上記〜の6点を取扱銀行に持参
　して下さい。
　　この場合、最初は納入方法1と同じ方法で振込み用
　紙を使用して、まず現金で振込みます。
　　翌月から自動振替されて、毎月4日が振替日となり
　ます。
ハ、納入方法1　（振込み用紙による方法）
　　納入方法2　（自動振替による方法）
　　　　　　　どちらにするかは、保護者のご意志
　　　　　　　でお決め下さい。
ニ、納入期日については
　　○　5月分は5月31日までに、6月分以降は毎月
　　　1日〜5日の間に振込んで下さい。
ホ、転校の際には精算をいたしますので、なるべくお
　早めにご連絡下さい。
ヘ、納入等に関してのご連絡、ご質問等は事務室（○
　○－○○○○）へお電話下さい。

●体育着・上ばき等の販売について

1. トレーニングシャツ・タイツとスクールバッグ
   (1) 注　　文　　○月○日の入学説明会当日、終了後１６時３０分までの間に注文をしてください。
   (2) 現物引換　　○月○○日（○）体育着等の販売日（代金とひきかえ）
   　　　　　　　　１０：００〜３：００体育館下ピロティー

トレーニングシャツ	男子－紺 女子－エンジ	・前割り 〃
サ　イ　ズ	身　　長	販　売　価　格
S	１４２cm〜１５５cm	３,１５０円
M	１５６cm〜１６４cm	３,１５０円
L	１６５cm〜１７４cm	３,１５０円

トレーニングタイツ

S	１４２cm〜１５５cm	３,１５０円
M	１５６cm〜１６４cm	３,１５０円
L	１６５cm〜１７４cm	３,１５０円
スクールバッグ		２,２００円

2. 体育着・上ばき等
   (1) 販売日　　　平成○○年○月○○日（○）
   　　　　　　　 午前12：00〜午後3：00

(2) 場　　所　　本校校舎と体育館との間のピロティー
(3) 販売品目

① 男子用丸首半袖（襟・袖口２本ライン）　女子用丸首半袖（襟・袖口紺色付）

サイズ	販売価格
S	1,100円
M	1,100円
L	1,100円

サイズ	販売価格
S	1,100円
M	1,100円
L	1,100円

② 男子用カラーパンツ　　　　　　　女子用　ジャージブルマー

S	900円
M	900円
L	900円

S	1,050円
M	1,050円
L	1,050円

③　上ばき（赤）＝2,000円
④　体育館ばき（赤）＝2,500円
⑤　シューズ袋＝180円
◎　体育着・上ばき　　上記の販売日に購入できなかった方は下記取扱店でお買求め下さい。

留意点　　教材費、給食費、積立金などの集金については「納入」とし、「徴収」は言感も悪いので止めた方がよい。
　「規則」については、詳細に書いてもあまり効果が上がらないものである。意議・実態を訴え、生徒とともに作り、毎年確認することが望ましい。

●入学のしおり（高校）

1．入学手続のときに提出する書類

入学確約書を提出した者は、○月○○日（○）、○月○○日（○）午前○時から午後○時までに、本人もしくは保護者が次の書類を提出してください。

(1) 誓　約　書　　保証人（なるべく都内居住者）連署捺印のうえ提出する。（綴じ込み用紙18ページ）
(2) 芸術選択票　　19ページ「芸術の選択について」により、芸術科選択票に必要事項を記入し提出する。（綴じ込み用紙）
(3) 「生徒マスター作成通知書」及び「預金口座振替依頼書」
　　　　　　　　同封の記入例と、4ページをよく読み、必要事項を記入し提出する。（同封用紙）
◎提出場所　　　東京都立○○高等学校　事務室窓口

2．新入生招集日

教育課程、生活指導、教科書等の購入、書類の提出、学校案内その他についての説明会です。生徒は必ず登校してください。保護者の方もなるべくおいでください。

1．日時及び場所　　　　　　　本校体育館
　　平成○年○月○○日（○）　午前○時○○分までに登校、説明会は午前○○時○○分まで。
2．持参するもの
　(1) 上履（スリッパでよい）　(2) 入学のしおり　(3) 筆記用具
3．提出する書類（揃えて持参し、集合場所で提出する）

◎下記の(1)から(5)の書類については、5～9ページの記入上の注意をよく読んでから記入してください。
(1) 生徒指導票（綴じ込み用紙　20・21ページ）
(2) 保健調査票（綴じ込み用紙　22・23ページ）
(3) 生徒身分証明書（同封用紙）
(4) 通学証明書発行台帳（同封用紙）
(5) 通学証明書（同封用紙）
　　　ＪＲ、バス利用者で、通学定期購入予定者のみ。
　　　（詳細は、8ページの2，9ページ参照）
(6) 日本体育・学校保健センター加入同意書及び委任状（同封用紙）
　　　同意書と委任状は切り離さないこと。
(7) 体育着・半袖シャツ等の申込書（同封用紙）

4．そ の 他
　当日、説明会終了後正門そばで教科書、校章（バッチ）、上履類の出張販売などが、行われているのでご活用ください。

3．入　学　式

　平成○年○月○○日（○）午前○時○○分までに保護者同伴でかならず登校し、受付をすませてください。○時開式（上履持参のこと）。なお、身分証明書等は入学式終了後お渡しいたします。
◎無届で欠席した場合は、入学を辞退したものとみなします。

4.「生徒マスター作成通知書」及び「預金口座振替依頼書」

　この書類により、生徒の授業料等の納入手続をすすめていきますので、記入上の注意にしたがって正しく記入して下さい。

　授業料の納入方法には次の二つがあります。
① 納入期日（月末）に保護者等の預金口座から、電気・ガス等公共料金の支払に利用されているように支払う「預金口座振替制度」により納入する。
② 毎回、納入期日（月末）までに保護者等が銀行・信用組合・農協等（郵便局を除く）の窓口に出向き、「授業料納入通知書兼領収証綴」を持参して納入する。

　本校では、保護者等がわざわざ金融機関に出向く等の不便を考え、今回の手続で卒業まで手をわずらわさないうえ、納入通知書の紛失・納入の遅延・納入を忘れる・督促のトラブル等を防ぐ目的から、①の口座振替制度による方法で納入するようお願いしております。

（注意事項）
1．同封用紙の記入例にしたがって、正しく記入して下さい。
2．<u>記入後、取扱金融機関の窓口で、2枚目の下欄に承諾印を押してもらって下さい。</u>
3．<u>1枚目は、取扱金融機関にそのまま提出して、2〜4枚目を学校へ提出して下さい。</u>
　　※「生徒マスター作成通知書」及び「預金口座振替依頼書」は、〇月〇〇日・〇月〇〇日に必ず持参して下さい。

◎ 本校では、授業料等を口座振替による方法で納入するようお願いしていますが、保護者等が金融機関に出向いて直接納入する方法を希望する方は、保護者が〇月〇〇日までに学校へ御相談ください。

その場合13ページの"3．注意事項"をよく読み、納入期限を厳守するようお願い致します。

　　　　　ＴＥＬ（〇〇〇）〇〇〇〇

5．生　徒　指　導　票　（記入上の注意）

1．組、番、担任欄は空欄のままでよい。
2．生徒欄の男女は該当個所に〇印をする。
3．保護者欄生徒との関係は父、母等と記入する。
　　　〃　中学でのＰＴＡ役員名は父母の中学での役員経験を記入して下さい。
4．保証人欄は誓約書の保証人を記入する。
5．進路の希望欄は現在の希望を高1の欄に進学・就職等と記入する。
6．教科以外の活動欄は中学時の活動のみを記入する。
7．写真は最近撮影のもの（上半身）を縦4cm、横3cmの大きさにしてはる。
8．緊急時連絡できる本校生徒名欄は空欄のままでよい。
9．備考欄は空欄のままでよい。
10．上記以外の欄についてできるだけ詳しく記入して下さい。
　　※　この生徒指導票は記入して、〇月〇〇日招集日に必ず持参して下さい。

6．保 健 調 査 票　（記入上の注意）

1．組・番・担任欄は空欄のままでよい。
2．家庭への連絡で両親不在の時に、緊急時連絡の所の電話番号を記入する。
3．病気、けがなどで、自宅に移送を必要となることももあるので、学校から自宅までの地図は必ず記入する。
4．高校生活中の健康管理で、入学以前の既応症の有無について、「本人の健康状況」及び「学校に連絡を必要とする事項」の欄に詳細に記入する。
5．ツベルクリン反応、およびＢＣＧ、陽転年月日を記入する。
6．保険証の種類について、日本体育・学校センターに医療費を申請の際必要になることがあるので必ず記入する。
　　※　保健調査票は〇月〇〇日、招集日に必ず持参して下さい。

7．生徒身分証明書記入例

卒業時まで（3年間）使用しますので、ていねいに取り扱ってください。また、証明書裏面の注意事項をよく読んでください。
（記入例）

(1) 所定の位置に写真をはり、記入例にしたがって氏名・生年月日・住所・年令を記入する。
(2) 通学区間は、乗下車駅を記入して下さい。（私鉄利用者＜表面＞バス利用者＜裏面＞
◎生徒身分証明書は、入学式終了後（○月○○日）にお渡しいたします。
　　※　生徒身分証明書は○月○○日、招集日に必ず持参して下さい。

8．通学証明書発行台帳等の注意事項

1．通学証明書発行台帳について（必ず提出のこと）
 (1) 9ページの記入にしたがって氏名・生年月日・住所・年令・通学区間を記入する。
 (2) 通学区間の欄は、乗下車する駅名・バス停名を記入する。なお自転車又は徒歩通学者は、自転車・徒歩と記入する。ただし、自転車による通学は入学式以降許可されます。（11ページ参照）
 (3) 通学区間を変更する時は必ず事務室に所定の用紙により届けを提出してください。
2．通学定期券の購入について
 (1) JR又はバスを利用する者は、通学証明書がないと購入できません。同封の通学証明書の用紙に記入例にしたがって必要事項を記入し提出して下さい。
　　発行は入学式終了後（○月○○日）です。
　　私鉄を利用する者は身分証明書（通学区間を記入したもの）だけで購入できます。なお、バスは○月以降継続して購入する時は身分証明書だけで購入することができます。

(2) 通学証明書は（事務に提出する書類は全部）、必ず黒・青のボールペンか万年筆で記入してください。

（記入例）

表入る

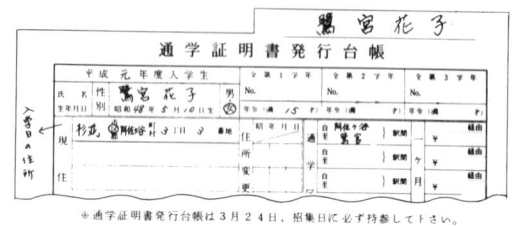

※通学証明書の希望者は○月○○日、招集日に必ず持参して下さい。

（参　考）

◎○○線定期券発売駅

　　○○、○○○○、○○、○○○○

◎バス定期券

　　経路によって発売駅が違うので営業所に聞いて下さい。

　　○○バス　　　（○○○）○○○○
　　○○バス　　　（○○○）○○○○

9．教科書の購入について

1．1年生用芸術科選択教科書（音楽・美術・書道）は、学校より指示があるまで購入しないでください。
2．教科書は○月○○日以後（無休）、下記の書店で販売されます。販売時間は○時より○時までにお願いします。
3．○月○○日（○）は学校で出張販売も行なわれます。（ただし、当日は混雑が予想されますので、できれば前もって販売店で購入することをすすめます。）
4．○月○日（○）以後は消費税分が加算されます。

教科書指定販売店
　　　○○書店（年中無休）
　　　　　TEL　○○○-○○○○
　　（地図）

１０．学用品の購入について

＜入学までに校章バッチ（300円）と＞

	品　　目	金　　額	備　　　　考
1.	上○用靴	○○○○円	校内美化・事故防止の面から学当校で指定しています。
2.	体育館用靴	○○○○円	

＜授業の始まる時までに＞

3.	体育着 （上　下） 半袖シャツ	○○○○円	体育着上・下・半袖シャツ（ネーム入り） 体育時の事故防止・盗難予防の面から学校で指定しています。

◎本校指定用品と酷似している物品を使用する場合は事前に相談して下さい。
◎参考のため招集日（○月○○日）に昇降口周辺で出張販売を行う販売店名は、下記のとおりです。
　　　教科書　○○○書店（○○○○駅前）　　（TEL）○○○-○○○○
　　１．２．は、○○靴店（○○○○○）　　（TEL）○○○-○○○○
　　校章バッチ・ボタンは○○洋装店（TEL）○○○-○○○○（標準服も取扱っています）、○○文具店（○○○○○○）
◎３．の取扱店は、㈱○○○スポーツ（TEL）○○○-○○○○です。

11．服装について

　本校では所定標準服がありますが、通学の服装は、各自の良識によって自由に選択することができます。(学生服、ブレザー、セーラー服、スーツ等）ただし、次の諸点に十分注意してください。
　（ア）　校章は必ず左胸にまたは衿につけること。
　（イ）　他人に不快感をあたえないような清潔な服装であること。
　（ウ）　高校生活をおくるのにふさわしい機能的な服装であること。
　（エ）　いたずらに流行を追うことのないよう注意すること。

（オ）　サンダル、ブーツ、ハイヒール、草履、下駄等で登校しないこと。

※標準服の見本は展示しますので購入希望の方は業者とご相談のうえご注文ください。

１２．自転車通学について

　自転車による登校は、安全及び校内の置場所等のため、許可制になっています。
　入学式以降に希望調査を行います。なお、原則として、通学距離２km以内は、許可していません。

１３．教　育　課　程　表

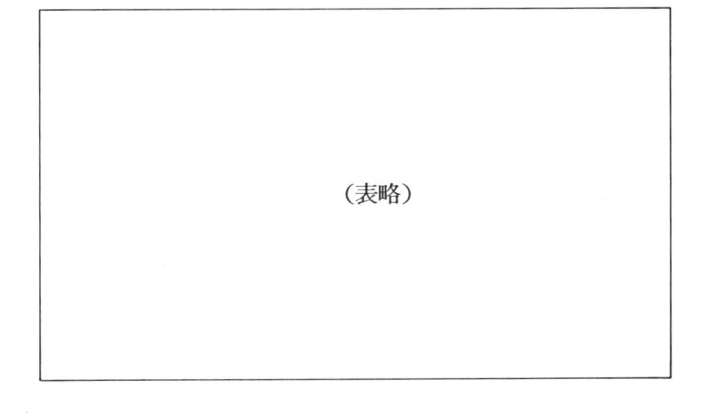

（表略）

１４．授業料及び諸会費の納入について

１．授業料等納入内訳（予定）

区分	内容	授業料	ＰＴＡ会費	生徒会費	積立金	１回分の合計
前期	第１回～第５回	8,280	430	530	7,000	16,240
後期	第６回～第10回	8,280	430	0	7,000	15,710
年額合計		82,800	4,300	2,650	70,000	

２．納入について
　(1)　納入回数　年額を10回に分けて納入します。
　(2)　納入期限　第１回分を○月末日。以降毎月末日。ただし１年生の１
　（口座振替日）・２回分はまとめて○月末日に納入します。
　(3)　納入方法　預金口座振替制度（又は、授業料納入通知書兼領収証綴）により、授業料と諸会費とをあわせて納入します。

３．授業料納入通知書兼領収書綴による納入の場合の注意事項
　(1)　納入通知書は、コンピューターで処理されますので汚したりしないでください。
　(2)　納入通知書を紛失したり、汚したときは、すみやかに本校事務室に申し出てください。
　(3)　納入期限までに授業料を納められない時は、必ず本校事務担当者まで連絡してください。（未納のまま連絡がない場合、学割等、諸証明書の発行はできません。）

(4) 期限に遅れて納入すると、行違いにより督促する場合があります。
 (5) 授業料を3ヶ月以上納入しない場合は、規則により退学等の処分を行うこともあります。
 (6) 口座振替により納入する場合には、電気・水道・ガス代が先に振替えられ、授業料の振替は後回しにされますのでご注意下さい。
4．その他
　授業料の納入が困難と認められる、生活保護受給世帯及び生活保護受給世帯と同程度の世帯については、保護者（又は生徒）が申し出ることにより授業料の全額（又は半額）を免除することができます。早めに事務室へ手続（申請）して下さい。　　　　　　　　　　　（生徒手帳参照）
　授業料が免除されると、ＰＴＡ会費も免除されます（生徒会費・積立金は免除されません）。

１５．その他の注意事項

１．育英資金貸付（奨学生について）
 (1) 都立学校では、日本育英会、東京都育英資金貸付制度等の募集・推薦を行っています。新入生に対する一般募集は〇月中旬に始まりますので、くわしいことは事務室に問い合せてください。
 (2) 中学3年時に日本育英会・区その他の奨学生予約候補者になっている方は〇月〇〇日までに事務室までご連絡ください。
２．各種願い出・届け出の提出について
 (1) 退学・転学・休学・復学または長期欠席をする者は、所定の用紙に記入捺印し、学級担任を経て、学校長に願い出、許可をうけてください。

(2)　休学は、3ヶ月以上の病気にかかった時などの場合に許可されます。休学の期間は、その学年の残りの期間です。ただし、休学の事情がなおも消滅しない時は、願い出により更に休学許可のあった日より起算して2年を越えない範囲で更新することができます。
　　両学年にわたる場合は、学年の当初にあらためて願い出てください。
　　（休学中は、授業料諸会費は徴収しません。）
　(3)　現住所・保護者・保証人・氏名・通学区間等を変更したい時はすみやかに所定の用紙により届け出てください。
3．各種証明書の発行について
　(1)　通学・在学・修了・卒業見込み等の証明書は、通常、発行願を提出した翌日正午以降窓口でお渡しできます。
　(2)　成績・単位修得証明書及び調査書等は、作成に一週間程度かかりますので早めに発行願を提出してください。
　(3)　学割の発行願は行先、旅行目的、旅行期間を記入捺印し、学級担任の許可印を得て早目に事務室に提出してください。旅行届も同時に記入捺印の上担任に提出してください。　　　　　　　（生徒手帳参照）

白黒写真	誓　約　書	受検番号
最近3ヶ月以内に撮影した上半身脱帽正面向き		

現　住　所　〒
ふりがな
本 人 氏 名
生 年 月 日　　昭和　　年　　月　　日生

(本人氏名)

この度入学を許可されました、　　　　　　は御校の教育方針に従い、諸規則を堅く守らせることはもちろん、在学中、同人の身上に関することの一切について、私共が必ず責任をもって処理することを誓約いたします。

平成　年　月　日

東　京　都　立　〇〇　高 等 学 校 長　殿

保護者現住所　〒
本人との関係　　　　　勤務先　　　　　TEL
ふりがな
氏　　名　　　　　　　　　　㊞　TEL
生 年 月 日　　　　年　　月　　日生

保証人現住所　〒
本人との関係　　　　　勤務先　　　　　TEL
ふりがな
氏　　名　　　　　　　　　　㊞　TEL
生 年 月 日　　　　年　　月　　日生

○保護者は生徒の父母、又はこれに代る人
○保証人は世帯を異にし都内において独立の生計を営む人

割　印	身分証明書発行番号

芸術の選択について

　本校では、第1学年で、芸術科の科目、音楽・書道・美術のうち、1つを選択履修することになっています。なお、芸術の性格と目標から、例えば、音楽Ⅰを履修した生徒は、第2学年で音楽Ⅱを選択履修することになっています。
　下記「選択票」に記入し、〇月〇〇日・〇月〇〇日に必ず提出してください。提出のない場合は、適宜処理しますから、ご了承ください。

　　　　　芸　術　選　択　票　　　　　｜受験番号｜

注意　1．※印の欄は記入しないでください。
　　　2．文字は、ていねいに、はっきり記入してください。
　　　3．自宅に電話のない場合は、保護者の勤務先または呼出しの電話番号を記入してください。

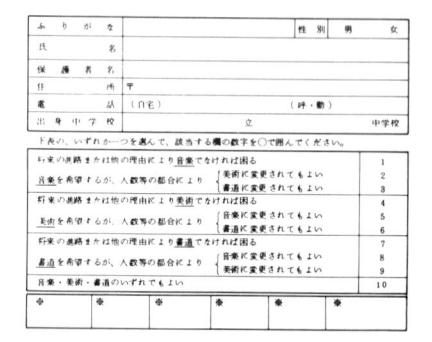

ふりがな				性別	男	女
氏　　名						
保護者名						
住　　所	〒					
電　　話	（自宅）		（呼・勤）			
出身中学校			立		中学校	

下表の、いずれか一つを選んで、該当する欄の数字を〇で囲んでください。

将来の進路または他の理由により**音楽**でなければ困る		1
音楽を希望するが、人数等の都合により	美術に変更されてもよい	2
	書道に変更されてもよい	3
将来の進路または他の理由により**美術**でなければ困る		4
美術を希望するが、人数等の都合により	音楽に変更されてもよい	5
	書道に変更されてもよい	6
将来の進路または他の理由により**書道**でなければ困る		7
書道を希望するが、人数等の都合により	音楽に変更されてもよい	8
	美術に変更されてもよい	9
音楽・美術・書道のいずれでもよい		10

※	※	※	※	※

東京都立○○高等学校

生 徒 指 導 票

平成　年　月　日現在

	1年	組	番	担任	教諭
	2年	組	番	担任	教諭
	3年	組	番	担任	教諭

生徒	ふりがな		男 女	
	氏　名			
		昭和　年　月　日生		
	現住所	(〒　　)		
		(〒　　)		

保護者	ふりがな		職業	
	氏　名		生徒との関係	
	現住所		中学でのPTA役員名	

保証人	ふりがな		職業	
	氏　名		生徒との関係	
	現住所			

入学前の経歴	昭和　年　月　　　　　　中学校卒業
	(昭和　年　月　　高校より　学年に転入学)

卒業後の進路の希望	高1	高2	高3

得(不得)意	

教科以外の活動(クラブ・役員など)	中学時	高1	高2	高3

長(短)所	

趣味特技(稽古ごとなど)	

読書の傾向	

健康	既応	
	現在	

写真

自宅電話
(呼出)

保護者勤務先電話

緊急時連絡できる本校生徒名
年　組
年　組

備考

607

氏名						秘	
家族（本人も入れる）	氏　名	性別	生徒との続柄	生年月日	職業・勤務先・在学校名 学年	備　考	

友人	友人の氏名（学校名）	友人の氏名（学校名）

家庭での教育方針学校又は担任への希望など	

通学経路	（例）自宅　（徒歩）　阿佐谷　（関東バス）　○○（西武線）○○○　（徒歩）　学校 　　　　　　　　8分　　　　　　15分　　　　　　5分　　　　　　　　　5分 （平均所要時間約　　　　分）

自宅要図（駅、バス停などわかりやすい目標になる地点から歩く）	

㊙

高校	1年	組	番	担任	教諭
〃	2年	組	番	担任	教諭
〃	3年	組	番	担任	教諭

入学 平成　年　月　日　　**保 健 調 査 票**

氏　名			男 女	生年月日	昭和　年　月　日
現 住 所			出身中学校		中学校
保護者名		続柄	職業	家の庭連へ絡	電話番号

家族状況（本人も入れる）	氏　名	続柄	年令	職　業	健 康 状 況

健在は㊛　死亡は㊚と死因、病気は㊝と病名　治療中と記入する。

徒　歩	分	自 転 車	分
電　車	分	往　復	
バ　ス	分	計　　時　　分	

学校から自宅までの地図

㊙

既往症	該当事項に ○印	中学校の健康診断結果
本人の健康状況	1. 結　核　（　）オ 2. 肋膜炎　（　）オ 3. 慢性気管枝炎（　）オ 4. 喘　息　（　）オ 5. 心臓病　（　）オ 6. 腎臓病　（　）オ 7. 虫垂炎　（　）オ 8. リウマチ　（　）オ 9. 関節炎　（　）オ 10. てんかん　（　）オ 11. 急性伝染病（　） 　　病名（　　　　） 12. 其の他　（　）オ 　　病名（　　　　）	1. 風邪をひきやすい 2. 扁桃腺をよく腫らし熱を出す 3. 頭痛がよくする 4. 胃痛、腹痛がする 5. 下痢しやすい 6. 便秘しやすい 7. 乗物酔をする 8. 脳貧血をおこすことがある 9. 立ちくらみや目まいを起しやすい 10. 少し動くと、どうきまたは息切れがする 11. 偏食をする。きらいなもの（　　　） 12. アレルギー体質がある 　　　　何にたいして（　　　　） 13. 食欲不振 14. 顔色が青白い	1. 目の屈折異常 　　正常 　　近視（　）オ頃より 　　遠視（　）オ〃 　　乱視（　）オ〃 2. 色覚 　　正常 　　異常 3. 聴力 　　正常 　　異常 4. その他 　　病名 　　（　　　　）

ツベルクリン反応およびBCG	ツ反	最終ツベルクリン接種 昭和　年　月　日（+±-）（小中　年）	陽転年月日 昭和　年　月　日
	BCG	BCG接種（無，有　回）最終BCG接種昭和　年　月	

血　液　型	知らない．A．B．AB．O型　RH（　　）
月　経 （女子のみ記入）	初潮（　）オ　現在　順調　不順

健康について指導上学校に連絡する事項を下記に記入して下さい。

使用されている健康保険について記入して下さい。

保険証名		記号		番号	

留意点　　入学式の会場をなるべく記載するとよい。
　　　　　　教科書、学用品の購入についてはできるだけ詳しく説明するとよい。
　　　　　　服装、自転車通学については各校の実態に基づいて記載すること。

● 学校運営内規

学校運営に関する内規

　　　第1章　　総　　則
(1)　この規約は東京都立〇〇高等学校運営に関し、必要な事項を定めることを目的とする。
(2)　学校運営は、それぞれの機関を通じておこない、職員会議の議決を尊重して運営にあたる。
　　　第2章　　会　　議
(3)　協議機関として次の会議および委員会をおく。
　　　1．職員会議（隔週）　　5．人事委員会（随時）
　　　2．運営委員会（隔週）　6．分掌連絡協議会（随時）
　　　3．教科委員会（随時）　7．その他の委員会（随時）
　　　4．財務委員会（随時）
(4)　各委員会には、委員長・副委員長をおく。
(5)　各会議は原則として公開とする。ただし、人事委員会は非公開とする。
　　　第3章　　職員会議
(6)　職員会議は、校長の最高諮問機関であって、校長がこれを招集する。ただし、職員が必要とするときは、その招集を要請することができる。
(7)　会議は職員の3分の2以上の出席がなければ成立しない。ただし、緊急を要する場合は2分の1以上とし、その議決事項は次の会議に必ず報告する。
(8)　校長は職員会議の決定について、これを尊重する。
(9)　職員会議に欠席する場合は事前に議長に連絡し、事後において決定事項を確認して会議録に押印する。委任状は認めない。

(10)　議長団は公選された3名をもって構成し、職員会議を招集し、議事をつかさどる。
　　　第4章　　運営委員会
(11)　運営委員会は教務部幹事・生徒部幹事・各学年幹事・公選された3名および事務長をもって構成し、運営委員長がこれを招集する。また、必要に応じ関係者は出席する。
(12)　運営委員会は、学校運営の円滑化をはかるために設置し、次のことをおこなう。
　　　1．職員会議に提出する報告事項、議案の調整。
　　　2．校内諸部門の連絡、調整。
　　　第5章　　教科委員会
(13)　教科委員会は国語・社会・数学・理科・保健体育・芸術・英語・および家庭の教科委員と教務2名（教務部幹事・1名）をもって構成し、委員長これを招集する。
(14)　教科委員会は次のことをおこなう。
　　　1．教育課程の原案作成。
　　　2．評価基準の原案作成。
　　　3．科目担当、持ち時間、非常勤講師時間の配当調整。
　　　4．教科予算の調整。
　　　5．各教科間の連絡調整。
　　　第6章　　財務委員会
(15)　財務委員会は公選された4名および事務室代表1名をもって構成し、委員長これを招集する。
(16)　財務委員会は、公開と総意の尊重を原則として、次のことをおこなう。

　　　　１．都費の配分・支弁についての検討。
　　　　２．ＰＴＡ会計の予算編成についての意見具申。
　　　　３．旅費会計の予算編成。
　　　　４．その他の校内諸会計についての検討ならびに意見具申。
　　　　５．校内各会計に対する職員会議への中間報告の要請。
　　　第７章　　人事委員会
(17)　人事委員会は公選された５名をもって構成し、委員長これを招集する。
(18)　人事委員会は次のことをおこなう。
　　　　１．２月中旬までに校務分掌、各学年担当者を発表できるように原案を作成し、校長に提出する。
　　　　２．新任者の人事については、校長から諮問があった場合に審議する。また、この場合、当該教科と連絡をとる。
　　　　３．クラブ顧問の原案を作成し、校長に提出する。
　　　　４．その他、学校行事等にともなう人事についての原案を作成し、校長に提出する。
　　　　５．校内選挙を管理する。
(19)　人事問題について、職員会議または職員から要請があるときは、ただちに人事委員会を開き協議する。
(20)　原案作成にあたっては、次の各項に留意する。
　　　　１．教職員は、校務分掌、学年のいずれかに属する。
　　　　２．校務分掌、ホームルーム担任のいずれも４年以上重任することはできない。ただし、特別な事情があり、職員会議で承認された場合はこの限りでない。
　　　　３．各学年とも、国語・社会・数学・理科・体育・英語からは、少

　　　　　なくとも1名ずつは配当することを原則とする。
　　　4．組合本部委員はホームルーム担任にあてないことが望ましい。
　　　5．できるだけ本人の希望を尊重する。いちじるしく本人の希望に
　　　　　反するときは、事前に本人に連絡する。
　　　　第8章　　その他の委員会
(21)　ホームルーム運営委員会
　　　1．生徒部2名および各学年から1名ずつの計5名をもって構成し、
　　　　　委員長これを招集する。
　　　2．ホームルーム計画の立案およびホームルーム運営についての指
　　　　　導にあたる。
(22)　防火委員会
(23)　学校保健委員会
(24)　図書館運営委員会
(25)　文化祭実行委員会
(26)　校外学習企画委員会
(27)　校内規約検討委員会
　　　1．校内規約検討委員会は、職員会議が必要と認めた場合は、ただ
　　　　　ちに委員会を設置し、校内規約の検討をおこなう。ただし、必ず
　　　　　3年に1回は委員会を設置する。
　　　2．委員会は公選された5名をもって構成し、委員長これを招集す
　　　　　る。
　　　3．委員会の任期は同一年度内とする。
(28)　紀要編集委員会
(29)　その他、職員会議が必要と認めた委員会
　　　　第9章　　校務分掌

(30)　執行機関として次の5部をおく。
　　　　1．教　務　部　　4．保　健　部
　　　　2．生　徒　部　　5．図書館部
　　　　3．進路指導部
(31)　各部の所管事項・人員は別表に定め、幹事・副幹事をおく。
(32)　幹事は当該分掌内および他分掌・教科との連絡等にあたるものとし、職務として、指導・助言・命令等にあたるものではない。
(33)　各分掌内には各学年担当を定め、分掌と学年の連絡等にあたる。
(34)　各分掌は必要に応じ、各学年分掌担当者を含めた分掌連絡協議会を開く。
　　　　第10章　　教　　　科
(35)　教科には、教科幹事ならびに教科副幹事をおく。
(36)　教科は、次のことをおこなう。
　　　　1．教科指導方針の確立。
　　　　2．教科研究の推進。
　　　　3．教授法研究の推進。
　　　　4．その他教科に関すること。
(37)　教科幹事は次のことをおこなう。
　　　　1．教科会の司会。
　　　　2．教科内の連絡調整。
　　　　3．各部・各学年および他教科との連絡。
　　　　第11章　　学　　　年
(38)　学年には、ホームルーム担任9名をおく。
(39)　学年には、学年幹事および副幹事をおく。
(40)　ホームルーム担任は、次のことをおこなう。

　　　　１．ホームルームの指導に関する立案ならびに実施。
　　　　２．ホームルームの健康管理。
　　　　３．ホームルームの環境整備。
　　　　４．ホームルームに関する事務。
　　　　５．家庭との連絡。
(41)　各学年は週１回を原則として、学年会を開き、次のことをおこなう。
　　　　１．学年のホームルーム間の連絡・調整。
　　　　２．各部・各教科および他学年からの連絡の徹底。
　　　　３．学年としての行事その他学年関連事項の協議。
(42)　学年幹事は当該学年内および、他学年・教科との連絡等にあたるものとし、職務として、指導・助言・命令等にあたるものではない。
(43)　各学年内には各分掌担当を定め、学年と分掌の連絡等にあたり、分掌連絡協議会に出席する。
(44)　学年幹事不在のとき学年副幹事これを代行する。
　　　第１２章　　任　　　期
(45)　各委員・校務分掌・ホームルーム担任は、次のとおりとする。
　　　　１．運営委員会・議長・財務委員会・人事委員会・教科委員会は○月○日から翌年○月末日までとする。
　　　　２．(27),(29)に定める委員会は同一年度内とする。
　　　　３．その他は、○月○日から翌年○月末日までとし、３月中は新旧の引継ぎ、および、新年度の準備期間とする。
　　　第１３章　　補　　　則
(46)　この規定の改正は、職員会議の過半数の同意を得なければならない。
(47)　この規定は、平成○○年○月○日から実施する。
　　　第１４章　　付　　　則

(48) 同窓会（○○会）委員は、同窓会との連絡等にあたるものとし、職員会議において校内選挙に関する規定に準拠し、2名選挙する。
(49) ＰＴＡ校内役員は、職員会議において校内選挙に関する規定に準拠し、選出する。ただし、内1名は財務委員長をもってあてるものとする。
(50) 書記の委嘱・会計・監査の推薦にあたっては、職員会議の決定を尊重しなければならない。
　　　1．ＰＴＡ書記　　　　職員会議で各1名を公選する。
　　　2．ＰＴＡ会計・監査　投票は単記とする。

留意点　職員会議の位置づけ、各種委員会等の役割を明確にするためにも運営の内規を定めておくことが望ましい。内規ができない場合でも、確認事項として毎年全職員で確認するとよい。

●校内選挙規定

校内選挙に関する規定

（1） 職員会議の選挙は無記名投票とし、投票後ただちに開票する。
（2） 職員会議における選挙は次のとおりとし、その順序は下記の番号順とする。
　　　1．部幹事・学年幹事　　6．財務委員長
　　　2．運営委員　　　　　　7．人事委員
　　　3．運営委員長　　　　　8．人事委員長
　　　4．議長　　　　　　　　9．その他の選挙
　　　5．財務委員
（3） 公選による部幹事・学年幹事・運営委員長・財務委員長・人事委員長のいずれにわたっても、3年間継続して選出された者は、4年目以降の2年間、上記いずれについても被選挙権がない。
（4） 部幹事・学年幹事・運営委員・議長・財務委員・人事委員は兼任できない。
（5） 運営・財務・人事各委員の中で、委員長有資格者を欠いた場合、定員から1名を減じた数を当選とし、委員長は別に公選する。
（6） (2)項の選挙において、被選出者は拒否権を有する。ただし、その選挙をおこなった職員会議において正当な理由を明示し、当該職員会議を承認した場合に限る。
（7） 部　幹　事
　　　　校務分掌に属する職員の中から公選する。投票は単記とする。
（8） 学年幹事
　　　　学年のホームルーム担任の中から公選する。投票は単記とする。
（9） 運営委員

部幹事・学年幹事を除いた教職員の中から公選し、上位3名を当選とする。ただし、ひきつづいて3年以上重任している者は被選挙権がない。投票は2名連記とする。

(10) 運営委員長
公選された3名の運営委員の中から公選する。投票は単記とする。

(11) 議　　長
部幹事・学年幹事・運営委員を除いた教職員の中から公選し、上位3名を当選とする。ただし、選挙時における本校在職1年未満の者は被選挙権がない。また議長は重任できない。投票は2名連記とする。

(12) 財務委員
部幹事・学年幹事・運営委員・議長を除いた教職員の中から公選する。ただし、ひきつづいて3年以上重任しているものは被選挙権がない。投票は3名連記とする。

(13) 財務委員長
事務室代表を除く財務委員の中から公選する。投票は単記とする。

(14) 人事委員
部幹事・学年幹事・運営委員・議長・財務委員を除いた教職員の中から公選し、上位5名を当選とする。ただし、ひきつづいて2年以上重任した者は被選挙権がない。投票は3名連記とする。

(15) 人事委員長
人事委員の中から公選する。投票は単記とする。

(16) 副委員長は、委員長選挙の次点者とする。ただし、委員長有資格者が委員の中に1名のみの場合は、委員被選出者の内、委員長を除く最高得票者を副委員長とする。

(17) 各選挙とも定員に10票未満のものがある場合は、その部分について再選挙する。
(18) 各選挙とも得票同数のために定員をこえる場合は、決選投票をおこなう。
(19) 幹事・委員・議長などに年度の途中で欠員を生じたときは、次点者が順次繰りあがるものとし、17・18頁を適用する。ただし、原則として次点者が他の校内組織に影響をあたえる場合は、当該組織構成員を候補者とする公選をおこなう。
(20) 教科幹事ならびに教科副幹事は教科内から選出する。
(21) 教科委員は教科内で互選する。
(22) 教科委員長は委員会内で互選する。
(23) 部副幹事は、部内で互選する。学年副幹事は、学年会で互選する。ただし、部幹事・学年幹事・委員長の3年連続経験者は、なるべく副幹事としないことが望ましい。

留意点　学校運営に関する内規を受けての規定なので相互の関連性を十分図ること。

● 成績評価内規

成績評価基準内規

A）出席
　1）授業日数　法規にもとづいた学校所定の授業日数（年間行事予定表の授業日数）を評価の基準とする。
　2）授業時数　法規にもとづいた学校所定（年間行事予定表の授業日数から自宅学習期間の日数を除いたものに試験時数を加えたもの）の授業時数を評価の基準とする。
　3）欠席日数　各学期ごとに、その授業日数の1／4以上を欠席したときは、父母と本人にきびしく警告する。
　4）欠課時数
　　ア）各学期、学年の授業時数の1／3以上を欠課したときは、原則として評価を1とする。
　　イ）授業時数の1／4以上を欠課したときは、評価（10段階について）を1段階下げ、きびしく警告する。
　　　　ただし、3年の3学期については、上記ア）、イ）に必ずしも従わなくてもよい。
　　ウ）授業時間に遅刻したものは2回をもって1欠課時数として計算する。このばあい、遅刻とは正当な理由なくして科目担当教師が出欠をとり終えるまでに出席していなかった状態をさす。
B）成績
　1）考査　この考査は、中間・期末の試験をさす。実力試験等を成績評価にとり入れる教科は、この基準に準拠する。
　　ア）出題
　　　　①　考査問題は、同一学年の同一必修科目および同一選択科目にお

いては、担当教師の協議による同一進度・同一問題の条件で作成することが望ましい。
　　② 同一学年の同一必修科目および同一選択科目においては、平均点が40～60点になるよう問題作成に留意する。
　イ）考査を受けなかった者の取扱
　　① 正当な理由（学級担任または教科担任への届出、その他）がなくて受験しなかったものは0点とする。
　　② 正当な理由のあるときは、次の何れかで評価する。
　　　Ⅰ 前回または次回の考査得点による評価を1段階（10段階のみ）さげる。
　　　Ⅱ 前回または次回の考査得点の7割を認める。
　　③ 正当な理由があって、中間・期末の両考査とも受験しなかったものは、他学期の評価を勘案して教科全員の協議によってきめる。
　ウ）不正行為のあったもの
　　① ただちに試験を停止させ、その考査期間中の試験はすべて0点とする。また、当該科目その学期における評価を1とする。
　　② それ以後の指導措置は、職員会議・生徒部の決定による。
2）評価
　ア）学期は10段階、学年は5段階で評価する。ただし、3年生においては、2学期末の評価を10段階および5段階（仮評価）の2通りで行う。また、3年生の3学期の評価は10段階で行わなくてもよい。
　イ）同一学年の同一必修科目および同一選択科目は科目担任の協議によって評価するのを原則とする。
　ウ）5段階評価の1は、その教科科目が修得できなかったことを意味する。

エ）評価は、各科目において相対評価および絶対評価を勘案して行う。
オ）10段階評価においては、平均値の目安をおよそ5.5～6.5とするが学力に著しい変動がある場合はこの限りでない。
カ）平常の学習態度（予・復習・宿題・欠課・遅刻など）、学習点（豆テスト・臨時テストなど）は、次の何れかによって評価の対象とすることができる。
　　ただし、このばあいでも同一学年の同一必修科目および同一選択課目の10段階平均の目安をおよそ5.5～6.5とするが、学力に著しい変動があるばあいはこの限りでない。
　① その学期の評価資料の20％以内を考慮する。
　② 10段階評価で2段階の上下幅で、評価を考慮する。
キ）10段階評価の5段階評価への換算は原則として次のように行う。
　10段階各学期合計　30～26　25～20　19～14　13～8　7～3
　5　段　階　　　　　5　　　4　　　3　　　2　　1
ク）実技教科科目については、この成績評価基準に原則として準拠する。

C）進級基準
1）年間授業日数の1／3以上を欠席したときは、原則として進級を認めない。
2）卒業は、所定の教科を全部履習して、85単位以上を修得しなければならない。
3）次に該当するものは進級を認めない。
　ア）1学年から2学年へのばあい。2科目以上の未修得。
　イ）2学年から3学年へのばあい。第2学年で履習する科目2科目以上の未修得、または第1学年および第2学年の修得単位合計が57単

位以下。
4）進級を認められなかったもので修学の見込みのない者には進路変更を勧告する。
5）進級を認められなかったもので、原級留置を希望するものには、全教科を再履習させる。
6）原級留置になったもので、転校を希望するものについては、その学年の未修得単位はすべて修得したものとし、
　ア）10段階評価では3、5段階評価では2の評価を与える。
　イ）また、出席日数・出席時数も単位取得に必要な最低線に訂正する。
7）2カ年にわたって分割履習する教科科目は、学年ごとに単位修得を認定し、終了時に一括して単位修得を認定する。
　　ただし、単位計算では学年評価1のとき未修得として計算し、上記2）および3）のイ）の基準に従うものとする。
D）成績会議
　ア）成績会議は、学期末・学年末・卒業・臨時の4種とする。
　イ）上記A）、B）、C）によって評価された生徒の指導措置を決定し、その他必要事項について討議し、決定する。
　ウ）各学級担任・各教科担任は、学年ごと教科ごとに成績会議用の資料を、教務を通じて提出する。
　エ）各資料の様式は、別に教務で決める。
以上の成績評価基準内規は、平成〇〇年度より実施する。ただし、C）・3）・ア）は平成〇〇年度より実施する。

留意点　学習態度を評価対象とする場合は、主観を避けるために、客観的事項に限ることとし、できれば行動の記録欄等に文章で記入する方がよい。

●施設・設備利用の申し合わせ

平成○年○月○日

校内施設・設備の利用に関する申し合わせ

○○○○小学校

1．体育館について
 ア．朝、教頭がカギを開き、下校時にカギを閉める。
 イ．休憩時の開放については、児童会が運営にあたる。（利用日程表、使用上の注意など代表委員会で作成する）
 ウ．固定時間割外の使用については、職員室の背面黒板に明記し、重複しないようにする。
 エ．社会教育が開放を認めていて、急に学級などで使用する場合は、教頭が当該団体と話し合う。
2．体育倉庫・石灰小屋について
 ア．体育委員会が朝カギを開け、下校時にカギを閉める。（当番表などを作成し、明示しておく）
 イ．休憩時の一輪車使用については、体育委員会の担当者の許可を得て使用する。（使用上の注意、当番表などは体育委員会で作成しておく）
3．図書室について
 ア．図書委員会が、朝カギを開け、下校時にカギを閉める。（当番表などを作成し、明示しておく）
 イ．本の貸し出し、受け取りは各クラスで行う。（20分休みに図書委員も貸し出し、収納を行う）
4．理科室について
 ア．使用するクラスがカギを開け、使用後は必ず閉める。

イ．準備室、薬品庫のカギは担任が開閉する。薬品庫のカギは教頭が保管する。
　　ウ．準備室の清掃は通常は行わず、担当者の指導で適宜行う。（準備室に児童は、勝手に入らない）
　　エ．理科室から用具、機器を借り出す時は、理科主任の了解を得る。（長期間、教室等に持ち出す時は、職員室の背面黒板に、品名、箇数等を書く）
 5．視聴覚室について
　　ア．使用するクラスがカギを開け、使用後は必ず閉める。
　　イ．用具、機器を借り出す時は、音楽主任の了解を得る。
　　ウ．長期間持ち出す時は、職員室の背面黒板に品名、箇数等をかいておく。
 6．家庭科室について
　　ア．使用するクラスがカギを開け、使用後は必ず閉める。
　　イ．生ゴミについてはビニール袋などに入れ、主事さんに連絡して処理する。（家庭科室のゴミ箱に捨てっ放しにしない）
　　ウ．お楽しみ会で、家庭科室を利用する時は、責任者が必ず教頭に届け出る。生ゴミの処理については、特に注意する（主事さんがいない時は、ビニール袋に入れて東門の所定のところに捨てる）
　　エ．授業以外で、鍋、釜、食器等を使用する時（お楽しみ会など）には、所定の用紙に記入し、家庭科主任に届け出る。
 7．教材室について
　　ア．通常はカギをかけない。（長期休業中はカギをかけておく）
　　イ．教材室に資料一覧表（もぞう紙で）を作り、活用しやすいようにする。

ウ．児童が入って遊ばないように掲示する。
 8．放送室について
　　ア．放送は、放送委員会の児童が行う。(他の委員会などで放送したい時は、放送原稿を提出して放送して貰う)
　　イ．ビデオ、カメラなどは視聴覚庫(職員室)に保管(カギは教頭が保管)、使用する時は教頭に届け出る。
　　ウ．放送機器を室外に出す時は、放送委員会の担当者の了解を得る。
 9．音楽室・図工室について
　　ア．朝、担当教諭がカギを開け、退勤時に閉める。
　　イ．部屋の清掃は担当教諭が不在の場合は原則としてしない。
　　ウ．楽器や道具を借用する時は、担当者の了解を得て、児童が勝手に持ち出さないようにする。
10．プールについて
　　ア．プールのカギは必ず担任が開閉し、児童には持たせない。
11．印刷室について
　　ア．職員用印刷室には、児童を入室させない。
　　イ．代表委員会用の印刷機は講習会を行い、合格した児童が印刷する。他の児童がいじらないようにする。(講習会はできるだけ回数を多くする)
12．事務用品について
　　ア．児童が取りにくる時は、事務室にことわってから持ち出すよう担任が指導する。
　　イ．教材室に児童が勝手に入らないように指導する。
13．その他
　　ア．教育相談室を父母が使用する時は必ず教頭に届ける。

イ．空き教室に児童が入って遊ばないよう学級指導をする。

留意点 校内の申し合わせ事項なので学校の実態に基づいて表限を工夫するとなおよい。
　学校は毎年異動があるので、年度当初に全職員で確認するとともに、児童に関することは、集会等でわかり易く説明するとよい。

● 親睦会則

○○○小睦会々則

第1条（名称）　この会は、○○○小睦会という。
第2条（事業）　この会は、○○○小の職員をもって組織し、次ぎのことを行なう。
　　　　　　　会員相互の親睦、慶弔及び見舞い、その他。
第3条（幹事の選出及び構成）
　　　　　　　①幹事は、学期毎に学年、専科、給食より選出する。
　　　　　　　②幹事会は、幹事により構成し、互選により幹事長、その他係を選出する。
　　　　　　　③各学期の幹事長は、協議し年間の計画等を立案する。
第4条（会計）　この会の会計は、会費その他をもって構成する。
　　　　　　　会費は、月額2,500円とする。特別の場合は、別に徴収することができる。
第5条（支給規定）　慶弔、見舞い及び転退職の場合は、次ぎの規定により会費からこれをまかなう。
　　　　①会員の結婚　　　　　　　　　5,000円
　　　　②　〃　出産　　　　　　　　　5,000円
　　　　③　〃　死亡　　　　　　　花環と50,000円
　　　　④　〃　配偶者の死亡　　　　〃　30,000円
　　　　⑤家族死亡
　　　　　　▲実父母、実子、養義父母　花環と10,000円
　　　　　　▼祖父母、兄弟姉妹、子の配偶者、
　　　　　　　孫、義父母　　　　　　　弔電のみ
　　　　⑥会員の病気、入院（2週間以上）　3,000円
　　　　⑦災害等にあった場合は、10,000円を限度としその都度

協議する。
　⑧転退職　　　　　　　　　　　　3,000円
　この会則は、19○○年○月○日より実施する。
　①非常勤、臨時任用職員については、会員に準じて扱うが会費は徴収しない。但し、育休代替員が、引き続き5ヶ月以上在職する場合は、その月以降は会費を徴収する。
　②会員が、休職又は休業にはいった場合には、会費を徴収しない。

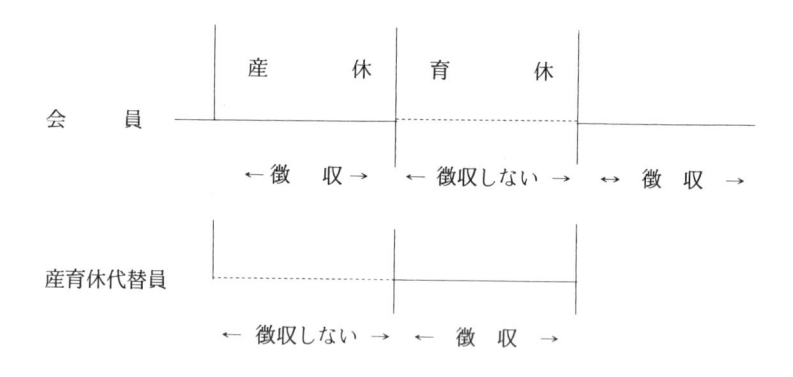

```
                産　休  育　休
会　員   ┌──────┼──────┼──────
         │
         ←  徴　収 → ← 徴収しない → ↔ 徴　収 →

         ┌──────────────┐
産育休代替員            │
         └──────────────┘
         ← 徴収しない → ← 徴　収 →
```

留意点　　会費等の金額は数年おきに改正するとよい。
　　　　産休、病欠、育休等休みが長期にわたるとき、及びその代替員の権利・義務・支給規定等を明記しておくとよい。

●PTA規約

東京都立○○高等学校PTA規約

第1章　名称及び事務所
第　1条　本会は東京都立○○高等学校PTAと称し、事務所を同校に置く。

第2章　目　　　的
第　2条　本会は会員相互の親睦と教育の向上をはかり、あわせて会員の緊密な協力により生徒の福祉を増進することを目的とする。

第3章　方　　　針
第　3条　本会は直接学校管理ならびに学校の教育方針に関与しない。また特定の政党・宗教を支持しまたは反対することをしない。

第4章　事　　　業
第　4条　本会はその目的を達成するために次の事業を行なう。
　　　　　1．教育環境の整備に関すること。
　　　　　2．会員相互の親睦および教養の向上に関すること。
　　　　　3．その他本会の目的を達成するために必要なこと。

第5章　会　　　員
第　5条　本会の会員は本校に在籍する生徒の父母または保護者（以下「父母」という）および本校の教職員とする。

第6章 役　　員

第 6 条　本会に次の役員を置く。
　　　　1．会長1名（父母）　2．副会長3名（父母2名、教頭）
　　　　3．理事若干名（原則として各学年父母4名、教職員5名）
　　　　4．評議員若干名（原則として各学級父母3名、教職員10名）
　　　　5．会計2名（父母教職員各1名）　6．監事3名（父母2名、教職員1名）　7．書記1名（教職員）
第 7 条　役員は次の方法により原則として下記人数を決定する。
　　　　1．評議員　（ア）各学級父母よりそれぞれ3名を選出する。
　　　　　　　　　　（イ）教職員中より10名を選出する。
　　　　2．理　事　（ア）評議員に選出された父母中より各学年4名を選出する。
　　　　　　　　　　（イ）評議員に選出された教職員中より互選により5名を選出する。
　　　　3．会長、副会長は理事会の推薦により総会において決定する。
　　　　4．会計、監事は理事会の推薦により評議員会において決定する。
　　　　5．書　記　会長が委嘱する。
第 8 条　役員の任期は1か年とし、年度初めの総会において改選する。ただし再選を妨げない。
第 9 条　学校長は本会のすべての会議並びに運営に参画する。
第10条　役員の任務は次の通りとする。
　　　　1．会長は本会を代表し、会務の一切を統括する。
　　　　2．副会長は会長を補佐し会長支障あるときはこれに代る。
　　　　3．理事は各部企画の業務、予算の立案を検討し、これの実施

に努め、会長副会長をたすけ常に本会の円満な運営をはかる。
4．評議員は各部および学年委員会に所属し、その活動の推進に努める。
5．監事は会計事務を監査する。
6．会計は金銭の収支を記録し、会計監査を経て決算報告書を作成しこれを総会に報告する。
7．書記は会務の記録、その他一般事務を行なう。

第7章 事業部

第11条　本会の事業を行なうため次の各部を設ける。
　　1．広報部
　　　　1　会員名簿の作成および広報活動に関すること。
　　　　2　教育環境の整備に関すること。
　　　　3　本会の一般庶務に関すること。
　　2．文化部
　　　　1　会員・生徒の文化活動促進および体位向上に関すること。
　　　　2　会員相互の理解を深め教養を高めること。
　　3．厚生部
　　　　1　会員・生徒の慶弔に関すること。
　　　　2　会員・生徒の福利増進に関すること。
　　4．学年部
　　　　1　父母、教師間の相互理解を深め、親睦をはかること。
　　　　2　生徒指導に関する情報交換ならびに懇談を行なうこと。

第12条　各部は理事・評議員が分属して構成し業務を担当する。
第13条　各部に部長1名、副部長3名を置く。部長は父母側理事が兼務し副部長は各部において父母2名、教職員1名を選出する。学年部に当該学年評議員をもって構成する各学年委員会を置く。各学年委員長は、父母側理事が兼務し、学年部の副部長となる。部長1名は副部長の互選とする。

第8章　会　議

第14条　総会は毎年〇月に開く、ただし必要に応じ臨時総会を招集することができる。
第15条　総会の決議は出席者の過半数の同意を必要とし、賛否半ばしたときは議長の表決による。
第16条　評議員会は必要に応じて会長が招集し、緊急の場合は総会に代って議決することができる。
第17条　評議員会および理事会は本会の事業の企画執行の責任にあたり、会長が招集し司宰する。

第9章　会　計

第18条　本会の会計年度は4月1日に始まり翌年3月31日に終わる。
第19条　本会の経費は会費、事業収入、および寄附金を以て支弁する。
第20条　会員の会費は総会において決定し、事情により評議員会の承認を経て減額または免除することができる。

附　則

第21条　本会の規約は総会において出席者の3分の2以上の同意がなけ

れば変更することができない。
第22条　本会に次の帳簿を備え付ける。
　　　　1．会員名簿　　2．役員名簿　　3．会計簿
　　　　4．会議録　　　5．寄付台帳　　6．財産簿
　　　　7．其の他必要な帳簿
第23条　本規約は平成○○年○月○○日より実施する。

留意点　　役員構成は学校規模等を勘案し、適宜決めるとよい。
　　　　　　総会開催の月は、5月までが望ましいが学校の事情に合わせて決めるとよい。

● 慶弔規定

東京都立〇〇高等学校ＰＴＡ慶弔内規

第1条　本会会員並びに本校生徒で、次の条項に該当する場合は、本規定により慶弔金を贈り慶弔の意を表する。

第2条（慶事）本会会員のうち、職員で次の条項に該当する場合は、祝い金を贈り祝意を表する。

　　1．（結婚）職員が結婚する場合　　　　　　　　金5,000-
　　2．（出産）職員の子女出生の場合、一人につき　金5,000-

第3条（傷病見舞）本会会員のうち、職員及び生徒で次の条項に該当する場合は見舞金を贈呈する。

　　1．傷病のため7日以上入院加療の場合　　　　　金3,000-
　　2．傷病のため1ヵ月以上療養の場合　　　　　　金3,000-
　　3．授業及びクラブ活動中に負傷して7日以上入院療養の場合
　　　　　　　　　　　　　　　　　　　　　　　　金5,000-

（注：但し、学校で禁止しているバイク乗車中の事故については適用しない。）

第4条（弔事）本会会員並びに本校生徒で、次の条項に該当する場合は、香華料を贈り弔意を表する。

　　1．生徒本人死亡の場合　　　　　　　　　　　　金20,000-
　　2．父母又は保護者死亡の場合　　　　　　　　　金10,000-
　　3．職員本人死亡の場合　　　　　　　　　　　　金20,000-
　　4．職員の配偶者死亡の場合　　　　　　　　　　金10,000-
　　5．職員の両親（実父母又は同居する配偶者の父母）死亡の場合
　　　　　　　　　　　　　　　　　　　　　　　　金3,000-
　　6．職員の子女死亡の場合　　　　　　　　　　　金3,000-

７．以上いずれも生花一基又は花輪を霊前に供える。
第５条（災害）本会会員で、火災・風水害その他の災害により被害を受け
　　た場合は、金10,000－の見舞金を贈る。
第６条　その他、特別の場合は、理事会において決定することができる。
　　（例えば、旧役員・旧職員特にＰＴＡと関係のあった非常勤講師など）
第７条　以上、慶弔の執行は、会長又は副会長が行う。

留意点　　金額は時世に合わせ数年毎に見直すとよい。
　　　　　　ＰＴＡは、会員と生徒が対象なので、特に職員の親、子女にま
で広げない方がよい。

● 生徒会規約

東京都立○○高等学校生徒会規約

　　　　　第1章　総　　則
第 1 条　（名称）本会は東京都立○○高等学校生徒会と称する。
第 2 条　（目的）本会は会員の自主的活動を通じ、学校の教育方針にそって、個性の伸長と、社会性の陶冶をはかるとともに学校教育の成果をあげ、よりよい民主的な学校生活を確立することを目的とする。
第 3 条　（構成）本会は、本校全日制生徒全員でこれを構成する。

　　　　　第2章　機関と役員
第 4 条　（機関）本会は次の機関を置く。
　　　　1．ホームルーム自治会　　2．中央委員会
　　　　3．執行委員会　　　　　　4．生徒総会
　　　　5．クラブ部長会　　　　　6．会計監査委員会
　　　　7．選挙管理委員会　　　　8．機関紙編集委員会
　　　　9．文化祭実行委員会
第 5 条　（役員）本会は次の役員を置く。
　　　　1．会長（○名）　2．副会長（○名）　3．書記（○名）
　　　　4．会計（○名）
第 6 条　（任務）上の役員の任務は次の通りである。
　　　　1．会　長　本会を代表し、生徒会活動の業務を総括運営し、執行委員会会長を兼ねる。また生徒総会、中央委員会を招集する。

　　　　２．副会長　会長を補佐し、会長に事故のあるときはその任務
　　　　　　　　　を代行する。
　　　　３．書　記　中央委員会、執行委員会、生徒総会、クラブ部長
　　　　　　　　　会の議事録作成、その他各種書類の作成保存にあ
　　　　　　　　　たる。
　　　　４．会　計　予算執行とそれに関する一切の帳簿、その他を保
　　　　　　　　　管する。
第　７条　（選出）上の役員は「選挙規約」に基づいて選出される。
第　８条　（任期）上の役員の任期は２期にわけ前期を〇月〇日より〇〇
　　　　月〇〇日までとし、後期は〇〇月〇日より〇月〇〇日までとす
　　　　る。
第　９条　（解任）上の役員の解任される場合は次の通りである。
　　　　１．会員の20分の１以上より成るリコール提案に対して、会員
　　　　　投票の過半数以上の賛成があるとき。
　　　　２．本人の希望に対して、全会員投票の過半数以上の賛成があ
　　　　　るとき。

　　　　　　　　第３章　ホームルーム自治会
第１０条　（構成）本会はクラス全員でこれを構成する。
第１１条　（活動）本会は各ホームルームの自治会に関する自治活動と中
　　　　央委員会との連絡により、次の事項を行なう。
　　　　１．ホームルーム自治活動に関する協議と執行
　　　　２．中央委員会からの提案事項と中央委員会への提案事項の協
　　　　　議
第１２条　（役員）本会は中央委員〇名を置き任期を〇学期とし、再任は

さしつかえない。
第13条　（開催）本会は毎週○回○曜日これをあてる。
第14条　（臨時会）臨時会は次の場合に開催できる。
　　　　１．各ホームルームの４分の１以上の要求をうけた場合
　　　　２．各ホームルームの中央委員が開催する必要を認めた場合

　　　　　　　　第４章　中央委員会
第15条　（構成）本会は各クラス○名の中央委員、執行委員およびクラブ部長会代表○名により構成する。ただし執行委員には議決権はない。
第16条　（活動）本会は会員の代行議決機関であり、執行委員等の業務執行について生徒会全般の立場を考慮し意見申立、並びに助言を行ない、必要な事項について承認し、生徒会の目的達成を促進し、次の事項を行なう。
　　　　１．ホームルームからの提案事項とホームルームへの提案事項の協議
　　　　２．クラブ部長会からの提案事項とクラブ部長会への提案事項の協議
　　　　３．執行委員会からの提案事項と執行委員会への提案事項の協議
　　　　４．生徒総会への提案事項の協議
　　　　５．決算報告の承認
　　　　６．本規約改正の発議と改正案の協議
　　　　７．必要に応じて各委員会（生活・図書・整備・保健・体育・視聴覚）との連絡

　　　　　8．本規約に準拠する細則の決定
　　　　　9．本規約の創設の発議と創設案の協議
第17条　（役員）本会に次の役員を互選する。
　　　　　1．議　長（〇名）（ただし生徒総会議長を兼ねる）
　　　　　2．副議長（〇名）（ただし生徒総会副議長を兼ねる）
　　　　　3．書　記（〇名）（ただし執行委員会書記がこれを兼ねる）
第18条　（開催）本会は原則として月〇回これを開催し、臨時会を開催できる。

　　　　　　　第5章　執行委員会
第19条　（構成）本会は、生徒会役員により構成される。
第20条　（活動）本会は会員の自治活動の執行機関であり、次の事項を行なう。
　　　　　1．中央委員会からの提案事項と中央委員会への提案事項の協議と執行
　　　　　　　予算原案の作成
　　　　　　　規約改正原案、細則の作成
　　　　　　　その他
　　　　　2．クラブ活動に関する総務
　　　　　3．渉外に関する総務

　　　　　　　第6章　生徒総会
第21条　（構成）本会は全会員でこれを構成する。
第22条　（活動）本会は生徒会活動の最高議決機関であり、次の事項を行なう。

　　　　　　１．中央委員会からの提案事項の決定
　　　　　　２．執行委員会からの一般報告に関する質疑、意見とその他の
　　　　　　　　提案事項の審議決定
　　　　　　３．予算の決定、決算報告の承認
　　　　　　４．規約改正の決定
第23条　　（役員）本会には次の役員を置く。
　　　　　　１．議　　長（○名）（ただし中央委員会議長）
　　　　　　２．副議長（○名）（ただし中央委員会副議長）
　　　　　　３．書　　記（○名）（ただし執行委員会書記）
第24条　　（開催）本会は原則として毎学期○回これを開催し、臨時会を
　　　　　　開催できる。

　　　　　　　　　　　　第7章　ク　ラ　ブ
第25条　　（入部）会員は少なくとも一つのクラブには所属しなければな
　　　　　　らない。原則として運動・文化関係各一つをこえることはでき
　　　　　　ない。
第26条　　（活動）クラブは生徒会の方針に沿って自由な自主的な活動を
　　　　　　行なう。
第27条　　（役員）クラブは、部長○名、会計○名を置く。
第28条　　（設立と廃部）
　　　　　　１．クラブの設立は○○名以上の発起により、クラブ部長会の
　　　　　　　　審議を経て中央委員会の定員の過半数の賛成を得て、総会の
　　　　　　　　承認をもって成立する。
　　　　　　２．クラブの廃部はクラブ部長会の審議を経て、中央委員会の
　　　　　　　　定員の過半数の賛成を得て、総会の承認をもって成立する。

第8章　同好会規約

第29条　（構成）同好会は、同好者〇〇名以上で構成される。
第30条　（活動）同好会には、責任者〇名を必要とする。また、クラブの活動に準ずる。
第31条　（顧問）同好会は本校教諭1名を顧問として置く。
第32条　（設立と廃止）
　　　　1．同好会の設立は〇〇名以上の発起により、クラブ部長会の過半数の提案を経て、中央委員会・生徒総会の過半数の承認をもって成立する。
　　　　2．廃止は、クラブ部長会の過半数の提案を経て、中央委員会・生徒総会の過半数の承認をもって成立する。
第33条　（予算）同好会には原則として、予算を与えない。ただし特に必要と認められた場合執行委員会の承認を得て必要経費の一部を執行部予算より支出することができる。

第9章　クラブ部長会

第34条　（構成）本会は、各クラブ部長〇名および執行委員により、これを構成する。（ただし執行委員には議決権はない。）なお、本会は、文化部部長会・運動部部長会を合同したものである。
第35条　（活動）本会は各クラブ間の問題解決と、連絡にあたり、中央委員会への提案事項を協議する。
第36条　（役員）本会は次の役員を互選する。
　　　　1．議長（〇名）　2．副議長（〇名）
　　　　3．書記（〇名）（ただし、執行委員会書記）

第10章　会議および議決

第37条　（会議）各会議は、定員の3分の2以上の出席がなければ議事を開き議決することができない。ただし議会は原則として公開する。

第38条　（議決）議決は、出席者の過半数とし、可否同数のときは議長の決するところによる。ただし出席者の過半数が重要な議案と認めた場合は出席者の3分の2以上とする。

第39条　（議長）各委員会の議長はあくまで中立で議事運営の促進にあたり、委員会の代表とする。

第40条　（臨時会）生徒総会、中央委員会、クラブ部長会の臨時会は次の場合開催できる。
　1．各会の定員の4分の1以上の要求がある場合
　2．執行委員会が必要と認めた場合

第41条　（特別委員会）中央委員会、執行委員会はその定員の過半数の承認により、特別委員会を開催できる。委員の構成はそのつど決定する。

第11章　顧問

第42条　（顧問）顧問は本校教諭があたり、任期を1年とし、クラブおよび生徒会に関する事項の指導と、学校との連絡にあたる。
　1．クラブ顧問はクラブの希望を考慮し学校長が決する。
　2．生徒会顧問（執行委員会顧問）は学校長が決定する。

第12章　会計

第43条　（経費）本会の経費は毎月会費を以てこれにあたる。

第44条　（会計年度）会計年度は〇月〇日より〇月〇〇日までとする。

第13章　会計監査委員会
第45条　（構成）本会は選挙規約に基づいて選出された会計監査3名でこれを構成する。
第46条　（活動）本会は、生徒会計の一切を監査し、次の事項を行なう。
　　　　１．決算報告書の作成
　　　　２．各委員会から要求のあった時の会計監査報告
第47条　（任期）会計監査の任期は〇月〇日より〇月〇〇日までとする。

第14章　選挙管理委員会
第48条　（活動）本会の活動は「選挙規約」により行なう。
第49条　（任期）選挙管理委員の任期は〇月〇日より〇月〇〇日までとする。

第15章　〇〇編集委員会
第50条　（構成）本会は選挙規約に基づいて選出された編集委員長1、同会計1、並びに各クラスより選出された男女1名の担当委員、写真部員1、美術部員1、副会長1名より構成される。
第51条　（活動）年1回生徒会機関紙「〇〇」を発行する。
第52条　（任期）〇〇編集委員長、同会計の任期は〇月〇日より〇月〇〇日までとする。

第16章　文化祭実行委員会
第53条　（構成）本会は選挙規約に基づいて選出された実行委員長1、

会計1、並びに各参加団体より選出された実行委員○○名より構成される。

第54条 （活動および目的）
1．年○度文化祭を行なう。
2．文化祭の発展に寄与することを目的とする。

第55条 （任期）実行委員長・会計の任期は○月○日より○○月○○日までとする。

第17章　予　　　　算

第56条 （予算）生徒会予算は会計年度の始まる以前に執行委員会が原案を作成し、予算委員会の審議を経て生徒総会の出席者の3分の2以上の承認のもとに決定する。

第57条 （予算委員会）予算委員会は各クラブ部長、執行委員、会計監査でこれを構成する。（ただし、議決権は各クラブ1票とし、執行委員には議決権はない。）

第18章　改正並びに創設

第58条 （改正）本規約の改正は会員の10分の1以上の署名或いは執行委員会の提案により、中央委員会の定員の3分の2以上の賛成を得、生徒総会の定員の3分の2以上の承認を以て成立する。
（創設）創設の手続きは改正の手続きに準ずる。

第19章　補　　　　則

第59条 （兼任禁止）執行委員、中央委員、クラブ部長、クラブ会計、会計監査、選挙管理委員は各々兼任できない。

第60条　（細則）本規約の細則は、執行委員会が原案を作成し、中央委員会の承認をもとに決定する。
第61条　（生徒会費）生徒会費の値上げ改正の提案は執行委員会の提案により、中央委員会の3分の2以上の賛成を得、予算委員会の3分の2以上の賛成を得、全校有効投票数の3分の2以上の賛成で成立する。
　　　　（その場合、中央委員が各クラスで人数を調べ、中央委員会で統計したものが生徒総会に代えられる。）

留意点　学校形態に応じ第1章第3条の字句を訂正して使用すること。
第2章機関と役員は学校の実態に基づいて記載するとよい。

●生徒会選挙規約

　　　　　生 徒 会 選 挙 規 約

第 1 条 　（本規約の目的）
　本規約は東京都立〇〇高等学校、生徒会の執行委員・会計監査および機関紙編集委員長・同会計・文化祭実行委員長・同会計の選挙が公明適正に行なわれることと、それにより生徒会が健全な発達を遂げることを目的とする。

第 2 条 　（選挙権と被選挙権）
　生徒会会員は、選挙権および被選挙権を有する。
　ただし選挙管理委員は、そのいずれももたない。
　それを得るためには、選挙管理委員を辞退しなければならない。

第 3 条 　（役員の定員）
　役員は、生徒会規約第5条に定める、会長〇名、副会長〇名、書記〇名、会計〇名。
　および、同第45条に定める、会計監査〇名とする。

第 4 条 　（選挙事務）
　執行委員および会計監査の選挙の際の事務は、選挙管理委員がいっさい管理する。選挙管理委員は各クラス男女各〇名とする。

第 5 条 　（立候補の手続）
　立候補する者は、〇名の責任者を添え立候補受付期間中に選挙管理委員へ文書で届け出る。

第 6 条 　（信任投票）
　立候補者が定員に同数の場合は、信任投票によって投票の過半数により決定する。

第 7 条 　（中央委員会の指名）

立候補者が、定員に満たない場合には、中央委員会でこれを指名する。
第 8 条 （立会人）
　選挙管理委員によって投票用紙作成、その配布、管理、開票、発表が行なわれる。また、選挙管理委員の許可を得て執行委員も立会いできる。
第 9 条 （立候補）
　同一人が、二つ以上の役員に立候補することはできない。
第10条 （選挙運動期間）
　選挙運動期間は投票日前日まで〇〇日間とする。また、選挙運動は選挙管理委員の承認を得て授業の妨げとならない範囲で行なう。
　ただし選挙管理委員による選挙運動は一切禁止する。
第11条 （立会演説会）
　立会演説会は、選挙管理委員会が告示した場所において選挙管理委員立会いのもとに行なう。
第12条 （ポスター）
　ポスターは、選挙管理委員会の指定する場所に所定の用紙を用いて掲示を許可する。
第13条 （不正行為）
　立候補者、或いはその運動員の不正行為を選挙管理委員会が認めた場合は、その立候補者の立候補の取り消し或いは当選の取り消しを行なうことができる。その場合には、その事実を公表し次点の者を採用する。
第14条 （選挙管理委員の解任）
　選挙管理委員が、不正行為を行なった場合、不適任の場合および辞任を希望した場合、選挙管理委員会は、3分の2以上の議決によってこれを辞任させることができる。
第15条 （選挙方法）

1．執行委員および会計監査の選挙は、選挙管理委員を除く全生徒会会員の自主投票により行なう。
　　2．投票は各役員「会長○・副会長○・書記○・会計監査○（前期のみ）・機関紙編集委員長○・同会計○（前記のみ）・文化祭実行委員長○・同会計○（前期のみ）」の定員数だけを明確に記入、1人1票に限る。
第16条　（執行委員および会計監査の解任）
　執行委員および会計監査の解任される場合は次のとおりである。
　　1．生徒会会員の20分の1以上より成るリコール提案に対して、全生徒会会員投票の過半数以上の賛成があるとき。
　　2．本人の希望に対して全生徒会会員投票の過半数以上の賛成者があるとき。
第17条　（無効投票）
　下に記す投票は無効とする。
　　1．選挙管理委員所定の投票用紙を用いないもの。
　　2．第○○条に定めるもの以外のものを記入したもの。
　　3．どの立候補者に投票したか判明し難いもの。
　　4．役員立候補者の定員以上の立候補者に投票したもの。
　　5．その他選挙管理委員が無効と認めるもの。
第18条　（当選者）
　有効投票中最も多く票を獲得した者から順に当選者とする。ただし同数票の場合は○○日以内に決選投票を行なう。
第19条　（当選者発表）
　当選者発表は選挙管理委員が投票日より○日以内に発表する。
第20条　（補欠選挙）
　執行委員および会計監査が解任された場合は、○○日以内に補欠選挙が

行なわれなければならない。

第21条　（選挙管理委員の任務）

選挙管理委員の任務は次の事項とする。

1．選挙期日の告示
2．立候補届けの受理
3．立候補者名簿の作成
4．ポスターの受理
5．立候補者立会演説会の主催
6．開票と当選者の発表
7．リコール提案および辞任届の受理

第22条　（付　則）

本規約は選挙管理委員会でこれを決定する。

本規約は平成〇〇年〇月〇日から施行する。

なお選挙管理委員会は、選挙のつどその状態を見きわめ、この規約に反しない限りの細則を加えて、暫定的に施行してもよい。

ただしその場合は、全生徒に公示しなければならない。

留意点　　目的、役員構成、その他生徒会規約と関連づけて作成すること。

●同窓会則

東京都立○○高等学校同窓会（○○○）会則

第1章　総　　　則

第 1 条　本会は○○○と称し、東京都立○○高等学校内に連絡事務所をおく。

第 2 条　本会は母校の発展を期し、会員相互の連絡、親睦を図るを目的とする。

第2章　会　　　員

第 3 条　本会は下記の会員をもって組織する。
　　　　1．正会員　　卒業生
　　　　1．準会員　　かつて母校に在学したもので、本会への入会を希望し、役員会の承認を経たもの。
　　　　1．特別会員　現職員、旧職員、現ＰＴＡ会長

第 4 条　本会の正会員となるものは母校卒業の際、又は希望により準会員となるものはその入会の際、会費を本会に納付する。

第 5 条　本会員で下記の各項の一つ又は二つ以上に該当する行為のあったものは幹事会の議を経てこれを除名する。
　　　　1．本会の目的に違反する行為
　　　　1．本会の面目を汚損する行為
　　　　1．本会の統制を乱す行為

第 6 条　会員はその改姓・住所変更の際はすみやかに本会に連絡しなければならない。

第3章 幹　　　　事

第 7 条　幹事は各級毎に若干名選出され、本会との連絡、その他第2条の目的遂行のため、庶務に当る。

第 8 条　幹事の任期は原則として終身とするが、やむを得ない事情のあるとき、また任務遂行上障害があると認められるときは、幹事会の承認を経て交替することができる。幹事に欠損を生じた際は該当クラスの選出、乃至役員会の委嘱により補充する。

第4章 役　　　　員

第 9 条　本会は下記の役員を幹事会の互選によりおく。

　　　　1．名誉会長　現校長　1名　　1．会計監査　若干名
　　　　1．会　　長　　　　　1名　　1．庶　　務　若干名
　　　　1．副会長　　　　　　2名　　1．顧　　問　旧役員及び母
　　　　1．会　　計　　　若干名　　　　　　　　　校同窓会係職員より
　　　　　　　　　　　　　　　　　　　　　　　　　若干名

第10条　会長は原則として会員中より選出され、本会を代表し、本会一切の事務を統轄し、必要に応じて役員会・幹事会を召集する。

第11条　副会長は会長を補佐し、会長に事故ある時はその任務を代行する。

第12条　役員の任期は3年とし再任を妨げない。

第13条　本会役員として、職務の遂行不適当と認められた場合には、幹事会の議決を経て、これを更迭することができる。

第5章 会　　　　議

第14条　総会は本会の最高議決機関であって、第2章に定められた会員

をもって構成する。

第15条　定期総会は原則として毎年1回（5月第〇日曜）母校に於て開催し、その総会のための特別な通知はしない。しかし、また役員会が必要と認めた際は幹事会の承認を経て会長がこれを召集し、臨時総会を開催することが出来る。この際は会員に通知する。

第16条　幹事会は第7条に定められた幹事によって構成される。

第17条　役員会は第9条に定められた役員によって構成される。

第18条　原則として本会の会議に於ける議決は過半数の賛成をもって成立する。また本会則の改正は総会に於ける出席会員の3分の2以上の賛成をもって成立し、本会則に規定しない項目については、幹事会で決定し、最終決定は総会の承認を得る必要とする。

第6章　会　　計

第19条　本会の経費は会員の負担とし、会員会費及び臨時会費と有志の寄附金をもってあてる。

第20条　本会の事務及び諸会務遂行上の経費の支出については総会の承認を得るを必要とするが、役員会の議を経て臨機に処理することができる。

第21条　本会の会計年度は毎年4月1日に始まり、3月31日に終る。

第7章　付　　則

第22条　本会則は平成〇〇年〇月〇〇日より実施する。

留意点　会費の金額、納入方法、期限等が明らかな場合は記載することが望ましい。

総会は毎年定期に（EX.〇月第〇日曜）開催した方がわかり易い。

巻末資料

1 東京都公文規程施行細目

2 時候の言葉

1　東京都公文規程施行細目

第1　総則的事項（第1条関係）
1　東京都公文規程の適用対象

　　東京都公文規程（以下「公文規程」という。）の適用対象となるのは、知事の補助執行部局において用いられる公文のすべてである。

　　　（注1）　公文はすべて日本語を用いて作成されるべきものである。公文規程は、この前提に立って制定されている。

　　　（注2）　公文は、公文書の作成に用いる文の意義であり、公文書作成に用いる用紙、表記手段等に関する事項を含んでいない。

　　　（注3）　公文中に引用する文には、引用ということがらの性質上公文規程に定める漢字、送りがな、かなづかいについての制限規定は適用がない。

2　公文書作成に用いる用紙、公文の表記手段等公文規程は、その性質上公文に関する事項以外の事項については規定しなかったが、公文書（帳票類を除く。）作成に用いる用紙、表記手段等については、次に定めるところによる。

　(1)　用紙

　　　原則としてB5判の大きさの紙を縦長に用いる。

　(2)　表記手段

　　　原則として、黒、赤又は青色のインクを用いてのペンによる手書又はタイプライター打ち若しくは印刷（謄写、活版等）による。

　　　（注）　ボールペン、ジアゾ式複写機（たとえばリコピー）等文書保存の目的をまっとうするために不適当な表記手段は、特に支障ないと認められる特別の場合を除き、長期間利用保存される公文書の作成には用いないのが原則である。

　(3)　文書のとじ方

　　　文書は、左とじとする。ただし、縦書文書のみをとじるときは右とじとする。

(注)　縦書文書と横書文書を1つにとじる場合の縦書文書は、左側に余白のあるものにあっては左側をとじ、左側に余白のないものにあっては裏がえしてとじることとなる。
3　公文書に関する他の規程
　公文書に関する規程の主たるものとしては、公文規程以外に次のものがある。公文書作成については、公文規程のほかこれらの規程に従うこと。
(1)　東京都文書管理規程（昭和47年東京都訓令甲第11号）　次の事項を定めている。
　　ア　文書番号の記入（第10条）
　　イ　起案文書の様式等（第23条）
　　ウ　文書の発信者名（第26条）
　　エ　事務担当者の標識（第27条）
　　オ　公印の押印（第39条）
(2)　東京都公文規程（昭和42年東京都訓令甲第10号）　起案文書作成に用いる用紙の大きさ及び様式を定めるほか、起案文のうち伺い文の形式について、間接的にではあるが、左横書きの原則を定めている。
　　　(注)　起案文は、起案の趣旨を説明する部分とその起案の主体となる施行文書の文案の部分とにより構成されるのが原則である。起案の趣旨説明の部分を「伺い文」と、施行文書の文案の部分を「本文」という。
(3)　東京都工事施行規程（昭和46年東京都訓令甲第15号）　次の事項を定めている。
　　ア　起工に係る起案文書の構成要素（第8条及び第11条）
　　イ　起工に係る起案文書の作成に用いる回議様式についての東京都回議様式の特例（第37条）
(4)　東京都の簿冊その他の公文書に使用すべきアラビア数字字体（昭和26年東京都訓令甲第3号）
　　公文の用字としてのアラビア数字の字体を定めている。
(5)　東京都公印規程（昭和28年東京都規則第158号）　公印印影の

印刷について定めている。(第11条の3)
　(6) 東京都会計事務規則（昭和39年東京都規則第88号）　次の事項
　　を定めている。
　　　ア　支出命令書等の首標金額の表示に用いる数字等（第14条）
　　　イ　支出命令書等の金額、数量等の訂正方法（第16条）
第2　公文の種類（第2条関係）
　公文書は、その性質、使用目的等に応じ、公文規程第2条各号に掲
げられた種類の公文のいずれかを用いて作成すること。
　　　㊟　公文の種類の分類基準としては、その公文を用いて作成さ
　　　　れる公文書の性質による場合等が考えられるが、公文規程に
　　　　おいては現在ひんぱんに用いられている公文の形式を分類基
　　　　準として公文の種類を定めている。
　　　　　なお、公文の種類としては、辞令文、起案文等を独立の公
　　　　文の種類として取り扱うことも考えられるが、これらについ
　　　　ては特に形式を定める実益に乏しいこと、特定の形式を定め
　　　　得ないこと等により、公文規程においては、一括して「不定
　　　　形文」として分類している。
第3　公文の文体、用語等（第3条関係）
　1　公文の作成の基本方針
　(1)　つとめて平易なことば、無理のない言いまわしを用いる。
　(2)　誤解を生ずるおそれのないことば、ゆきとどいた言いまわしを
　　用いる。
　(3)　つとめて簡潔な言いまわしを用いる。
　2　公文の文体、表現等
　(1)　文体
　　　公文の文体は、原則として「である」体を用いる。ただし、伺、
　　願、届、申請、照合、報告等の類は、なるべく「ます」体を用い
　　る。
　(2)　構成、表現
　　　ア　文語脈の表現はなるべくやめて、平明なものとする。
　　　イ　文章はなるべくくぎって短かくし、接続詞や接続助詞などを

用いて文章を長くすることをさける。
　　ウ　文の飾り、あいまいなことば、まわりくどい表現は、できる
　　　だけやめて、簡潔な、論理的な文章とする。
　　　　敬語についても、なるべく簡潔な表現とする。
　　エ　内容に応じ、なるべく箇条書きの方法を取り入れ、一読して
　　　理解しやすい文章とする。
　　オ　文章には、濁点及び半濁点をかならず用いる。
(3)　文法
　　公文の文法は、義務教育課程において用いられる共通語（いわ
　ゆる標準語）についての文法に従う。
3　用語
(1)　用語についての基本的留意事項
　　ア　特殊なことばを用いたり、かたくるしいことばを用いること
　　　をやめて、日常一般に使われているやさしいことばを用いる。
　　　　（例）
　　　　　救援する→救う　懇請する→お願いする
　　　　　一環として→一つとして　即応した→かなった
　　イ　使い方の古いことばを使わず、日常使いなれていることばを
　　　用いる。
　　　　（例）
　　　　　彩紋→模様・色模様
　　ウ　言いにくいことばを使わず、口調のよいことばを用いる。
　　　　（例）
　　　　　遵守する→守る
　　　　　しゅんじゅんする→ためらう
　　エ　音読することばはなるべくさけ、耳で聞いて意味のすぐわか
　　　ることばを用いる。
　　　　（例）
　　　　　　　×　　　　××　　　　　×　　　　　　×
　　　　　橋梁→橋　塵挨→ほこり　眼蓋→まぶた　充填する→うめ
　　　　　る・つめる　陳述する　→のべる　堅持する→かたく守る

　　　　（注）　×印は、当用漢字以外の漢字であることを示す。（以下
　　　　　　カにおいて同じ。）
　　　オ　音読することばで、意味の二様にとれるものは、なるべくさ
　　　　ける。
　　　　　（例）
　　　　　　協調する（強調する）→歩調を合わせる
　　　カ　当用漢字以外の漢字を用いて初めて意味のわかることばをか
　　　　なで置き替えることはなるべくさけ、別の同意義のことばを用
　　　　いる。
　　　　　（例）
　　　　　　開坡→ひらく（「かいひ」と書かない。）
　　　　　　　×
　　　　　　治癒→なおる（「ちゆ」と書かない。）
　　　キ　公文全体を通じて統一ある表現となるような難易・正俗のむ
　　　　らのない用語を用いる。
　(2)　特定の用語使用についての留意事項
　　　ア　本来は文語体の用語であるが公文に使用して支障のない用語
　　　　（ア）「あり」「なし」「同じ」
　　　　　　簡単な注記や表の中などでは用いてよい。
　　　　　　（例）
　　　　　　　所有の有無　　　　あり
　　　　　　　障害の発生の見込み　なし
　　　　　　　右に同じ
　　　　（イ）「たる」
　　　　　　「たる」の形のみを用い、「たり」「たれ」等の形はどん
　　　　　　な場合にも用いない。
　　　　　　（例）
　　　　　　　東京都の代表者たる知事
　　　　　　　調査権の発動たる説明要求
　　　　（ウ）「べき」
　　　　　　「べき」の形のみを用い、「べし」「べく」等の形はどん

　　　　な場合にも用いない。
　　　（例）
　　　　　提出すべき報告書
　　　　　生きるべき道
　　　　　論ずべき問題
　イ　使用方法のまぎらわしい助詞
　　（ア）「と」
　　　　並列を表わす意味に用いるときは、なるべく最終の語句のあとにもつける。
　　　（例）
　　　　　東京と大阪との間
　　　　　赤と青と黒とを用いる
　　（イ）「から」
　　　　時及び所について起点を示すときは、この語を用い、「より」を用いない。
　　　（例）
　　　　　３時から始める
　　　　　局長から説明があった
　　（ウ）「の」
　　　　主語を示す場合に用いてよい。
　　　（例）
　　　　　条例の定めるところによる。
　　　　　用法の一定しない場合
　　（エ）「ば」
　　　　「ならば」の「ば」は略さないで用いる。
　　　（例）
　　　　　文書が到達したならば、直ちに回覧する。
　　（オ）「な」
　　　　「な」の形のみを用い、「なる」の形は用いない。ただし、「いかなる」は用いてよい。
　　　（例）

　　　　　　必要な書類
　　　　　　平等な扱い
　　ウ　使用方法のまぎらわしい助動詞
　　　（ア）「う」「よう」
　　　　　　「う」「よう」は意思を表わす場合にのみ用いる。ただし、「であろう（でありましょう、でしょう）」と用いる場合は推量を表わす意味で用いてよい。
　　　　　（例）
　　　　　　回答するであろう（推量）「回答しよう」（推量は用いない。）
　　　（イ）「ます」
　　　　　　「ます」の形のみを用い、「まする」「ますれば」「ませ（まし）」の形を用いない。
　　　　　（例）
　　　　　　ありますが
　　　　　　ありますけれど
　　　（ウ）「ぬ」
　　　　　　「ん」「ず」の形のみを用い、「ぬ」「ね」の形は用いない。
　　　　　（例）
　　　　　　知りません
　　　　　　知らずに犯した罪
　　　（エ）「まい」
　　　　　　打消しの推量を表わす場合にも意思を表わす場合にも用いない。
　　　（オ）「だ」
　　　　　　「だ」「だろう」「だった」の形は用いないで「である」「であろう」「であった」を用いる。
　(3)　用語の改善についての留意事項
　　　「法令用語改善の実施要領」（昭和29年11月26日法制局総発第89号）の定めるところに従い、わかり易い用語を使用するよう留

意する。
4　用字
 (1)　漢字
　　　第4の1、2及び3の項による。
 (2)　かな
　　　外来語又は外国（漢字が国語の表記に用いられる国を除く。）の地名・人名はかたかなで書く。ただし、「かるた」「たばこ」などのような外来語の意識のうすくなっているものは、ひらがなで書いてもよい。
 (3)　数字
　　ア　縦書きの場合には、一、二、三、十、百（特に必要がある場合には壱、弐、参、拾）等の漢字を用いる。ただし、条文形式をとる公文中で条文の項を表わす場合等は、アラビア数字を用いる。
　　イ　横書きの場合には、アラビア数字を用いる。ただし、次の場合には、漢数字を用いる。
　　　(ア)　固有名詞を表わす場合
　　　　　（例）
　　　　　　　丸ノ内三丁目　五島列島
　　　(イ)　概数を表わす場合
　　　　　（例）
　　　　　　　数十日　四五日
　　　(ウ)　数量的意味のうすい語を表わす場合
　　　　　（例）
　　　　　　　一般　一部分　四分五裂
　　　(エ)　けたの大きい数を表わす場合
　　　　　（例）
　　　　　　　1,900億　120万
　　　(オ)　慣習的なことばを表わす場合
　　　　　（例）
　　　　　　　一休み　二言目　四つ　五つ

(4) 外国文字

　公文には、原則として外国文字を用いない。ただし、次のような場合には、例外的に外国文字を用いる。

　ア　外国人をも対象とする申請書等の様式を定める場合で、その様式等に用いられた日本語の補足説明の用語として外国語を用いるとき。

　イ　工事関係の起案文、設計図表等で計量の単位を簡略に表わす必要がある場合に、その計量の単位の記号として計量単位規則（昭和29年通商産業省令第45号）の定める計量単位についての略語を用いるとき。

　ウ　工事関係の設計図面等の説明文中に通常工事関係者間で用いられている外国文字で表わす記号を用いるとき。

　エ　文の項目を細別する場合で特に必要があるとき。（7の(2)のイ参照）

5　符号

(1) 通常用いる符号

　公文に通常用いる符号は、次のとおりとする。

　ア　「、」（点）

　　文のとう点として用いる。

　　なお「、」は、縦書文で億、万、千、百等の数詞を用いずに数を表わす場合の数のけたを示す符号としても用いる。

　イ　「。」（まる）

　　文の句点として用いる。

　ウ　「・」（なか点）

　　事物の名称等を列挙する場合であって「、」又は「，」（横書文のとう点として用いたときに限る。）を用いることが適当でないときは、それぞれの名称の間に用いる。

　　なお、「・」は、縦書文で億、万、千、百等の数詞を用いずに数を表わす場合の単位を示す符号として用いる。

　エ　「，」（コンマ）

　　アラビア数字のけたを示す場合に用いる。

　　　　　なお、横書文のとう点として用いてもよい。
　　　オ　「「　」」（かぎかっこ）
　　　　　特に示す必要がある事物の名又は語句を明示する場合に用いる。
　　　カ　「（　）」（まるかっこ）
　　　　　注記をする場合に用いる。
　　　キ　「．」（ピリオド）
　　　　　アラビア数字の単位を示す場合に用いる。
　　　㊟　主として、横書形式の符号を掲げた。（以下(2)において同じ。）
　(2)　通常用いない符号
　　　次に例示するような符号は、これらを用いることにより、よりよく公文の内容が理解できると認められる場合等特に必要がある場合に限って用いる。
　　　ア　「『　』」（ふたえかぎかっこ）
　　　イ　「〔　〕」（角型かっこ）
　　　ウ　「{　}」（くくり型かっこ）
　　　エ　「―」（ダッシュ）
　　　オ　「〜」（波型）
　　　カ　「－」（ハイフン）
　　　キ　「→」（矢じるし）
　　　ク　「⎰　⎱」（くくり）
　　　ケ　「々」「ゝ」「ゞ」「〱」「〃」（くり返し符号）
7　文の項目を細別する場合の順序
　(1)　細別順序の原則
　　　ア　横書きの場合は、次の順序による。
　　　　　⎰第1　⎰1　⎰(1)　⎰ア　⎰(ア)
　　　　　⎱第2　⎱2　⎱(2)　⎱イ　⎱(イ)

イ　縦書きの場合は、次の順序による。

$$\left\{\begin{array}{l}第１\\第２\end{array}\right. \quad \left\{\begin{array}{l}１\\２\end{array}\right. \quad \left\{\begin{array}{l}①\\②\end{array}\right. \quad \left\{\begin{array}{l}ア\\イ\end{array}\right. \quad \left\{\begin{array}{l}(ア)\\(イ)\end{array}\right.$$

　(2)　細別順序の例外

　　　ア　条文形式を用いる公文の場合は、公文規程別記１に定める例による。

　　　イ　細別が多段階にわたる場合は、(1)のア及びイを交互に混用するほかアルファベット、ローマ数字を用いてもよい。

　　　ウ　細別が少段階である場合には、かならずしも「第１」又は「第２」から始める必要はない。

第４　使用漢字の範囲等（第４条関係）

　１　当用漢字表使用上の注意事項

　　「当用漢字表」（昭和21年内閣告示第32号）の使用については、次に定めるものを除き、当用漢字表に附属して定められている「使用上の注意事項」に従うこと。

　(1)　かな書き

　　　ア　動植物の名称は、当用漢字表で認めている漢字で書き表わせるものに限りなるべく漢字を用いて書く。

　　　イ　指示代名詞、接続詞、感動詞、連体詞、助詞、接頭語及び接尾語は、次に掲げるものを除き、すべてかな書きする。

　　　　(ア)　又は（「又は」と用いる場合に限る。）

　　　　(イ)　若しくは

　　　　(ウ)　並びに

　　　　(エ)　及び

　　　　(オ)　御（「ご」又は「おん」と読む場合に限る。）

　　　　(カ)　等（「とう」と読む場合に限る。）

　　　ウ　次に掲げることばは、かな書きする。

　　　　(ア)　助詞に近い意味で用いられる名詞

　　　　　　「うち」「ため」「よう」「わけ」「こと」「とき」「ところ」「もの」特定のものを指すときは、これによらない。

　　　　　(例) － １

　　　　　実行の時に適法であった行為
　　　　　指定した者
　　　　　所持する物
　　　　　家を建てる所を求める
　　（イ）存在、状態又は変化を表わす動詞「ある」「ない」「いる」
　　　　「なる」「できる」
　　（ウ）助動詞のように補助的に用いられる動詞
　　　　　「てあげる」「てやる」「ていく」「てくれる」「ておく」
　　　　「てしまう」「てみる」
　　（エ）助詞に準ずべき連語
　　　　　「てあげて」「について」「にわたって」「によって」「と
　　　　ともに」「ごとに」
(2)　書きかえ・言いかえ
　ア　当用漢字表の漢字で書き表わせないことばは、かな書きにす
　　るか又は別のことばにかえる。この書きかえ・言いかえの標準
　　は、次のとおりとする。
　　（ア）かな書きにする。
　　　　（例）
　　　　　　　×
　　　　　遡る→さかのぼる
　　　　　払い戻す→払いもどす
　　　　　　　×
　　　　　名宛→名あて　佃煮→つくだ煮
　　　　　　　×
　　　　　艀→はしけ　委ねる→ゆだねる
　　　　　調える→ととのえる
　　　　㊟　×印は、当用漢字外であることを示す。(以下Ⅱ、(イ)、
　　　　　(ウ)及び(エ)において同じ。)
　　　Ⅰ　かな書きにする場合の基準1
　　　　　漢語でも、漢字をはずしても意味のとおる使いなれたも
　　　　のは、そのままかな書きにする。

（例）
　　　　でんぶん、めいりょう、あっせん
　　Ⅱ　かな書きにする場合の基準2
　　　他によい言いかえがなく、又は言いかえをしてはふつごうなものには、当用漢字表・同音訓表にはずれた漢字だけをかな書きにする。
　　　（例）
　　　　　　×　　　　　　×
　　　　右舷→右げん　口腔→口こう
（イ）当用漢字表中の音が同じで、意味の似た漢字で書きかえる。
　　　　　　　×　　　　　×
　　　（例）車輌→車両　煽動→扇動
　　　　　　　×　　　　　×
　　　　　碇泊→停泊　編輯→編集
　　　　　　　×　　　　　×
　　　　　哺育→保育　拋棄→放棄
　　　　　　　×　　　　　×
　　　　　傭人→用人　聯合→連合
（ウ）同じ意味の漢語で言いかえる。
　Ⅰ　意味の似ている、用いなれたことばを使う。
　　　（例）
　　　　　　×　　　　　　×
　　　　印顆→印形　改悛→改心
　　　　　　×
　　　　開披→開封
　Ⅱ　新しいことばをくふうして使う。
　　　（例）
　　　　　　×　　　　　　×
　　　　剪除→切除　毀損→損傷
　　　　溢水→出水

（エ）漢字をやさしいことばで言いかえる。
　　　　（例）
　　　　　　　　×　　　　　　×
　　　　　　隠蔽する→隠す　　疵護する→かばう
　　イ　当用漢字表にない漢字を用いた専門用語等であって、他に言いかえることばがなく、しかもかなで書くと理解することができないと認められるものについては、当用漢字表にない漢字をそのまま用いる。この場合、漢字にはふりがなをつける。
2　当用漢字音訓表使用上の注意事項
　　「当用漢字音訓表」（昭和23年内閣告示第2号）の使用については、当用漢字表に附属して定められている「使用上の注意事項」に従うこと。
　　なお、当用漢字音訓表の範囲内の音訓によっては漢字で書き表わせないことばは、1の(2)のアに定める標準に準じて書きかえ・言いかえをする。
3　当用漢字字体表使用上の注意事項
　　「当用漢字字体表」（昭和24年内閣告示第1号）の使用については、当用漢字字体表に附属して定められている「使用上の注意事項」に従うこと。
4　送りがなのつけ方使用上の注意事項
　　「送りがなのつけ方」（昭和34年内閣告示第1号）により送りがなを省いてもよいとされている送りがなは、「法令用語の送りがなのつけ方」（昭和34年12月4日法制局総発第134号）に定める例によりすべて省略する。
　　　（注）　4の定めにより送りがなのつけ方が一定されるものは、次のとおりである。
　　　　(1)　名詞
　　　　　　ア　活用語から転じた感じの明らかな名詞であっても誤読・難読のおそれのないものは、次の例のかっこの中に示したように送りがなを省く。
　　　　　　　（例）

現われ（現れ）行ない（行い）
イ　次の語に限って送りがなをつけない。
　　御　組　恋　志　次　富　恥　話　光　舞　巻　雇
ウ　活用語を含む複合名詞であっても誤読・難読のおそれのないものは、次の例に示すように活用語の送りがなを省く。ただし、「払いもどし」のようにあとの部分をかなで書く場合は、前の動詞の送りがなを省かない。
　　（例）
　　　相（接頭語）明渡し　預り金　編上げぐつ　言渡し　入替え　植付け　受持ち　受渡し　打合せ　打合せ会　打切り　埋立て　売出し　売主　売値　売場　売渡し　帯止　折詰　卸値　買上げ　買入れ　買受け　買手　買値　買物　書換え　貸金　貸越し　貸室　貸出し　貸付け　貸主　借替え　借主　かん詰　切上げ　切替え　切下げ　切捨て　くじ引　組合せ　組替え　繰上げ　繰入れ　繰越し　繰延べ　差押え　差引き　下請　締切り　備付け　染物　田植　立替え　月掛　付添い　月払　月割　積立て　積荷　手続　届出　取扱い　取替え　取決め　取消し　取下げ　取締り　取調べ　取立て　取付け　投売り　抜取り　飲物　乗換え　乗組み　話合い　払下げ　払渡し　控室　引受け　引換え　引込み　日産　日割　前払　見合せ　見積り　見習　申合せ　申合せ事項　申込み　申出　持込み　焼付け　雇入れ　雇主　呼出し　割当て　割増し

エ　慣用が固定していると認められるものは、次の例に示すように送りがなをつけない。
　　（例）
　　　請負　受付　受取　埋立地　売出発行　押売　折返線　織物　卸売　卸問屋　買上品　係員　書付　書留　貸方　貸出票　貸付金　貸問　箇条書　肩書　借入金　借方　切手　組合　繰越金　消印　月賦払　小売　小

包　差出人　仕掛花火　時間割　下請工事　支払　事務取扱　締切日　備付品　代金引換　ただし書　立会演説　立入禁止　立替金　建物　月掛貯金　付添人　積立金　手当　手引書　手回品　手持品　頭取　取扱人　取入口　取替品　取締役　取次店　取立金　取付工事　取引　取引所　投売品　荷造費　乗換券　乗組員　場合　払下品　引受人　引替券　引込線　日付　歩合　船着場　振替　振出局　不渡手形　分割払　掘抜井戸　巻尺　見返物資　見積書　見取図　見習工　未払勘定　見舞品　申込書　持込禁止　利付債券　両替　割合　割当額　額引

〔備考〕　複合名詞にさらに名詞が加わった語は、誤読のおそれがあるもののほか、「慣用が固定していると認められる」ものに該当するものと考えられる。

オ　表に記入したり記号的に用いる場合は、次の例に示すようにかっこ内の送りがなを省く。
　　（例）
　　晴（れ）曇（り）問（い）答（え）終（わり）
　　生（まれ）押（す）

第5　公文の形式（第5条関係）

1　縦書き及び横書きの区分
　(1)　不定形文以外の公文
　　　公文規程の別記1から別記10までに定めるところに従い、縦書き又は横書きとする。
　(2)　不定形文
　　ア　起案文
　　　（ア）起案文のうち伺い文の部分は、必ず横書きとする。
　　　（イ）起案文のうち本文の部分は、その内容に応じて(1)に定めるところに従い縦書き又は横書きとする。
　　イ　起案文以外の不定形文
　　　　原則として横書きとする。

2 公文規程で定められた形式によりがたい公文
　公文規程で定められた形式によらなくてもよい公文は、次のようなものとする。
(1) 通知文、指令文、証明文等で、その形式が法令等により定められているもの
(2) 機関委任事務の執行に関する公文等で、その形式をその事務執行に関する法令等で定められた他の公文の形式に準ずることが事務執行の円滑化に資するもの
3 公文規程で定められた形式以外の形式を定める場合及び公文規程に形式の定めのない公文について新たに形式を定める場合の手続
　その公文に係る事務執行を主管する課の課長が文書課長と協議して定める。
4 教示文及び事務担当者氏名の表記位置
(1) 行政不服審査法（昭和37年法律第166号）第57条の規定に基づく審査庁の教示に関する文を記載する場合は、主たる公文の末尾に主たる公文から少しはなして、主たる公文の形式に準じて書く。
(2) 公文書に事務担当者の氏名等を記載する場合は、主たる公文の末尾に主たる公文から少しはなして右側に書く。
　　なお、(1)の記載がある場合は、(1)により記載した文の次に記載するものとする。
5 配字位置等
(1) 一般原則
　ア 文の最初の行及び新たに起した行の初めの1字文は空白とする。ただし、表彰文及び証明文の一部（卒業証明書等）については、空白としない。
　イ 句とう点を用いない文については、句とう点を使うべき箇所を1字分空白とする。
　ウ 文の項目を細別する記号の次には、とう点またはピリオドを打たず、1字分を空白とする。
　エ 「なお」「おって」「また」等を使って完結した前の文に対する独立した形の補足説明等をする文を続けるときは行をかえる。

オ　「ただし」「この」「その」等を使って文を続けるときは、行をかえず、前の文に続ける。
(2)　その他
　　公文規程の別記で、特に配字位置について指定のないものについては、公文書作成に用いる用紙の大きさ及び字の大きさとの均衡を考慮して、できあがった公文書のていさいがよくなるよう適当な位置におさめる。
　(注)　句点については、1字分のスペースを配するのが原則であるが、完結する文の最終字が行の最後の位置を占めるときの句点は、次の行の最初の位置に配することをせず、当該完結する文の最終字に係る行の末尾に配するようにする。とう点の配置についても、句点の場合に準ずる。
　　（例）

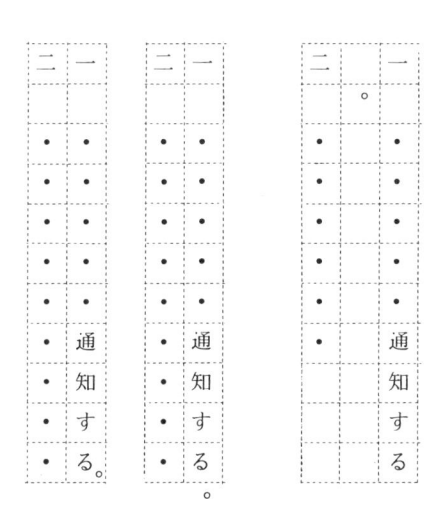

　　　　　　　　　良　　　　　　　　否

2　時候の言葉

4月──卯月（うづき）

▶卯月（うづき）、卯花月（うのはなづき）、鳥月（ちょうげつ）、花残月（はなのこりづき）

▶陽春、仲春、春日、温暖、花だより、花ぐもり、菜種梅雨、花祭り、春雷、春たけなわ、春日遅々、おぼろ月

▶陽春の候、桜花らんまんの候、かげろうの季節、花の便りも聞かれるころ、花冷えとでもいうのでしょうか、葉ざくらの頃となり、街の桜も今が満開、春たけなわとなりました。桜もはや散り始め、ゆく春は足をはやめています。若葉の光もさわやかに、

5月──皐月（さつき）

▶皐月（さつき）、早月（さつき、はやづき）、田草月、早苗月（さなえづき）、菖蒲月（しょうぶづき）

▶晩春、老春、残春、惜春、暮春、初夏、新緑、薫風、若葉、風かおる、向夏

▶新緑の候、晴れた五月の青空に鯉のぼりが勇ましく泳いでいます。若葉の緑もすがすがしいころ、風かおる五月の好季節、さつき、つつじの花も見ごろとなり、日に日に青葉ますころ、吹く風も夏めいて、葉桜が日増しに色濃く、初夏の風もさわやかな日々

6月──水無月（みなづき）

▶水無月（みなづき）、鳴神月、風待月、葵月（あおいづき）

▶麦秋、入梅、梅雨、梅雨寒、向暑、麦刈り、夏至、山滴る

▶初夏の候、いよいよ短夜の季節となり、若あゆおどるころ、青葉をわたる風の涼しく、初夏の日差しのまぶ

メモ

しく、梅雨空のうっとうしい日が続き、うっとうしい梅雨もあがり、長雨に心も滅入りがちで、雨あがりの新緑はさらに色を増して鮮やか、暑気にわかに加わり

7月——文月（ふみづき）

▶文月（ふづき、ふみづき）、文披月（ふみひらきづき）、七夕月、秋初月（あきはじめづき）

▶盛夏、大暑、猛暑、炎暑、酷暑、土用の入り、三伏、夕立ち

▶急に暑さが加わってまいりました。暑気日ごとに加わり、連日の炎暑耐えがたく、今年は例年にない暑さとか、海山の恋しい季節、夏祭りのにぎわいもたのしく、蝉がいち早く夏をつげています。緑陰に涼を求めて

8月——葉月（はづき）

▶葉月、雁去月（がんさりづき）、女郎花月（おみなえしづき）、桂月（かつらづき）

▶残暑、晩夏、冷夏、立秋

▶残暑きびしきこの頃、日中は今なお厳しい暑さが続き、立秋とは名ばかりの暑さ、暑さなかなか衰えず、窓近くすだく虫の音に秋の訪れが感じられます。朝夕はようやくしのぎやすく、夏休みも残り少なくなりました。

9月——長月（ながつき）

▶長月（ながつき）、木染月（こぞめづき）、夜長月、月見月、寝覚月（ねざめづき）

▶初秋、新涼、秋色、秋気、秋冷、野分き、涼風、秋晴れ

▶初秋の候、残暑もようやくうすらぎ、夕ぐれの涼風はさすがに秋を思わせます。虫の音の涼しい季節、日足が日々長くなり、もくせいの香に秋をしみじみ感じるころ、桐一葉の秋、一雨ごとに涼しく、読書の秋となりました。

メモ

10月——神無月（かんなづき）
▶神無月（かんなづき）、神去月（かみさりづき）、時雨月

▶仲秋、秋冷、秋雨、清秋、黄葉、清秋

▶仲秋の候、秋冷ようやくかわるころ、灯火親しむべき候、秋すでに深く、冷気日ましに加わり、みのりの秋、紅葉も見ごろ、高空にうろこ雲が美しく、菊かおる

11月——霜月（しもつき）
▶霜月、神帰月（かみかえりづき）、雪待月、霜降月、神楽月（かぐらづき）

▶晩秋、暮秋、向寒、寒気、晩菊、残菊、夜寒、落葉、初雪

▶晩秋の候、日ましに寒さが加わり、夜寒さがひとしお身にしみるこのごろ、朝夕めっきり寒くなり、うららかな小春日和がつづき、菊の花も盛りをすぎ、落葉散りしくころ、日脚がめっきり短かくなり、冬仕度に何かと心せかれる日々

12月——師走（しわす）
▶師走（しわす）、春待月（はるまちづき）、極月（ごくげつ）、雪見月、忙月（ぼうげつ）

▶初冬、初氷、寒冷、風花、短日、新雪、霜夜、年の瀬、年の暮れ、年末、歳末

▶歳末多忙の折、寒さもひとしお身にしみるころ、木枯らし吹きすさぶころ、歳末を迎えてあわただしいころ、年内残すところわずかとなり、1年は夢のように過ぎ

1月——睦月（むつき）
▶正月、睦月（むつき）、端月（はづき）、初春月（はつはるづき）、初月

▶新春、初春、厳冬、仲冬、小寒、大寒、寒冷、厳冬

▶厳寒の候、新年を迎え、寒さも一段と厳しく、年も改まり、松の内も過ぎ、冬には珍しく暖かい日が続き、

メモ

スキーのシーズンになりました。校庭で遊ぶ児童たちのはく息の白さに、今冬の厳しさが感じられます。

2月──如月（きさらぎ）

▶如月（きさらぎ）、梅月、梅見月、雪解月（ゆきげづき）、初花月、麗月

▶寒明け、余寒、晩冬、春寒、立春、残雪、寒明け

▶立春を迎え、余寒いまだ厳しく、寒気さえかえるころ、寒さもやっと峠をこし、日だまりに青い芽がみえだして、梅のつぼみも固く、梅一輪一輪ほどの暖かさと申しますが

3月──弥生（やよい）

▶弥生（やよい）、桜月、花見月、春惜月、桃月、桃見の月

▶浅春、春寒、早春、春暖、春雪、雪どけ、水温む、芽吹く、春愁、春がすみ、鶯花の節

▶早春の候、春寒ややゆるみ、春浅く風もまだ冷たい折柄、一雨ごとに春深み、暑さ寒さも彼岸までと申しますが、もうすぐ花の便りも聞かれる批頃、柳の緑もけぶり始め

メモ

増補版
［誰でも書ける］
学校公用文実例百科　ワードデータＣＤ・ＲＯＭ付き

平成　2年2月26日　初版発行
平成22年4月20日　増補版発行

　　　編　者　　学校文書研究会
　　　発行人　　武内　英晴
　　　発行所　　公人の友社
　　　　　　　〒112-0002 東京都文京区小石川5－26－8
　　　　　　　TEL 03-3811-5701
　　　　　　　FAX 03-3811-5795
　　　　　　　Eメール　koujin@alpha.ocn.ne.jp
　　　　　　　http://www.e-asu.com/koujin/
　　　印刷所　　倉敷印刷株式会社